beck^Ische
reihe

b^{sr}

Wissenschaftler sind ernsthafte Menschen. Für Christian Hesses Geschmack mitunter ein wenig zu ernsthaft. Deshalb hat er in diesem Buch die besten Witze über und bisweilen auch von Wissenschaftlern in 55 Kapiteln zusammengetragen und kommentiert.

Dabei zeigt sich: Mit dem Grad der Ernsthaftigkeit wächst auch der der unfreiwilligen Komik. Der Titel des Buches beruht übrigens auf einer wahren Geschichte: Der an Altersgebrechen leidende Albert Einstein hatte einen Papagei, der seiner Einschätzung nach tief depressiv war. Deshalb erzählte er ihm mit Vorliebe schmutzige Witze, um ihn (und wohl auch sich selbst) aufzuheitern.

Neben bekannten und unbekannten Wissenschaftler-Marotten nimmt Hesse auch die Einschüchterungsprosa aufs Korn, die Wissenschaftler desto lieber kultivieren, je weniger sie zu sagen haben. Dabei wird der Kreis der Wissen Schaffenden groß gedacht und deckt vom Archäologen über den Psychologen bis zum Zoologen und sogar vom Zahnarzt über den Ingenieur bis zum Anwalt alles ab, in männlichen und weiblichen Versionen.

Christian Hesse, geb. 1960, promovierte an der Harvard University (USA) und lehrte an der University of California, Berkeley (USA). Seit 1991 ist er Professor für Mathematik an der Universität Stuttgart. Im Verlag C. H. Beck sind von ihm erschienen: *Das kleine Einmaleins des klaren Denkens. 22 Denkwerkzeuge für ein besseres Leben* (^{3}2010); *Warum Mathematik glücklich macht. 151 verblüffende Geschichten* (^{4}2012); *Achtung Denkfalle! Die erstaunlichsten Alltagsirrtümer und wie man sie durchschaut (2011); Christian Hesses Mathematisches Sammelsurium* (2012).

Christian Hesse

Was Einstein
seinem Papagei erzählte

Die besten Witze aus der Wissenschaft

Mit 55 Abbildungen im Text

2. Auflage. 2013

Originalausgabe
© Verlag C.H.Beck oHG, München 2013
Satz: Janß GmbH, Pfungstadt
Druck und Bindung: Druckerei C.H.Beck, Nördlingen
Umschlaggestaltung: Geviert, München; Christian Otto
Umschlagabbildung: Albert Einstein, um 1946 © Sanford
Roth/Photo Researchers/Getty Images; Papagei © Cyril
Laubscher/Dorling Kindersley/Getty Images
Printed in Germany
ISBN 978 3 406 65494 7

www.beck.de

Inhalt

–1. An und für Sie

Meine erste Vorlesung durfte ich im August 1987 an der Universität von Kalifornien in Berkeley halten. Ich bin Mathematiker. Und als Mathematiker hat man es nicht immer leicht, seinen Inhalten Unterhaltungswerte zu verschaffen. Deshalb habe ich früh damit begonnen, in meinen Vorträgen den mathematischen Stoff mit Anekdoten, amüsanten Geschichten und auch Witzen anzureichern. Meine Erfahrungen zeigen, dass dies vom Publikum positiv aufgenommen wird.

Bei meiner letzten Vorlesungsreihe über Höhere Mathematik, deren Hörer Studenten der Ingenieurswissenschaft waren, hatte ich dies als Programmpunkt institutionalisiert: In der Mitte einer Doppelstunde hielten wir einige Minuten inne, zum Stoßlüften des Kopfes, und ich gab etwas Humoriges zum gerade besprochenen Thema zum Besten – oder zu irgendeinem Thema. Etliche Studenten schickten mir eigene Geschichten und Witze zu. Auch eine Auswahl davon habe ich in die Vorlesungen einfließen lassen.

Nach gut einem Vierteljahrhundert an Vortragstätigkeit vor den verschiedensten Zuhörern rund um den Globus ist auf diese Weise ein reicher Fundus von Humor zusammengekommen. Es war ein Leichtes, aus diesem Material eine kleine Auswahl an Höhepunkten zu treffen. Weniger leicht war es, für das Schreiben Zeitfenster zu finden, um portioniert den Text entstehen zu lassen. Doch schließlich kam eins zum anderen, und irgendwann waren es genug Seiten für ein Buch. Dieses Buch.

Es begann als Projekt ungetrübten Pläsiers und hörte nie auf, es zu sein. Ich habe daran gearbeitet, wenn ich von tiefsinniger Mathematik eine kurze Pause brauchte. Kurzum: wenn ich Lust verspürte, daran zu arbeiten. Die versammelten Stücke sollen nur punktuell informieren, keinesfalls belehren oder irgendetwas anderes leisten, als zu unterhalten. Verletzen erst recht nicht. Falls es Sie dennoch namentlich und persönlich trifft, sehen Sie es doch satirisch oder noch besser: olympisch, denn dabei sein ist alles. Niemand kommt in diesem Buch wirklich gut weg, auch sein Autor nicht.

Wissenschaftler sind ernsthafte Menschen. Für meinen Geschmack mitunter ein wenig zu ernsthaft. Lustig zu sein ist nicht ihre erste Wahl. Dennoch gibt es ein lustiges Leben im ernsten. Es gibt ein gutes Maß unfreiwilligen Humors in dieser Nische unserer Kultur. Eine Auswahl der besseren Exemplare eignet sich hervorragend für eine große Charme-Offensive dieser kopfgesteuerten Beschäftigungsformen. Dabei wird der Kreis der Wissen Schaffenden groß gedacht und deckt vom Archäologen über den Psychologen bis zum Zoologen und sogar vom Zahnarzt über den Friseur bis zum Anwalt alles ab, in männlichen und weiblichen Versionen.

Ich spüre, wie Sie gerade versuchen, sich zu diesem Buch in ein Verhältnis zu setzen: Natürlich sollten Sie es lesen. Als sein Autor bin ich davon überzeugt. Denn ich habe es für Sie geschrieben. Wenn Sie selbst aber noch unsicher sind, dann machen Sie doch den Lackmus-Test für Unentschlossene:

Mögen Sie die Art von Humor, die in Sätzen wie den folgenden zum Ausdruck kommt?

Alte Mathematiker sterben nie, sie verlieren nur einige ihrer Funktionen.
Alte Schlossbesitzer sterben nie, sie geben nur den Geist auf.

Und was ist mit folgendem Cartoon?

"Surgery went well, Mr. Moore. I had
a lot of fun rebuilding your knee joint."

Abbildung 1: «Operation gut verlaufen, Mr Moore. Hat mir 'nen Höllenspaß gemacht, Ihr Kniegelenk wieder zusammenzupuzzeln.»
Cartoon von Steve Moore

Haben Sie darüber zumindest geschmunzelt?

Dann ist Ihr Testergebnis positiv, und das Buch wird Ihr Leben sogar noch mehr bereichern, als Sie es jetzt linear wahrhaben können. Es will revolutionär und bahnbrechend sein. Es ist ein Buch zum Mitgrooven, optimiert für einen gemütlichen Sessel und Ihr Lieblingsgetränk in leichter Reichweite. Wenn Sie es in der Öffentlichkeit lesen, sind damit einhergehende An- und Unannehmlichkeiten, wie lautes Loslachen, wenn es rappelt im limbischen System, nicht nur unvermeidlich, sondern erwünscht.

Setzen Sie sich der Freude aus. Bei diesen Festspielen des Humors wird fast alles aufgeboten, was gut und teuer ist oder Rang und Namen hat: Wir zeigen Vorzeigbares von Schrödingers Huhn bis Stoibers Haiku, von Hillary Clintons Ex-Freund bis Ex-prmntllr Lürik, insgesamt viel geistreichen Nonsens und ein paar Un-Nonsensibilitäten. So empfiehlt sich das Buch als ultimatives Geschenk selbst noch für alle, die schon alles haben.

Der Genuss erfordert weder formale Fitness noch irgendein latentes Talent und ist jedem zugänglich vom Allround-Laien bis zum Zehntausendsassa. Und an den einen oder anderen Kollegen gerichtet, für den es anderthalb Wunder braucht, um eine Humorregung zu zeigen, sage ich: «Warte nur, balde lachest du auch.»

Wenn Sie beim Lesen dieser Vergnügungsübungen auch nur einen Bruchteil des Spaßes haben, den ich beim Schreiben hatte, dann sehen Sie mich strahlen, als wäre ich zwei Sonnensysteme.

Gezeichnet: Submissest

Christian Hesse
Santa Barbara, an den Gestaden Kaliforniens, in der Jahreszeit, die man hier Winter nennt, 2012/13

Abbildung 2: Verbesserte Tierwelt. Ich bin jetzt ungefähr dort, wo die Filet Mignons herkommen, 34° 26' 26" N, 119° 48' 49" W.

Hermeneutischer Einstieg

Da wir gerade von Tieren sprechen: Was hat dieses Buch mit Einsteins Haustier zu tun?

Einstein hatte zu seinem fünfundsiebzigsten Geburtstag einen Papagei geschenkt bekommen. Er nannte ihn Bibo und hing sehr an ihm. Als der Vogel depressiv wurde, begann Einstein, ihm Witze und lustige Geschichten zu erzählen. So steht es in dem erst kürzlich aufgetauchten Tagebuch von Einsteins letzter Freundin Johanna Fantova.

Wäre es waghalsig zu denken, dass «Was Einstein seinem Papagei erzählte» so ähnlich ist wie das, was Einstein seinem Papagei erzählte?

0. Die Mutter aller Witze

Ein Mann begleitet seinen Freund zur Jahreshauptversammlung der Witz-Wissenschaftler. Angekündigt ist ein Vortrag des international berühmtesten Forschers auf diesem Gebiet. Doch nicht nur das, auch ein blendender Entertainer soll er sein. Der Begleiter erwartet einen humoristischen Hochgenuss der besonderen Art.

Doch anstatt aus lustigen Geschichten, Anekdoten und Witzen besteht der Vortrag nur aus einer Aneinanderreihung von Zahlen. Der Vortragende sagt vierundsechzig und das Publikum lacht. Bei siebenundneunzig erntet er nur ein höfliches Kichern, und nach hundertzwei prusten die Leute los, dass sich die Balken biegen.

«Ich verstehe das nicht. Was ist denn hier los?», fragt der Begleiter seinen Wissenschaftlerfreund.

«Weißt du», antwortet dieser, «jeder von uns kennt jeden Witz, und die Forschung der letzten Jahrzehnte hat alle Witze katalogisiert und nummeriert. Wenn der Redner von ‹vierundsechzig› spricht, dann meint er Witz Nummer 64, und dann lachen wir.»

«Wahnsinn», sagt sein Begleiter», «du meinst, wenn ich zu dir ‹einunddreißig› sage, dann amüsierst du dich über Witz 31?»

«Nein», sagt der Wissenschaftler, «denn deine Technik und Erzählweise ist nicht richtig und damit hast du die Punchline vermasselt. Hör mal, wie es der Redner macht.»

Dieser war inzwischen mit meisterhafter Vortragstechnik von sechsundneunzig über fünfundvierzig bis dreihundertzwei gelangt, jeweils lautes Lachen des Publikums erntend. Dann bat er, die Hände beschwörend auf und ab bewegend, mit einer Miene, die etwas Bedeutendes ankündigte, um absolute Ruhe. Als er die volle Aufmerksamkeit des Publikums besaß, schmetterte er NEUNHUNDERT-VIER-UND-ACHTZIG!

Im Saal war die Hölle los, die Lautstärke ging Richtung Tumult. Einige Anwesende johlten, andere lagen kreischend auf den Tischen oder hatten Tränen in den Augen.

«Was ist los, was ist denn passiert?», fragt der Begleiter aufgeregt seinen Freund, der sich vor Lachen kaum noch halten kann.

Schließlich antwortet der: «Den kannten wir noch nicht.»

Dieser Meta-Witz könnte dazu animieren, den Rest des Buches etwa so zu gestalten:

3, 17, 29, 46, 56, 68, 234, ... 1749.

Witz-Wissenschaftler werden dies unschwer als die Liste der Wissenschaftler-Witze erkennen. So wäre weder das Thema verfehlt, noch blieben Buchverträge unerfüllt. Doch ich beuge mich Ihren Stoßseufzern. Auch soll dies kein Schmöker mit Spezial-Unfug für Spezialisten werden, so einfach will ich es mir nicht machen. Und nicht zuletzt möchte ich Ihnen gern noch das eine oder andere erzählen.

Nun denn: Gehen wir also gleich gemeinsam dorthin, wo es lustig ist.

1. Kick-off

Als ich 1987 an der Universität von Kalifornien in Berkeley meine Stelle als Assistenzprofessor antrat, gab es dort im Fachbereich Anthropologie einen Volkskundler, dessen Arbeitsschwerpunkt Witze waren: Professor Alan Dundes. Auf dem Campus war er bekannt als Joke-Professor. Er hat diverse wissenschaftliche Arbeiten sowie auch einige Bücher zum Thema Witze im weitesten Sinne verfasst. Sein bekanntestes Werk befasst sich mit Aids-Witzen. Es trägt den Titel: *Arse Longa, Vita Brevis*.

Alan Dundes war der Meinung, dass Witze nicht bedeutungslos und schon gar nicht harmlos sind. Selbst harmlos daherkommende Witze seien alles andere als das.

Dundes war nicht nur ein Analytiker, sondern auch ein Sammler und Schöpfer von Witzigem. Eine seiner gelungensten Kreationen ist ein Einzeiler zu Gary Hart, dem amerikanischen Politiker aus den 1980er Jahren, der nach allen Umfragen beste Chancen auf den Einzug ins Weiße Haus hatte, aber wegen einer Affäre mit einem Model scheiterte. Alan Dundes über Gary Hart: «Sechs Zoll von der Präsidentschaft entfernt.»

Dundes starb 2005 während einer Vorlesung, als er gerade einen Witz erzählte. Gibt es einen passenderen Tod für einen Erforscher und leidenschaftlichen Dozenten der Witze?

Dundes war übrigens nicht der Erste, der sich wissenschaftlich mit Witzen beschäftigte. Sie ahnen vielleicht schon, wer das in großem Stil gewesen sein könnte. Natürlich Sigmund Freud. Und Freud wäre nicht Freud gewesen, wenn er sich nicht auch mit den unbewussten Aspekten auf diesem Terrain befasst hätte.

Witze und andere Spielarten von Humor werden von Freud auf der Linie seines bekannten Koordinatensystems interpretiert: Nach der psychoanalytischen Theorie des Humors, die in seinem bahnbrechenden Werk *Der Witz und seine Beziehung zum Unbewussten* ausführlich dargelegt ist, kann ein Witz nur zwei

Funktionen haben: Entweder handelt es sich um einen bösartigen Witz, der aggressive Funktionen erfüllt, oder es ist ein obszöner Witz, der bloßstellen soll.

Sigmund Freud hat auch Witze gesammelt. Meist waren es jüdische Witze. Leider sind viele dieser Witze angesichts von Freuds gelegentlichen Schüben der Verbrennung eigener Schriftstücke den Flammen zum Opfer gefallen. Immerhin hat Freud aber rund 200 Witze, Anekdoten, Sprachspiele in sein obiges Buch einfließen lassen und so überliefert. In diesem Buch stellt er die Beziehung zwischen Witzen und Träumen her.

Einer meiner Lieblingswitze aus der Freud'schen Kollektion ist mir so in Erinnerung geblieben:

Itzig ist zur Artillerie eingezogen worden. Zwar ist er nicht dumm, doch recht ungefügig und ganz und gar ohne Interesse für den Dienst in einer Hierarchie. Eines Tages, als er die Wehrkraft wieder einmal allzu sehr zersetzt hatte, nimmt ihn der Feldwebel beiseite: «Weißt was, Itzig? Ich geb dir einen Rat. Du taugst nicht zu uns. Kauf dir a Kanon und mach dich selbständig.»

Freud beschäftigt sich intensiv mit diesem Witz. Für ihn fällt er in die Humorkategorie «Sinn-im-Unsinn». Zwar dürfte dem Feldwebel die Sinnlosigkeit, ja Unsinnigkeit seines Vorschlags bewusst sein. Doch wenn Itzig darauf einginge, würde er ein gewisses Interesse an militärischen Dingen zeigen, was dann aus der Sicht des Feldwebels wiederum sinnvoll sein könnte.

Gestapo-Bonmot

Lachen ist eine für unseren Organismus in jeder Hinsicht positive Aktivität. Die Schulmedizin hat das experimentell bestätigt. Humor baut zum Beispiel Stress ab. Auch dies wusste Sigmund Freud bereits. Als die Truppen Nazideutschlands in Wien einmarschierten, geriet der Psychoanalytiker in Gefangenschaft. Später boten die Nazis ihm an, das Land zu verlassen, wenn er eine Erklärung unterschriebe, dass er in der Haft nicht misshandelt worden sei. Freud unterschrieb das Papier, nicht aber ohne eine kleine Ergänzung hinzuzufügen: «Ich kann die Gestapo jedermann aufs Beste empfehlen.»

Dies ist ein Verhalten, dass ich als ausgesprochen mutig empfinde. Die Nazis bemerkten die beißende Ironie der Empfehlung nicht, die später zum sarkastischen Bonmot wurde, doch es hätte auch anders sein können.

Meine eigene Auffassung des Humors unterscheidet sich von der Freud'schen Theorie. Ich persönlich betrachte die psychoanalytische Sichtweise, Humor auf seine aggressiven und sexuellen Untertöne zu reduzieren, als zu eng angelegt und dementsprechend als nicht ausreichend, die ganze Vielfalt der Formen des Humors zu erfassen. Ganz gewiss jedoch wird sie vielen Arten von Humor, die mir selbst gefallen, keineswegs gerecht.

Auf mich wirkt die sogenannte Unvereinbarkeitstheorie des Humors weitaus überzeugender. Sie ist sogar noch um einiges älter als Freuds Ansatz. Zurückverfolgen lässt sie sich bis auf den schottischen Dichter und Essayisten James Beatty, der 1776 zu diesem Thema meinte: «Lachen entsteht durch die Anschauung zweier widersprüchlicher, unpassender oder unvereinbarer Teile oder Umstände, die als ein Gesamtobjekt oder als zusammengehörig gesehen werden.»

Diese Sichtweise wird auch von dem zeitgenössischen Anthropologen Elliott Oring geteilt. In seinem zugleich amüsanten und tief schürfenden Buch *Jokes and Their Relations* schreibt er: «Das Begreifen von Humor hängt vom Begreifen einer passenden Unvereinbarkeit ab – das heißt die Wahrnehmung einer passenden Beziehung zweier Elemente aus Bereichen, die generell als unvereinbar betrachtet werden.»

Anders ausgedrückt, gibt es bei einem Witz also immer Elemente, die scheinbar nicht zusammenpassen.

Elliott Oring hat mit *The Jokes of Sigmund Freud* auch ein Buch über Sigmund Freuds Humor vorgelegt, in welchem er die Meinung vertritt, dass das Repertoire des großen Psychoanalytikers an Witzen und seine Deutungen mehr über Freud selbst aussagen als über Humor im Allgemeinen.

Wie dem auch sei, eines steht jedenfalls fest: Humor funktioniert auf sehr subtile Weise, und vieles von seinem *Wie* und *Warum* ist bis zum heutigen Tag immer noch nicht gut verstanden. Nicht nur, aber auch deshalb bleibt zum Beispiel computergenerierter Humor weiterhin von bescheidener Qualität. Hier ist ein Beleg, der von JAPE stammt, dem *Joke Analysis and Production System*. Es ist eine von Kim Binsted und Graeme Ritchie entwickelte Software, die Witze produziert, oder sagen wir genauer: Witze produzieren soll. Denn der künstliche Komiker übt sich noch in Interessantheitsaskese. Er produziert bislang Humor der – sagen wir einmal – Handelsklasse B. Noch eines der besseren Stücke aus der «Feder» von JAPE ist dieses Frage-Antwort-Paar:

> **Frage:** What do you call a breakfast food murderer?
> **Antwort:** A cereal killer.

Übersetzt etwa:
> «Wie nennt man einen Frühstücksspeisen-Mörder?
> Einen Zerealien-Killer.»

Der Witz beruht auf der lautlichen Ähnlichkeit von «serial» (seriell) und «cereal» (Zerealien, z. B. Müsli). Die Begriffe «Serien-Mörder» und «Zerealien-Mörder» sind lautlich im Englischen nicht unterscheidbar.

Putzig, keine Frage! Aber lustig? Nicht wirklich!

Es ist ein Anfang, immerhin. Die Produktion ansprechender Humorerzeugnisse befindet sich für Software und Maschinen aber noch in weiter Ferne. Auf diesem Terrain können sie jedenfalls bisher nicht den Turing-Test bestehen. Auf anderen Gebieten schon.

Abbildung 3: «Was kann er denn noch außer Staubsaugen?» Cartoon von Nigel Sutherland

SO, APART FROM VACUUMING, WHAT ELSE CAN IT DO?

Im Schach zum Beispiel. Schach-Computer besiegen heutzutage sogar den Schach-Weltmeister.

Noch ein Wort zur Geschichte der Humorauffassungen: Lange Zeit, von den alten Griechen bis vor rund 250 Jahren, war die mehrheitlich akzeptierte Theorie des Humors die Superioritätstheorie. Superiorität bedeutet Überlegenheit. Gemäß dieser Theorie ist Lachen Ausdruck eines Gefühls der Überlegenheit über jemand anderen oder auch über die Art und Weise, wie man selbst früher war. Ein Beispiel für diese Theorie ist das folgende:

Ein Mann fliegt in einem Heißluftballon und verirrt sich. Über einem Feld reduziert er die Höhe und macht einen Menschen am Boden aus: «Können Sie mir helfen?», ruft er. «Ich hatte einem Freund versprochen, ihn vor einer halben Stunde abzuholen, aber ich weiß nicht, wo ich bin und in welche Richtung ich mich bewege.»

«Klar», sagt der Mann am Boden. «Sie befinden sich circa bei 58 Grad 47 Minuten Nördlicher Breite und 6 Grad 5 Minuten Östlicher Länge. Sie sind 250 Meter über dem Meeresspiegel und der Wind weht in nordöstliche Richtung.»

«Besten Dank», erwidert der Ballonfahrer. «Übrigens: Sind Sie Mathematiker?»

«Ja», antwortet der Mann am Boden, «aber woher wissen Sie das?»

Darauf der Ballonfahrer: «Alles, was Sie gesagt haben, ist sehr präzise. Sie haben mir mehr Genauigkeit und Details gegeben, als ich brauche, und Sie haben es mir in einer Weise gesagt, dass ich damit überhaupt nichts anfangen kann.»

Meint der Mathematiker: «Verstehe. Ich hätte auch noch eine Frage: Sind Sie Manager?»

«Ja», antwortet der Ballonfahrer, «aber wie sind Sie darauf gekommen?»

«Ganz einfach», sagt der Mathematiker: «Sie haben keine Ahnung, wo Sie sich befinden und wohin Sie gehen. Sie haben ein Versprechen abgegeben, von dem Sie nicht wissen, wie Sie es einhalten sollen. Sie sind in diese Situation gekommen, indem Sie heiße Luft abgelassen haben. Sie befinden sich in exakt derselben Lage wie in der, bevor wir uns begegnet sind, aber jetzt ist alles irgendwie meine Schuld.»

Aber erklärt die Überlegenheitstheorie wirklich alle Formen des Humoristischen?

Eindeutig nein! Inspizieren wir das folgende Exemplar, das von den Basismodulen der gegenwärtigen Welt handelt.

Des Wissenschaftlers liebstes Spielzeug: der Computer. Amerikanische Forscher haben einen neuartigen Super-Computer entwickelt, der angeblich jede Frage beantworten kann. Entsprechend teuer ist er denn auch. Ein Interessent bittet deshalb, ihn vor dem Kauf testen zu dürfen. Das wird ihm gestattet, und er stellt die Testfrage: «Wo befindet sich meine Schwester gerade?»

Nach der Eingabe rechnet der Computer eine Weile. Dann verkündet er als Antwort: «Ihre Schwester befindet sich momentan an Bord der Lufthansa Maschine LH 473 auf dem Weg nach Rom!»

Der Kunde ist begeistert, möchte aber noch einen weiteren Test vornehmen und vom Computer wissen: «Was macht mein Vater zur Zeit?»

Abermals rechnet der Computer und antwortet schließlich: «Ihr Vater sitzt am Mississippi und angelt!»

«Wusste ich's doch», ruft der Kunde, «dass er nicht alles weiß! Mein Vater ist seit fünf Jahren tot!»

Die Entwickler des Computers sind ratlos. Sie grübeln über den Schaltplänen, führen ein Troubleshooting durch und betätigen den Reset-Knopf. Dann bitten sie den Kunden, dieselbe Frage nochmals zu stellen und eine detailliertere Antwort zu verlangen.

Der Computer rechnet diesmal etwas länger und liefert dann die Antwort: «Tot ist der Gatte Ihrer Mutter! Ihr VATER sitzt am Mississippi und angelt!»

Eltern und ihre Kinder

hier: Der Programmierer

Ein Programmierer ist Vater geworden. Das Kind bekommt keinen Laufstall, sondern gleich ein ganzes Laufwerk.

Nachtrag: Die Kinder von Programmierern heißen gerne Edit oder Pascal.

Die Unvereinbarkeitstheorie als umfassendere Theorie des Humors, auch Inkongruitätstheorie genannt, hat sich heutzutage weitgehend durchgesetzt. Inkongruität ist ein Fachbegriff für die

Charakterisierung der Diskrepanz zwischen dem, was wir erwarten, und dem, was uns die Wirklichkeit dann beschert. Damit uns etwas als lustig erscheint, muss es plötzlich einen mentalen Sprung geben, von der Richtung, in die sich unsere Gedankenlinie entwickelt hat, in eine ganz andere Richtung. Und dieser Sprung, dieser Richtungswechsel, muss uns angenehm sein.

Als ich kürzlich während meines USA-Aufenthalts zu einer Bank fuhr, um etwas Bargeld abzuheben, benutzte ich den nur für Autofahrer gedachten Drive-thru-Bankomat. Auf den Tasten war alles fein säuberlich auf Englisch und Spanisch beschriftet sowie auch in der Blindenschrift Braille. Bei mir entstand die Frage, wie viele blinde Autofahrer wohl je diesen Bargeldautomaten benutzt haben mögen. Die Inschrift in Braille in Kombination mit einem Bankomat, dem man sich nur motorisiert nähern konnte, war eine Inkongruität. Sie brachte mich zum Schmunzeln.

Denkt man über Witze vor diesem Hintergrund nach, so wird man feststellen, dass die allermeisten Witze tatsächlich unsere Gedanken in irgendeine Richtung führen, um dann schlagartig mit der Punchline einen Gedankensprung in eine andere Richtung herbeizuführen. Wenn es uns freut, unseren Gedankenstrang in dieser plötzlichen Weise umgeleitet zu sehen, dann ist das Ergebnis ein Erlebnis von Humor.

Daran erkennt man schon, dass nichts aus sich selbst heraus lustig ist, sondern nur durch die Fähigkeit, im Kopf eines Menschen einen von diesem als angenehm empfundenen Richtungswechsel im Denken auszulösen. Humor ist damit keine objektive Eigenschaft von etwas, wie es zum Beispiel Gewicht oder Form oder Temperatur sind. Eher gleicht Humor der Erzeugung von Farben, die auch erst im Kopf des Betrachters entstehen.

Nach dem Gesagten kann Humor erstens immer dann auftreten, wenn wir bestimmte Erwartungen haben. Doch scheint er dann am Leichtesten spürbar zu werden, wenn es um Dinge geht, die uns viel bedeuten, stark tangieren oder eine nachhaltige Wirkung auf uns ausüben. Deshalb gibt es so viele Humorprodukte über Rivalität, Krankheit, Leid, Tod und Sex.

Ferner und zweitens bedarf Humor einer Richtungsänderung unserer Erwartungshaltung. Je größer die Richtungsänderung, die durch die Punchline eines Witzes hervorgerufen wird, desto größer die Wahrscheinlichkeit einer Humorepisode. Am besten funktionieren Witze, die mit ihrer Punchline die Richtung nicht nur ändern, sondern geradewegs in die Gegenrichtung umkehren.

Ein gutes Beispiel dafür ist diese moderne Großstadtsage, die wie alle guten Geschichten dieses Genres zu schön ist, um falsch zu sein.

Eine Studentin geht zu Karstadt in die Cafeteria, um ein schnelles Mittagessen zu sich zu nehmen. Sie kauft sich eine Suppe und eine Cola. Sie bezahlt an der Kasse, bringt beides zu einem freien Tisch und hängt ihre Jacke über die Stuhllehne. Dann bemerkt sie, dass ihr der Löffel für die Suppe fehlt. Sie geht also zurück zum Besteckkasten und holt sich einen Löffel.

Als sie zurückgeht, sieht sie, dass an ihrem Tisch ein Schwarzer sitzt und ihre Suppe löffelt. Zuerst ist sie verärgert, doch dann denkt sie, dass er vielleicht arm ist und sich kein Essen leisten kann und ihre Suppe allein dort stehen sah. Sie setzt sich also wortlos an den Tisch, ihm gegenüber, und beide löffeln dieselbe Suppe. Nach einer Weile macht man ein wenig Smalltalk. Es ist nett und auch die Cola teilt man sich noch. Schließlich verabschiedet sich die Studentin, da sie wieder in die Vorlesung muss. Sie greift hinter sich, um ihre Jacke zu nehmen, doch ihre Jacke ist nicht dort. Sie dreht sich um und da sieht sie ihre Jacke am Nebentisch über der Stuhllehne hängen, und dort steht auch ihre unberührte Suppe nebst der Cola.

Humor kann thematisch auch nüchtern, pragmatisch, pessimistisch oder misanthropisch sein. Und sogar all dies gleichzeitig und so ausgeprägt, wie Sie es sich nur vorstellen können. Menschen mit einem stark entwickelten Sinn für Humor sehen mehr und nicht etwa weniger Probleme in der Alltagswelt als die meisten anderen Menschen. Zum Beispiel:

Wegen all meiner Probleme war mein armer Analytiker am Ende derart verzweifelt, dass er in seiner Praxis einen Stehimbiss aufgemacht hat.

Dieser Satz stammt, wie könnte es anders sein, von einem zeitgenössischen Denker, der naturbelassen Allen Stewart Königsberg heißt, aber von jedem, außer seiner Mutter, Woody Allen genannt wird.

Der Alltag hat viele reale und noch mehr mögliche Probleme. Nicht alle sind klein. Humoristen schrecken deshalb auch nicht vor Inkompetenz, Fehlern, Desastern und Katastrophen zurück, ja nicht einmal vor Behinderung, Krankheit, Schmerz und Tod.

Neben der Reaktion des Humors gibt es noch andere Reaktionen auf Inkongruitäten und Diskrepanzen. Humor ist die Reaktion des Genießens einer Diskrepanz. Doch was ist, wenn wir die auftretende Diskrepanz nicht genießen?

In der Tat, im Falle auftretender Überraschungen ist es vielmehr meistens so, dass wir davon nicht positiv berührt werden und schon gar nicht amüsiert darauf reagieren. Manchmal reagieren wir je nach Stärke des Schlüsselreizes sogar mit Bangigkeit, Furcht oder Entsetzen: Wenn es an der Haustür klopft, ich diese öffne und jäh feststellen muss, dass ein finster aussehender Zeitgenosse einen Revolver auf mich richtet, so führt das nicht zu Reaktionen des Belustigtseins, sondern zu einem Gefühl irgendwo auf der Skala zwischen Verängstigung und existenzieller Bedrohung.

Neben positiven Reaktionen auf mentale Quantensprünge können diese Sprünge also auch negative Emotionen hervorrufen. Wovon hängt es ab, welcher Typ in einer konkreten Situation ausgelöst wird?

Der entscheidende Faktor ist die geistige Distanz. Wenn wir uns in einer konkreten Situation befinden, dann sind wir meistens daran interessiert, dass die Dinge so weiterlaufen, wie es unser kognitiver Apparat voraussieht, und dass wir verstehen, was passiert. Nur so können wir unsere Verhaltensweisen an Situationen anpassen. In dieser Geisteshaltung des vorausschauenden Einschätzens können selbst kleine Diskrepanzen je nach Situation bedrohlich wirken, uns irritieren oder verärgern. Doch wenn wir später mit zeitlichem und mentalem Abstand die Situation überdenken, ist es wahrscheinlicher, dass sie in der Rückschau zum Schmunzeln oder Lachen Anlass gibt.

Damit haben wir in einem ersten Anlauf einige grundlegende Dinge zur Theorie des Humors gesagt. Die Praxis des Humors ist aber das Humoristische selbst. Und eine kleine Auswahl davon ist in diesem Buch versammelt.

Es gibt viele Sammlungen von Witzen. Die älteste erhaltene Sammlung ist der *Philogelos* (zu Deutsch der «Lachfreund»). Als Autoren werden in der Regel die ansonsten unbekannten griechischen Schreiber Hierokles und Philagrios[1] genannt, die ihre Kompilation im vierten Jahrhundert vor Christus erstellten.

Die Witze im *Philogelos* befassen sich mit einem breiten Spektrum von Themen, mit Betrunkenen, erotikwilligen Frauen, übel riechenden Menschen sowie mit einem Typus, der im Buch «Scholastikos» genannt wird. Das kann man übersetzen mit «zerstreuter Geistesmensch». Die Witze sind meistens kurz und zugespitzt. Als repräsentatives Exempel mag Folgendes dienen:

Ein Scholastikos war mit seinen Sklaven auf Seereise. Eines Tages erhebt sich ein fürchterlicher Sturm. Die Sklaven wimmern vor Angst und denken, dass alle sterben werden.

«Weinet nicht», spricht der Scholastikos. «In meinem Testament setze ich euch alle auf freien Fuß.»

Darüber lachte man damals. Seitdem sind zweieinhalbtausend Jahre vergangen. Und auch auf diesem Gebiet gab es offenkundig Fortschritte.

2. Theologie oder Gott und so weiter

Gott, der Himmel und alles, was dazugehört, sind ein beliebtes Thema für Humoristen und übertreffen darin sogar noch die Welt der Psychiater und ihrer Patienten oder die der Lehrer und ihrer Schüler.

---

1 Tja, auch hier sind es die alten Griechen. Ich bin ein Fan ihrer Leistungen. Ihre Nachfolger sind heute leider bankrott.

Napoleon und der Weltenlenker. Drei Patienten sitzen im Wartezimmer eines Psychiaters. Der Patient in der Mitte möchte etwas Konversation machen und fragt den Mann zu seiner Linken: «Was führt Sie denn hierher?»

«Mit Verlaub, ich bin Napoleon», antwortet dieser, «und als ich geruhte, dies meinem Leibarzt mitzuteilen, sagte dieser, ich möge die Güte haben, mich einmal hierher zu begeben.»

«Oh, sehr interessant», erwidert der Mann in der Mitte, «und woher wissen Sie, dass Sie Napoleon sind?»

Sagt der Angesprochene: «Gott persönlich hat es mir gesagt.»

Da ruft entrüstet der Dritte: «Hab ich gar nicht!»

Meine Nahtod-Erfahrung. Nun ist es an der Zeit, einmal auf leichte Art ernst zu werden. Es folgt eine Slice-of-Life-Geschichte aus meinem eigenen Leben. Sie passierte vor siebzehn Jahren, und jedes Wort davon ist wahr. Unter den Ersthörern meiner Geschichten ist diese eine der beliebtesten und bei meiner Frau eine der unbeliebtesten, wegen Überexposition. Ich erzähle sie deshalb nur noch, wenn sie gerade nicht anwesend ist. Und hier sind wir ganz sicher unter uns.

Die Episode beginnt damit, dass Ende August 1996 in Peking eine große Mathematiker-Tagung stattfand, zu der ich anreiste. Es war ein heißer Sommer in dieser Stadt; im Kongressgebäude war eine Klimaanlage installiert, die so stark aktiviert war, dass die Temperatur in den Tagungsräumen wohl nicht mehr als 15 Grad betrug. Davon bekam ich eine heftige Bronchitis, die mich die letzte Hälfte der einwöchigen Konferenz ans Bett fesselte.

Schließlich nahte der Tag meiner vorgesehenen Abreise. Ich packte, immer noch angeschlagen, meinen Koffer, nahm den Aufzug ins Erdgeschoss, stieg aus und musste in der Mitte der großen Lobby feststellen, dass mein Blutdruck plötzlich schwächer wurde und unaufhaltsam abnahm. Ich sackte in mich zusammen und fiel nach hinten, mit dem Kopf leicht auf dem Marmorboden aufschlagend.

Als ich nach einem offenkundigen Blackout die Augen wieder aufschlug, lag ich, Arme und Beine von mir gestreckt, in der riesigen Lobby dieses großen chinesischen Hotels. Engelschöresingenhörend ging es mir mental und körperlich so schlecht, dass ich existenzielle Angst verspürte. Als ich aus meiner Bodenlage aufschaute, sah ich etwa ein Dutzend menschliche Gesichter über mir. Und was das Außergewöhnliche war: Es handelte sich ausschließlich um Frauengesichter. Noch dazu waren sie noch verschiedener als üblich: ein chinesisches, ein dunkelhäutiges, ein blasses, ein indisch aussehendes Frauengesicht und noch weitere, stark diversifizierte, allesamt freundliche, leicht besorgt erscheinende weibliche Mienen, deren Aufmerksamkeit schmeichelhafterweise gerade ungeteilt mir galt. Ich konnte, was ich sah, nicht begreifen. Und in meinem Kopf kreisten einige wirre Fragen: Bin ich hier im Himmel? Ist es die Arche Noah der Frauen?

Die Auflösung kam etwas später. Dazu trug bei, dass wir den 31. August 1996 schrieben und am nächsten Tag in Peking die 4. Weltfrauenkonferenz beginnen sollte, zu der mehr als 30 000 Frauen aus allen Ländern rund um den Erdball angemeldet waren. Die meisten Frauengruppen von Castrop-Rauxel bis Kathmandu und Calgary hatten Mitglieder entsandt. Und gerade als ich auf dem Marmorboden meines Hotels einen nicht einstudierten Rittberger *unvorsätzlich* aufgeführt hatte, kamen 200 Konferenzteilnehmerinnen in ebendiesem Hotel an. Ich hebe das Wort unvorsätzlich hervor, denn die Darbietung ist nicht Teil meines Verhaltensrepertoires als offensiver Kennenlerner anderer Menschen. Es gab zu jenem Zeitpunkt im Grunde nur Frauen in der Lobby. Ein Dutzend davon waren netterweise auf mich zugeeilt, um mir zu helfen.

Im Nachhinein ist es eine Erinnerung, die mich immer wieder schmunzeln lässt, aber in der konkreten Situation war mir damals keineswegs zum Schmunzeln zumute. Ich mag es ganz und gar nicht, wenn mein Leben so tut, als wäre es mir egal, wo ich denke, dass ich bin.

Dies ist mein Echtzeit-Erlebnis von gefühltem Himmel. Aber es währte nur kurz, und bald schon hatte mich die Erde wieder, in Gestalt eines kleinen chinesischen Arztes mit großer Spritze, die er mir mit den Worten «Don't wolly» verabreichte.

So weit diese Episode.

Interessant wäre es natürlich schon, vorab in Erfahrung bringen zu können, was uns denn im Himmel so erwartet. Dazu dient die folgende Geschichte. Zudem ist mit ihr die Sex-&-Drugs-&-Rock-'n'-Roll-freie Durststrecke dieses Buches beendet.

Himmelskunde 1. Ein Ehepaar verabredet zu Lebzeiten, dass derjenige, der zuerst sterben wird, den anderen über das Leben nach dem Tod informieren werde. Sie hatten die Sorge, dass es ein Leben im Jenseits gar nicht geben könne.

Nach vielen gemeinsam verbrachten Ehejahren war es schließlich der Ehemann, der eines Tages verschied.

Wie verabredet, nahm er einige Wochen später die erste sich bietende Gelegenheit wahr, um mit seiner Frau Kontakt aufzunehmen.

«Hallo, Otilie, hier ist Günther.»

«Oh, Günther. Wie geht es dir?», fragt ihn seine Frau.

«Es ist wunderbar hier», sagt der Ehemann. «Wenn ich wach werde, habe ich erst mal Sex, dann Frühstück. Anschließend geht's raus aufs gepflegte Grün des Golfclubs, dann wieder Sex und ein bisschen Dösen in der warmen Sonne, noch mal Sex, gesundes Mittagessen mit Salat, wieder dösen, und mit Sex geht es weiter, so ziemlich bis zum Schlafengehen, nur kurz unterbrochen vom Nachtmahl. Abends bin ich müde, schlafe wunderbar ein und träume vom nächsten Tag, wenn ich wieder dasselbe tun kann.»

«Oh, Günther, das ist ja wunderbar. Dann bist du tatsächlich im Himmel?»

«Nicht ganz», erwidert Günther: «Ich bin ein Karnickel auf einem Golfplatz in der Lüneburger Heide.»

Apropos Karnickel

Die folgende Zeitungsüberschrift wirkt etwas aus dem Kontext gefallen. Sie passt nirgendwo so richtig, ist aber hundertprozentig wahr, und das ist doch auch schon was.

Tragischer Jagdunfall: Vater von zehn Kindern erschossen – Wurde mit Kaninchen verwechselt

aus: The Milwaukee Sentinel, 4.10.1948

Das war wohl eher Reinkarnation als Auferstehung. Möglicherweise muss man es sich im Jenseits aber auch folgendermaßen vorstellen:

Himmelskunde 2. Ein berühmter Regisseur stirbt und geht gen Himmel. Am Himmelstor steht Petrus und empfängt ihn. Er sagt, dass er es gerne sähe, wenn der Regisseur noch einen letzten Film machen würde. Der Regisseur aber ist so gar nicht erfreut darüber. «Ich bin vor ein paar Jahren in den Ruhestand getreten, und ich habe es satt, mich mit dürftigen Drehbüchern und dilettantischer Filmmusik herumzuärgern.»

«Hör mal zu», sagt Petrus, «wir haben Shakespeare, der dir das Drehbuch schreibt, und Beethoven komponiert die Musik zum Film.»

«Du hast nicht verstanden», erwidert der Regisseur, «ich will einfach nicht mehr. Auch die Bühnenbildner sind nicht mehr das, was sie mal waren, und die meisten Schauspieler sind heutzutage Stümper.»

«Das verstehe ich», meint Petrus, «aber wir haben Michelangelo, der dir das Set macht, und Marcello Mastroianni steht für die männliche Hauptrolle bereit.»

Nach weiterem Hin und Her lässt sich der Regisseur erweichen. Er denkt, mit Michelangelo, Beethoven und Shakespeare im Kreativ-Team und Mastroianni vor der Kamera könne eigentlich nichts schiefgehen.

«Okay, ich mache es», lenkt der Regisseur schließlich ein.

«Großartig!», freut sich Petrus. «Dann nur noch eine kleine Bitte: Ich hab da diese Freundin, die singt ...»

> **Die Gottesfrage**
> Und dann war da noch der britische, agnostische, somnambule Legastheniker, der nachts wach liegt und sich fragt: «Does Dog exist?»

Die nächste Geschichte zeigt Gott von seiner menschlichen Seite.

Ein in jeder Hinsicht vorbildlich frommer, gelehrter orthodoxer Rabbi kommt nach seinem Tod in den Himmel. Dort jammert und klagt er aber nur. Schließlich bittet er darum, mit Gott zu sprechen. Gott fragt ihn: «Warum jammerst und klagest du so, guter Rabbi, wo du doch im Himmel bei mir bist und es dir an nichts fehlt?»

Der Rabbi erwidert: «Ja Herr, ich weiß, aber was soll ich sagen. Ich bin Rabbi, aber mein einziger, von mir über alles geliebter Sohn ist Christ geworden.»

Darauf wird Gott sehr still und nachdenklich. Er nickt verständnisvoll. Schließlich sagt er: «Ich verstehe dich, guter Rabbi. Weißt du, auch mein einziger Sohn ist Christ geworden.»

Der Rabbi ist berührt und fragt Gott: «Und was hast du gemacht, Herr?»

«Was werde ich schon gemacht haben?», entgegnet Gott: «Ein neues Testament.»

Gottesdienst für fortgeschrittene Anwender

Als ich klein war, habe ich jede Nacht für ein Fahrrad gebetet. Dann wurde mir klar, dass Gott so nicht funktioniert. Also habe ich eins gestohlen und gebetet, Gott möge mir vergeben.

Emo Philipps

Und wir ziehen eins weiter.

3. Kriminalistik oder Gauner, Flegel, Grobiane

Kehren wir zurück ins Diesseits: Vergegenwärtigen Sie sich doch einmal die Geschichten, die Sie mit Ihren Freunden und Bekannten austauschen. Handeln nicht viele dieser Geschichten von Ereignissen, die, als sie tatsächlich passiert sind, alles andere als lustig waren?

Wahrscheinlich ist es sogar so, dass Ihre lustigsten Geschichten gerade die sind, die von Ihren tragischsten Erlebnissen handeln. «Tragödie plus Zeit ist Komödie», wie Woody Allen in einem seiner Filme einen Alltagsphilosophen sagen lässt. Und recht hat er mit diesem allmählichen Übergang des Tragischen ins Komische. Nicht immer natürlich, aber oft. Bei meinem chinesischen Hotelerlebnis ist es ganz sicher so. Ich habe es inzwischen in erfreulicher Erinnerung abgelagert.

Ferner kommt beim Humor bisweilen ein grundsätzliches Element der Schadenfreude hinzu:

Tragödie ist, wenn *ich* mir den Fingernagel abbreche.

Komödie ist, wenn *du* ausrutschst und dir die Gräten brichst.

Widmen wir uns nun einer besonderen Form des Tragischen, dem Typus des tragischen Straffälligen. Per se gehören die meisten Missetäter nicht zu den intelligentesten Zeitgenossen. Insofern ist es schon ein Superlativ, jemanden als unvermögenden Straffälligen zu bezeichnen. Hier sind einige besonders hartnäckige, ans Tragikomische grenzende Fälle, von denen ich während meiner Amerika-Zeit erfuhr. Gute Beispiele, schlechte Sachen zu machen, fünf fatale Fehlversuche:

Nicht ohne Alterskontrolle. Ein jugendlich aussehender Mann marschiert mit einem Gewehr in einen Laden und zwingt den Verkäufer zur Herausgabe des Kasseninhalts. Als dieser das Geld folgsam in eine Tüte gesteckt hat, fordert der Ganove noch eine Flasche Whiskey vom Regal hinter der Kasse. Der Verkäufer weigert sich aber mit der Begründung, dass er sein Gegenüber noch nicht für volljährig halte. Daraufhin zieht der Straßenräuber seinen Führerschein aus der Gesäßtasche und zeigt ihn dem Verkäufer. Dieser prüft ihn und reicht den geforderten Alkohol, worauf der Strolch mit seiner Beute verschwindet. Der Verkäufer greift zum Telefon, ruft die Polizei an und teilt ihr den Namen des Ganoven mit, den er dessen Führerschein entnommen hat. Eine Stunde nach der Tat ist der Mann verhaftet und das Geld sichergestellt. Nur für den Whiskey kam die Verhaftung größtenteils zu spät. Die Flasche war schon zu drei Vierteln leer.

Jugendlich aussehenden Kunden den Alkohol zu verweigern gehört für Ladenbesitzer in den USA zu einem der Standards im Verhaltensrepertoire, die offenbar automatisch ablaufen, selbst auch bei vorgehaltener Waffe, wie oben gesehen. Der Ganove in der folgenden Geschichte wurde «Opfer» eines anderen standardisierten Ablaufs.

In die Flucht frustriert. Im Burger King von Ypsilanti, Michigan, kreuzte eines Morgens um 7:50 Uhr ein Mann auf, zog eine Pistole und forderte den Kasseninhalt. Der Verkäufer erwiderte, er könne die Kasse nicht ohne eine Bestellung öffnen. Als der Gangster Zwiebelringe bestellte, sagte der

Angestellte, diese stünden zum Frühstück nicht zur Verfügung. Der Ganove zog frustriert von dannen. (Nach: *Ann Arbor News*)

Tödliche Zuckung. Zwei bewaffnete Ganoven betreten ein Musikgeschäft in Detroit im Bundesstaat Michigan. Sie fuchteln nervös mit ihren Waffen herum und einer brüllt: «Dies ist ein Überfall. Keiner bewegt sich!» Als sich sein Kompagnon abrupt bewegt, schießt ihn sein davon überraschter Kollege reflexartig nieder.

Apropos Detroit, apropos abrupt

Wie der amerikanische Spätabendunterhalter David Letterman einmal formulierte: Detroit führt die Liste der amerikanischen Großstädte an in Bezug auf die Anzahl der Menschen, in deren Gegenwart man keine abrupte Bewegung machen sollte.

Aber nicht allein das: Nach Kriminalitätsstatistiken zu Mord und Totschlag ist Detroit die gefährlichste Stadt der USA. Eine Antwort ihres Bürgermeisters kommt mir in den Sinn. Auf die Frage, warum die Straßen von Detroit so gefährlich seien, sagte er: «Es sind nicht so sehr die Straßen, die Detroit gefährlich machen, sondern eher die Menschen.»

Als Grundausstattung gehört zu einem überlegten Überfall auch eine richtige Waffe. Und sie sollte funktionsfähig sein oder wenigstens einen solchen Eindruck erwecken. Daran scheiterte das folgende Unterfangen.

Karen Lee Joachimi aus Lake City, Florida, versuchte in ihrer Heimatstadt ein Hotel auszurauben. Sie hatte sich zwar mit einer elektrischen Kettensäge als recht innovativer Überfallwaffe ausgerüstet, doch scheiterte ihr Vorhaben daran, dass bei dieser der Stecker weder eingesteckt war noch werden konnte.

Dass Elektrizität sich bei den verschiedensten Unternehmungen als nicht unwesentlicher Faktor entpuppen kann und so manches einfach besser funktioniert, nachdem man es in eine Steckdose gesteckt hat, musste auch schon der eine oder andere Monarch erleben:

Nichts Wechselströmendes

Eine technische Niederlage erlitt Kaiser Menelik II. von Abessinien (dem heutigen Äthiopien), als er gegen Ende des 19. Jahrhunderts sein Land modernisieren wollte. Er bestellte unter anderem drei elektrische Stühle bei dem amerikanischen Hersteller dieser neuen Geräte. Als die Todesstühle eintrafen, wurde bemerkt, dass noch gar keine Elektrizität im Lande vorhanden war. Um zumindest nicht alle drei elektrischen Stühle unbenutzt zu lassen, verwendete Kaiser Menelik eine der formschönen Sitzgelegenheiten als Thron.

Alexander Tropf: *Niederlagen, die das Leben selber schrieb*

Abbildung 4: «Mein Sohn macht ein Naturkunde-Projekt und fragt, ob Sie etwas ungepopptes Popcorn in den Mund nehmen könnten.» Cartoon von Glenn und Gary McCoy

Negativ-Ausbeute. Ein Mann ging zu einem Kiosk, legte eine 20-Dollar-Note auf die Theke und fragte nach Wechselgeld. Als der Beschäftigte die Kasse öffnete, zog der Mann eine Waffe und forderte den Kasseninhalt. Der Angestellte reichte das Geld und der Dieb floh, seinen 20-Dollar-Schein auf der Theke zurücklassend. Der Kasseninhalt belief sich auf exakt 15,37 Dollar. Der Ganove steht da mit weniger als leeren Händen. Großer Köder, kleiner Fang.

Eine juristische Nachfrage sei hier erlaubt: Ist es von der Sache her als Raub zu werten, wenn das mitgebrachte Geld das mitgenommene Geld im Saldo übersteigt?

So weit die Ganoven-Geschichten aus dem richtigen Leben. Ich hoffe, es gibt jemanden, der aus diesen Fehlern lernt, zum Beispiel, dass Ganove sein sich nicht lohnt.

Die nächste Geschichte, diesmal aus meinem eigenen Leben, beschreibt nur ein kleines Ärgernis.

Der Tegel-Flegel. Es war einmal, da stand ich am Berliner Flughafen Tegel vor dem Schalter von British Airways in einer Schlange. Gerade als die Frau vor mir bedient worden war und ich vorangehen wollte, kam flotten Schrittes ein mit Goldkettchen und zwei Handys dekorierter, sich wichtig gebender Zeitgenosse im Nadelstreifenanzug und drängelte sich vor. Auf meinen Hinweis, dass ich eigentlich damit gerechnet habe, als Nächster bedient zu werden, machte er nur eine wegwerfende Handbewegung. Ich kochte innerlich vor Ärger, sagte aber nur: «Wenn Sie meinen, Sie müssten das so machen ...»

Es stellte sich aber alsbald heraus, dass der forsche Vordrängler am falschen Schalter gelandet war. Er musste zum Lufthansa-Schalter und die Dame zeigte ihm kühl, wo dieser Schalter zu finden sei. Gerade als er sich umdrehte und wieder auf meiner Höhe war, sah ich meine Chance gekommen. Ich sagte, mit der gelangweiltesten Stimme, die ich unter den Umständen in mir finden konnte: «Da können Sie dann auch gleich wieder direkt an den Schalter gehen.»

Zu frech? Vielleicht. Jedenfalls wurde der so Angesprochene nun richtig böse und outete sich als multikulturloser Grobian. Er brüllte sehr existent, und zwar multiple Worte mit «A» in meine Richtung. Das aber habe ich als Punkt für mich gewertet. Und ich fühlte mich nach meiner Entgegnung viel besser als davor. «Gut ist alles, wonach man sich gut fühlt», sagte einst Ernest Hemingway, und wenn ich diese Wie-fühlst-du-dich-dabei-Ethik, die nur auf der Stimmigkeit eigener Stimmungen beruht, auch nicht grundsätzlich gutheiße, im vorliegenden Fall bin ich bereit, eine Ausnahme zu machen. Mein obiger Sparrings-Partner gehört zum Typus von Menschen, von denen ich immer wieder gerne nie etwas höre.

Dies ist übrigens eine der Stellen im Buch, wo es tatsächlich etwas zu lernen gibt. Denn die Moral von der Geschichte lautet: Man trifft sich im Leben mehr als einmal, manchmal sogar kurz hintereinander. Fürwahr: Berge begegnen sich nie, Menschen immer.

Durch die Internationalität der Mathematik habe ich zwecks Besuch wissenschaftlicher Veranstaltungen viele Länder bereisen können: Vom Hongkong-Kongress bis Treffen bei Telgte reichten die Attraktionen. Das waren lehrreiche und wunderbare Erfahrungen. Erlauben Sie mir, noch eine weitere Flughafen-Geschichte beizusteuern, die auch meine Gefühlslandschaft berührte. Sie spielte sich auf dem Flughafen von San Francisco ab. Ich gehe seither in den USA nie wieder durch eine Passkontrolle, ohne daran zu denken.

Es war ein langer Flug gewesen und ich brauchte für die Einreise nur noch einen Stempel bei der Passkontrolle. Ich hatte Durst und andere dringende Bedürfnisse. Deshalb hoffte ich, wie so oft und vergeblich, dass es schnell gehen möge. Der Grenzbeamte war ein ausgesprochen unfreundlicher Zeitgenosse, der mich mit immer neuen Fragen drangsalierte: wo ich herkäme, was ich in den USA wolle, wie lange ich zu bleiben gedenke, wo ich zu wohnen beabsichtige usw. Alles in einem herablassenden, auf Schikane angelegten Tonfall. Ich vernahm die Fragen mit sich zunehmend senkrecht aufstellenden Nackenhaaren. Insgesamt hatte der Beamte mich gut 15 Minuten nicht mit dem bestrickt, was man eine sympathische Art nennt. Schließlich setzte er theatralisch einen Stempel in meinen Pass. Zwar bin ich teilschüchtern, doch konnte ich in dem Moment nicht anders, als meinem Ärger mit der Bemerkung Luft zu machen: «Thank you for the excellent stamping of my passport.»

Auch hier ist die Reaktion des derart Gelobten nicht druckfähig, denn es soll ein Buch für alle Altersklassen bleiben ...

Dies ist eine Episode, die mein Lebensgefühl jener Zeit verdeutlicht. Inzwischen hätte wahrscheinlich eine gewisse Altersmilde meinen letzten Satz verhindert. Auch bei mir ist die Quicklebendigkeit der Anfangsjahre einer trägeren, trägerraketenhaften Spätphase gewichen. In jeder Lebensphase eines Menschen denkt Mutter Natur über ihn anders. Ich merke ihr das nicht nur bei mir selbst von vorne bis hinten an.

Doch genug vom Autor. Unsere nächste Neugier gilt dem Wissenschaftsbetrieb.

4. Wissenschaft, backstage

Wissenschaft ist eine vielgestaltige Unternehmung. Sie beinhaltet zum einen die Erweiterung des Wissens durch Forschung sowie die Weitergabe von neuem und altem Wissen durch Lehre. Darüber hinaus bezeichnet der Begriff «Wissenschaft» das institutionelle, gesellschaftliche Setting, in dem Forschung und Lehre organisiert betrieben werden können. Der Wissenschaftler und Autor Dietrich Schwanitz hat in seinem Roman *Der Zirkel* von 1998 ein satirisch überzeichnetes Bild der deutschen Wissenschaftsbetriebsamkeit in den 1990er Jahren gezeichnet. Es präsentiert diesen gesellschaftlichen Bereich als essentiell reformbedürftig, suggeriert aber auch dessen fundamentale Unreformierbarkeit. Seither hat das Ausmaß von Reformbedürftigkeit bei gleichzeitiger Unreformierbarkeit wohl eher zugenommen.

Die Gemeinschaft der Wissenschaftler hat ihre eigenen Gesetze, Gebräuche und Sitten. Einige dieser Wissenschaftsbetriebsgeheimnisse treten hier im Buch in pointierter Form zutage – etwa die Friktionen zwischen den diversen Fachgebieten.

Auf Kleinhirnniveau

Eine Episode so wahr, wie sie kurz ist: Einer meiner Mathematiker-Kollegen wurde einmal bei einem Gastvortrag eines Informatikers in unserem Fachbereich mit diesen Worten aktenkundig:

«Informatik kommt und geht. Mathematik immer besteht.»

Nicht ganz die feine englische Art der Begrüßung. Doch der Mathematiker-Kollege ist auch sonst ein kleines Rumpelstilzchen, das während seiner aktiven Zeit ab und an durch lokale Eruptionen und andere zweifelhafte Aktionen auffiel.

Geistreiche Mathematiker haben ganz andere Möglichkeiten, sich unbeliebt zu machen. Zudem wäre es falsch zu sagen, dass immerhin seine Forschungsarbeiten mir Trost gespendet haben. Eher schon waren sie voller Trost und Losigkeit. Gute Mathematik ist um Äonen peppiger und poppiger.

Es gibt spürbare Spannungen zwischen den neuerdings so bezeichneten MINT-Disziplinen Mathematik, Informatik, Naturwissenschaften auf der einen Seite sowie den Geistes- und Sozialwissenschaften auf der anderen Seite. Niemand hat dies in den letzten beiden Jahrzehnten klarer zum Vorschein gebracht als der amerikanische Physikprofessor Alan Sokal in einem für die sozialwissenschaftliche Zeitschrift *Social Text* geschriebenen Essay. Es handelt sich um einen inhaltlich mit Absicht völlig sinnverqueren, aber von postmodernistischem Geschwafel überquellenden Beitrag, den Sokal nach Veröffentlichung durch die angesehene Zeitschrift als reine Posse enttarnt hat.

Keine Posse

Jürgen Habermas ist einer der bedeutendsten Soziologen der Gegenwart. Wie weithin bekannt ist, leidet Habermas an einer Hasenscharte, aufgrund dessen seine Reden mit vielen Zisch- und Krächzlauten gespickt sind und zudem ausgesprochen nasal klingen.

Im Anschluss an die öffentliche Antrittsvorlesung des Gelehrten in Frankfurt waren Fragen zugelassen. Anwesend bei der Veranstaltung war auch der junge Student Tim, seit vielen Jahren großer Verehrer des weltberühmten Wissenschaftlers. Auch Tim war als Kind nur unvollkommen an seiner Hasenscharte operiert worden und litt unter demselben Sprachfehler wie sein Idol. Tim war derart fasziniert von Habermas' Vortrag, dass er in der anschließenden Fragestunde als Erster aufsprang, um mit seinen Zisch- und Krächzlauten dem Professor eine Frage zu stellen. Alle, die Tim nicht kannten, hielten es für eine perfide Stimmenimitation. Er wurde ausgebuht und, für ihn noch schlimmer, vom verehrten Professor durch Nichtachtung gestraft.

In seiner Satire kompiliert Sokal ausgesprochen abenteuerliche Meinungen, etwa dass die psychoanalytischen Spekulationen von Jacques Lacan kürzlich durch die physikalische Quantenfeldtheorie Bestätigung gefunden hätten oder dass das mathematische Gleichheitsaxiom der Mengenlehre in Analogie zum entsprechenden Begriff im Feminismus stehe.

Alles, einschließlich des Titels:

war dabei in grandios einschüchternder Weise formuliert. Sokal hatte seinen Artikel so angelegt, dass jeder bessere Physik- oder Mathematik-Student ihn als Parodie erkannt hätte, er aber gleichzeitig in den Ohren von nicht wenigen Soziologen offenbar gut klang. Immerhin auch in den Ohren der renommierten Herausgeber von *Social Text*, die ihn unverändert zur Veröffentlichung annahmen und sich dadurch ordentlich blamierten.

Mein Hauptsatz der empirischen Sozialwissenschaft

Wenn eine neue sozialwissenschaftliche Theorie schließlich so formuliert ist, dass sie getestet werden kann, ist sie aufgrund sich ändernder gesellschaftlicher Umstände bereits veraltet.

Ehrlicherweise muss ich hinzufügen, dass genau das auch für diesen Hauptsatz gilt. Kann sein, dass es schon nach Mitternacht war, als ich ihn schrieb.

Anti-Rhetorik. Ich gewinne bisweilen den Eindruck, dass ein wichtiger Aspekt mancher Teile der geisteswissenschaftlichen Forschung in Form von Sprachornamentik gegeben ist. Betrachten Sie etwa eine schöne Formulierungstirade der Philosophin, Gender-Theoretikerin und Rhetorik(!)-Professorin Judith Butler. Frau Butler hat für den folgenden Satz einen nicht ganz erstrebenswerten Preis zugesprochen bekommen: Sie wurde zur Siegerin erklärt im *Bad Writing Contest* des Jahres 1998. Und hier ist der gekürte Satz, der in einem ihrer Artikel für die wissenschaftliche Zeitschrift *Diacritics* auftaucht: »The move from a structuralist account in which capital is understood to structure social relations in relatively homologous ways to a view of hegemony in which power relations are subject to repetition, convergence, and rearticulation brought the question of temporality into the thinking of structure, and marked a shift from a form of Althusserian theory that takes structural totalities as theoretical objects to one in which the insights into the contingent possibility of structure inaugurate a renewed conception of hegemony as bound up with the contingent sites and strategies of the rearticulation of power.«

Eine deutsche Übersetzung von Steven Pinker lautet:

«Der Schritt von einer strukturalistischen Erklärung, nach deren Verständnis das Kapital soziale Beziehungen auf relativ homologe Weise strukturiert, zu einer hegemonialen Ansicht, nach der Machtbeziehungen Wiederholung, Konvergenz und Reartikulation unterworfen sind, führte die Frage der Temporalität in die Überlegungen zur Struktur ein und markierte einen Wechsel von einer Form Althusser'scher Theorie, die strukturelle Totalitäten als theoretische Objekte begreift, zu einer Theorie, in der die Einsichten in die kontingente Möglichkeit von Struktur ein erneuertes Konzept von Hegemonie erschließen, das mit den kontingenten Orten und Strategien der Reartikulation von Macht verknüpft ist.»

Der, die, das

Beim Thema Gendertheorie muss man auch für die sprachliche Frauenbefreiungsfrage sensibel sein. Etwa so:

Sitzen zwei Feministinnen beim Frühstück. Sagt die eine zur anderen: «Gib mir doch bitte mal die Salzstreuerin.»

Das könnte ein Satz sein in meinem noch unvollendeten, ja eigentlich unbegonnenen Krimi mit dem Titel: «Der Kitzler und die Kitzlerin» – mein beabsichtigter Beitrag zur nervenkitzelnden Hochspannungsliteratur.

Was Judith Butler damit gemeint haben dürfte? Dem Sinngehalt nach ist es nicht mehr als dies:

Wenn man erst meint, Geld beeinflusst alle sozialen Beziehungen, und dann meint, Geld habe mit der Erhaltung von Macht zu tun, dann hat man seine Meinung von Geld geändert von einer abstrakten Vorstellung zu einer neuen Sicht von Macht.

Doch dieses magere Maß an Sinnbelegung bleibt eindeutig hinter der von Judith Butler komponierten Einschüchterungsprosa zurück. Diese Prosa ist ein ornamentaler Überbau, um die triviale Idee intellektuell aufzublasen und eine schlechte Argumentationslinie zu vernebeln. In dieser Weise hat der weithin als unverständlich geltende Stil Judith Butlers für sie selbst den Einschüchterungssinn aber durchaus erfüllt, wurde sie doch von Professor Warren Hedges als «einer der zehn intelligentesten Menschen auf dem Planeten» bezeichnet. Mit Verlaub und ohne weder Warren Hedges noch Judith Butler zu nahe treten zu wollen: Wenn man mich auf die Suche nach den zehn intelligentesten Menschen auf dem Planeten schicken sollte, würde ich sie nicht unter Rhetorikern suchen.

Wie ich einmal die Universität Stuttgart vor Schaden bewahren konnte. Auch in meinem eigenen akademischen Leben gab es einige engere Kontakte mit den Geistes- und Sozialwissenschaften. Einst war ich Mitglied einer Kommission an der Universität Stuttgart, die den Auftrag hatte, für eine frei gewordene Professorenstelle in der Politikwissenschaft eine geeignete Persönlichkeit zu finden. Es gab eine große Zahl von Bewerbungen von Männern und Frauen. Erstaunt war ich über das geringe Maß an Internationalität. Es gab viele Bewerber, deren Lebenslauf keinen akademischen Auslandsaufenthalt und deren Publikationsliste keine englischsprachige Veröffentlichung aufwies, während beides unter Mathematikern gang und gäbe ist. Bei einigen Bewerbern war der Ideengehalt in den Texten so gering, dass sie selbst von den Fachvertretern der Politikwissenschaft als reine Essayisten bezeichnet wurden. Es gab in manchen Publikationen einfach nichts, was mit einer wissenschaftlichen Leistung verwechselt werden konnte. Das klingt hart und ist es vielleicht auch. Sie sehen daran, dass in diesem Buch nicht immer im Schonwaschgang geschleudert wird.

Mir fiel auch auf, dass jene Kandidaten, die sich durch die Anwendung quantitativ-mathematischer Methoden in ihrer Forschung auszeichneten, besonders solcher, die die anwesenden Kommissionsmitglieder der Politologie und Soziologie nicht verstehen konnten, ein gewisses Ansehen genossen. Schaute man sich aber als Mathematiker die eingesetzten Methoden an, standen einem bisweilen die Haare zu Berge. Besonders einer der Kandidaten hatte es damit so weit gebracht, dass er nach Stuttgart zu einem Vortrag eingeladen wurde, um seine wissenschaftlichen Ergebnisse und Methoden vorzustellen. Er war der von den Politologen und Soziologen favorisierte Kandidat und hätte die Professur wohl bekommen, wenn ich nicht in der Diskussion im Anschluss an seinen Vortrag eine inhaltliche Frage gestellt hätte, aufgrund welcher der Forschungsmann so schrecklich einbrach, dass es den Anschein hatte, er habe nur wenig von seinen eigenen datenanalytischen Verfahren verstanden. Das, was er empirische Forschung nannte, schien bis dato beständig auf der Flucht vor ihm zu sein. Schließlich entschied sich die Kommission für einen anderen Bewerber.

Es besteht ein großer Unterschied zwischen einem Wissenschaftler und einem Wissenschaftler, der versucht, eine dauerhafte Anstellung im akademischen Bereich zu bekommen. Das ist mir heute sogar noch klarer als damals, als sich die gerade beschriebenen Ereignisse zutrugen.

Wissenschaftler haben ihre eigene Sprache, in der sich so manches sehr speziell anhört. Und verschiedene Wissenschaften haben verschiedene Sprachen. Besonders hermetisch ist die Sprache der Mathematik, auch dann schon, wenn sie nichts aus ihrem reichhaltigen Fundus absonderlicher Zeichen einsetzt. Überträgt man in diese Sprache Texte, die für diese Sprache eigentlich nicht gedacht sind, kann sich das so anhören:

Märchenkunde, Mathematik-Edition. Es existierte einst ein Mädchen, dem konnte eineindeutig eine rote Kappe geringer Oberfläche zugeordnet werden, wodurch es als Rotkäppchen definiert und identifizierbar wurde. Auf Weisung seiner Mutter vereinigte Rotkäppchen einen Kuchen, eine Wurst und eine Flasche Wein zu einer Menge von Gaben und begann seine Trajektorie auf dem zeitoptimierten Pfad zur Mutter ihrer Mutter, kurz Großmutter genannt.

Im Walde schnitt Rotkäppchens Weg den Orbit eines Wolfes. Dieser erörterte mit ihr die Relevanz eines Straußes für die Großmutter und motivierte sie, eine geordnete, höchstens abzählbare Anzahl von Gewächsen zu einem solchen zu verknüpfen. Während das Kind den Verknüpfungsvorgang ausführte, verringerte der Wolf kontinuierlich seinen Abstand zur Großmutter und machte diese zu einer Teilmenge von sich.

Als Rotkäppchens Bahnkurve das Areal der Großmutter als Ziel erreichte, erweiterte sich der Wolf auch noch zur konvexen Hülle von dem Kind und dessen Kontingent von Mitbringseln.

Ein Jäger kam, zählte die Stückzahl von null Großmüttern im kompakten Großmutterraum und eine um eins höhere Quote von Wölfen. Er analysierte die Haus-Großmutter-Wolf-Relation, bis sie transparent wurde, ergriff sein Messer und separierte den Wolf in zwei Teilmengen. Die vom Wolf akkumulierten Objekte wurden von ihm subtrahiert. Das frei werdende Volumen seines Körpers wurde mit einer nicht vernachlässigbaren Quantität von Wackersteinen ausgefüllt. Die Gemischmenge fiel in einen zylinderförmigen Brunnen, woraufhin das Wolf-Wackerstein-Konglomerat ganzheitlich unlebendig wurde.[2]

Das (n)e(u)rotische Wörterbuch der Wissenschaft

Schnellspanner (techn.), Periodendauer (phys.), Selbsterregung (phys.), mehrkanalbeschäftigt (elektron.), Lüsterklemme (elektr.), Zugriffsschutzvorrichtung (inform.), idempotent (math.), Tits-Alternative (math.), Freie-Gruppen-Aktion (math.), Latex (math.), Blusenwühltag (kaufm.)

Und da wir gerade bei der Macht der Worte sind. Hier sind einige schöne und nützliche Begriffe: Wortschätze als Nebenprodukte bei der Suche nach dem Plural der Vernunft. Wenn ich Wort werden wollte, wäre ich gern ein Wort mit Kompetenz:

Inkompetenzkompensationskompetenz

Das ist eine optimistische Wortneuschöpfung des Philosophen Odo Marquard mit der ungefähren Bedeutung: Du hast keine Ahnung von einer Sache, aber du kannst deine lokale Ahnungslosigkeit durch anderweitige Ahnung ausgleichen.

Diese Form der Kompetenz kommt vielen Mathematikern zu.

Problemstellung: Ein Physiker und ein Mathematiker sollen Wasser kochen. Es ist eine Feuerstelle vorhanden sowie ein Topf mit Wasser, der im Keller steht.

Ansatz: Der Physiker löst das Problem, indem er den Topf aus dem Keller holt und aufs Feuer stellt. Der Mathematiker löst es auf selbige Weise.

---

2 In Anlehnung an eine Idee von Friedrich Wille: «Humor in der Mathematik», Vandenhoeck & Ruprecht.

Problemstellung, modifiziert für Fortgeschrittene: Wieder soll Wasser ge-kocht werden, doch der Topf mit Wasser steht diesmal direkt neben dem Feuer auf der Feuerstelle.

Ansatz: Der Physiker löst das Problem wieder so, dass er den Topf auf das Feuer stellt. Der Mathematiker dagegen trägt den Topf hinunter in den Keller und verkündet, ihm sei es gelungen, das Problem auf ein bereits gelöstes zurückzuführen.

Wohlwollen vorausgesetzt, kann man das Vorgehen des Mathe-matikers als Kompetenz deuten, doch ein Psychologe, mit dem ich einmal plauderte, bezeichnete diese und ähnliche Verhaltens-weisen als Symptome der Verhältnisschwachsinnigkeit, die gene-rell vielen Wissenschaftlern zukäme. Mit diesem Begriff wird ein Mangel an Fähigkeit beschrieben, sich zu manchen Alltagsdingen in das richtige Verhältnis zu setzen. Nun denn: Was für den einen Kompetenz ist, ist für den anderen Schwachsinn.

Stimmt's?

Man kann kein erfolgreicher Wissenschaftler sein, ohne zu bemerken, dass im Gegensatz zu der verbreiteten Meinung, die von Zeitungen und Müttern von Wissenschaftlern unterstützt wird, eine ordentliche Zahl von Wissenschaft-lern nicht nur engstirnig und langweilig, sondern auch einfach dumm sind.

Nobelpreisträger James D. Watson

Sch... Kleine Show des Scheiterns

Dies ist ein weites Feld. Es eignet sich vorzüglich als Thema eines deutschen Schulaufsatzes. Ich steuere zwei neue Begriffe bei:

Inkompetenzkompensationsinsuffizienz

Das ist ein pessimistischer Gegenbegriff zu Odo Marquards For-mulierungskunstwerk: Du hast keine Ahnung von einer Sache, und du scheiterst, weil dir leider auch die Fähigkeit fehlt, diese Ahnungslosigkeit auszugleichen.

Tröstlich ist immerhin: Auch das Scheitern macht uns ge-scheiter!

Inkompetenzkompensationskatastrophe

Dies ist eine Steigerung des vorausgehenden Begriffs: Du hast weder Ahnung von einer Sache noch davon, diese Ahnungslosigkeit auszugleichen, und dein Versuch, dies zu tun, endet in einem Ernstfall.

Gar nicht tröstlich ist: Es scheitert sich leicht, richtiges Scheitern aber will gelernt sein. Und mehr noch: Einfach nur scheitern kann jeder Unbedarfte, um aber monumental zu scheitern, muss man schon gescheiter sein.

Abbildung 5: Transportwesen, Abkürzungs-Niederlage

Und da wir schon einmal bei Niederlagen sind. Hier sind noch einige weitere aus dem Reich der Worte:

Übersetzungs-Niederlage 1. Der amerikanische Hühnerfabrikant Frank Perdue benutzt in den USA den Werbeslogan «It takes a tough man to make a tender chicken» mit der sinngemäßen Bedeutung: «Man muss ein entschlossener Mensch sein, um zartes Hühnerfleisch zu produzieren.»

Auf dem spanischsprachigen Markt wurde dieser Satz von amerikanischen Werbefachleuten ziemlich verkorkst wiedergegeben. Ein Foto von dem recht schmächtigen, aber sich imposant gebenden Perdue mit einer seiner Hennen im Arm erschien auf riesigen Plakatflächen in ganz Mexiko, versehen mit der sinngemäßen Unterschrift: «Man muss ein starker Typ sein, um ein Huhn schwach zu machen.»

Multifunktional

Der *Mazda Laputa* ist ein Kleinstwagen, den der Hersteller Mazda von 1999 bis 2006 auf den Markt brachte. Sein Name ist dem Buch *Gullivers Reisen* von Jonathan Swift entnommen. Er verkaufte sich in vielen Teilen der Welt sehr gut. Doch auf dem spanischen Markt ließen die Absatzzahlen sehr zu wünschen übrig. Der Grund: Das japanische Vertriebszentrum hatte bei der Namensgebung nicht realisiert, dass «La puta» auf Spanisch «Die Hure» heißt. Dadurch bekamen Werbebotschaften wie: «Mazda Laputa ist ein leichtes, aber gut stoßabsorbierendes Modell» und «Liefert größtmögliche Zufriedenheit auf minimalem Raum» ganz neue Bedeutungen.

Mit Übersetzungen ist das so eine Sache. Wo es Übersetzungen gibt, gibt es auch die Gefahr von Übersetzungsfehlern.

Übersetzungs-Niederlage 2. Kasimirz Makarczyk war ein polnischer Schachgroßmeister. In dieser Eigenschaft nahm er am Internationalen Schachturnier von Hamburg im Jahre 1930 teil. Eines Abends, Makarczyk saß gerade in seinem Hotel beim Abendessen, betrat ein weiterer Gast den Raum. Als er an Makarczyk vorüberging, verneigte er sich höflich und sagte: «Mahlzeit.» Makarczyk, des Deutschen nicht mächtig, stand rasch auf und mit einer ebenso höflichen Verbeugung entgegnete er: «Makarczyk.»

Dasselbe Ritual wiederholte sich am folgenden Abend und auch am Abend darauf. Makarczyk irritierte dies ein wenig, und am nächsten Tag erkundigte er sich beim Portier, ob es denn in Deutschland üblich sei, sich bei jeder Begegnung erneut vorzustellen. Als Makarczyk die Vorkommnisse bei den Abendessen der letzten Tage schilderte, verriet der Portier ihm die wahre Bedeutung des Wortes «Mahlzeit.»

Später am selben Tag, als es wiederum Zeit zum Abendessen war, beschloss Makarczyk, selbst die Initiative zu ergreifen und die nette Geste des anderen Gastes zu erwidern. Als er den Fremden kommen sah, erhob er sich, verbeugte sich leicht und sagte mit vollendeter Freundlichkeit und fast ohne Akzent: «Mahlzeit.» Der Fremde war verblüfft, doch nach einem kurzen Moment des Zögerns fasste er sich und entgegnete in gewohnter Liebenswürdigkeit: «Makarczyk.»

Übersetzungs-Hin-und-Her

In der Anfangszeit der Übersetzungsprogramme trug es sich zu, dass ein sowjetisches Übersetzungsprogramm die deutsche Wendung «Aus den Augen, aus dem Sinn» ins Russische übertrug. Später stieß ein deutsches Übersetzungsprogramm auf den übersetzten Ausdruck und übersetzte ihn ins Deutsche zurück als «unsichtbarer Wahnsinniger».

---

5. Aus universitären Biotopen

Als ich in den achtziger Jahren noch in den USA studierte, belegte ich einmal eine Lehrveranstaltung bei einem Dozenten, der einen vom Studenten gehaltenen Vortrag in dessen Gesamtnote einfließen ließ. Außer mir gab es nur noch drei weitere Kommilitonen, die seine Veranstaltung belegt hatten, doch aus irgendeinem Grund fand sie in einem großen Hörsaal statt.

Als ich mit meinem Vortrag an der Reihe war, begab es sich, dass einer meiner Mitstudenten krank war, ein anderer an der Beerdigung seiner Großmutter teilnahm und der Dritte aus mir nicht mehr erinnerlichen Gründen fehlte. Somit spielte sich die ganze Angelegenheit nur zwischen mir als Vortragendem und dem Dozenten als einzigem Zuhörer ab, der etwa zwanzig Meter von mir entfernt in der Mitte des großen Hörsaals Platz genommen hatte.

Frohgemut und happy-dynamisch begann ich meine Darbietungen, mich bisweilen der Tafel zuwendend, um Formeln darauf festzuhalten. Als ich nach einem dieser Tafelanschriebe wieder in Richtung «Publikum» blickte, musste ich feststellen, dass dieses zu hundert Prozent eingeschlafen war.

So ergab sich eine dramaturgische Unwucht zwischen Aufführenden und Zuhörenden, vertreten jeweils im Singular wohlgemerkt. Ich wusste nicht recht, was ich tun sollte, zumal eine Seite des Hörsaals aus einer großen Glaswand bestand, hinter der ein Gang war, von dem man das Treiben im Hörsaal beobachten konnte. Und der Gang war von Studenten frequentiert. Sollte ich den Vortrag fortsetzen, sollte ich ihn abbrechen? Sollte ich den Dozenten wecken oder ihn schlummern lassen?

Können Sie sich die Absurdität und Peinlichkeit der Situation vorstellen? Ich kann mich immer noch passgenau in sie hineinversetzen: Nicht jede Erinnerung verblasst. Manche erröten.

Was tat ich?

Nach einer kurzen Denkpause nahm ich meine Unterlagen, ging von dannen und überließ den «Zuhörer» seinen Träumen. Gut? Doch!

Als er und ich uns am nächsten Tag wiedersahen, war mir zwar nicht klar, ob ich seinem erwarteten rhetorischen Druck würde standhalten können. Doch er schmunzelte nur, und so tat ich es auch. Er sagte: «Wie war denn Ihr Vortrag?» Eine Frage, die ich als cool empfand. Mit meiner Antwort bin ich weniger zufrieden, doch fiel mir seinerzeit nichts Besseres ein und ich erwiderte: «God only knows.» Mehr war spontan nicht drin.

Hier ist eine kleine Auswahl weiterer Sprüche und Verhaltensweisen von Dozenten.

Eine Formulierungsperle. Als die Glocke zum Ende der Stunde klingelte und die Studenten bereits ihre Unterlagen einpackten, sagte der Dozent: «Einen Moment bitte, ich muss noch ein paar Perlen werfen.»

Vorlesung *Höhere Mathematik*, LMU München

Lustig ist das zwar, aber möglicherweise doch ein bisschen zu hochnäsig. In der folgenden, ebenfalls wahren Geschichte wird nicht nur nicht mit Perlen geworfen, sondern gleich mit Kugeln geschossen.

Der Mathematiker Robert Lee Moore (1882–1974) war ein gebürtiger Texaner. Was Waffen betrifft, so haben die Texaner eine auch heute noch und damals erst recht, sagen wir einmal, äußerst liberale Einstellung. Viele Texaner besitzen Waffen. Und auch R. L. Moore besaß eine Waffe.

Mit den Jahren wurde aus Moore ein bekannter Mathematiker und als solcher blieb er nicht immer in Texas. Er hielt Vorlesungen an vielen anderen Universitäten. Bei einer dieser Gelegenheiten passierte Folgendes. Dem Dekan der Mathematischen Fakultät an Moores Gastuniversität war von verschiedener Seite zugetragen worden, dass Moore auf dem Campus mit einer Pistole herumlaufe.

Als er Moore vorsichtig dazu befragte und dabei nicht vergaß zu erwähnen, dass dies an seiner Universität nicht üblich und noch weniger erwünscht sei, erzählte ihm Moore, er habe den Verdacht, dass während seiner Vorlesungen zwei Studenten sich ständig über ihn lustig machten, aber immer nur dann, wenn er, an die Tafel schreibend, ihnen den Rücken zukehre. Er habe die beiden noch nicht identifiziert, aber wenn er wieder den Verdacht habe, wolle er sich blitzschnell herumdrehen, seine Waffe ziehen und in deren Richtung schießen. «Aber Sie brauchen sich keine Sorgen zu machen», versicherte Moore dem Dekan, «ich bin ein guter Schütze. Ich werde nicht viel danebenschießen, aber seien Sie unbesorgt, ich werde danebenschießen.»

Die Reaktion des Dekans ist nicht in die Annalen der Geschichte des Lehrens eingegangen.

Aus einer anderen Art von Arena

Einige von unseren Spielern haben es nicht verdient zu leben.

Jesus Gil y Gil, der Präsident von Atletico Madrid,
nach der 0:1-Niederlage seiner Mannschaft gegen das Team von Osasuna

---

Logik im Endstadium. Ein Professor wollte einen Aspekt in Bezug auf logisches Schließen hervorheben und versuchte es so: «Deutschland grenzt im Norden an zwei größere Meere, ansonsten an neun Staaten. Es bedeckt 360 Quadratkilometer, hat 82 Millionen Einwohner und liegt in der gemäßigten Klimazone. Wie alt bin ich?»

«Sie sind 58», ruft einer der Studenten.

«Wie sind Sie darauf gekommen?», fragt der überraschte Professor.

«Ganz einfach», meint der Student: «Mein 29-jähriger Bruder ist nur halb so verrückt.»

Vorlesung von N. N. an der Universität N. N.

Nun kommen wir zu einem der erfreulichsten oder auch unerfreulichsten Aspekte des Lebens unter Wissenschaftlern: dem Veröffentlichen. Man darf, muss aber auch.

Veröffentliche oder Verschwinde. Das ist die Alternative im Wissenschaftsbetrieb. Wer nicht veröffentlicht, ist wissenschaftlich schnell weg vom Fenster. Die Umkehrung gilt aber nicht so ohne Weiteres. Würde auch die Umkehrung gelten, wäre der Mathematiker Leonhard Euler heute immer noch unter uns. Er war ein Wirklichkeitsüberbieter in mehr als nur einer schöpferischen Unternehmung. Mit seiner Energie hätte man ein ganzes Kraftwerk betreiben können. Mit seinen wissenschaftlichen Arbeiten hätten mehr als ein Dutzend Wissenschaftler erfolgreiche Karrieren bewirtschaften können. Die Zahl seiner Kinder reicht für mehrere kinderreiche Familien, die Zahl seiner aufgetauchten und der als verschollen geltenden Briefe geht in die Tausende.

In der Wissenschaft ist aber das Publizieren allein nicht schon genug, um Ehre einzuheimsen. Die eigenen publizierten Arbeiten müssen auch von möglichst vielen anderen Wissenschaftlern zitiert werden, sie müssen sich also in ihren eigenen Arbeiten darauf beziehen. Je mehr Wissenschaftler das tun, desto größer das Renommee des zitierten Autors.

Abbildung 6: «Ums Überleben kämpfender Wissenschaftler. Bitte zitieren Sie meine Arbeiten.» Cartoon von Hagen (alias Christophe Granet)

45

Eine weitere Standardsituation an Universitäten wird von Prüfungen aller Art gebildet. Prüfungen haben ihre eigenen Gesetze. Und da kein Kapitel dieses Buches witzfrei bleiben soll, beenden wir dieses mit einem Prüfungswitz. Er zeigt, dass Prüfer manchmal fies sein können und dass selbst fiese Prüfer bisweilen in schlauen Prüflingen ihren Meister finden, oder ihre Meisterin.

Es ist Physik-Prüfung. Der erste Prüfling kommt herein. Der Professor fragt ihn: «Sie befinden sich in einem Zug, der mit 150 Stundenkilometern fährt und bei dem die Klimaanlage ausgefallen ist. Ihnen wird warm. Was machen Sie?»

«Ich öffne das Fenster», antwortet der Student.

«Sehr gut. Dann ermitteln Sie die durch das Öffnen des Fensters bewirkte Änderung des Luftwiderstandes. Stellt sich deshalb auch eine andere Reibung zwischen den Schienen und dem Fahrwerk ein? Wird durch das Öffnen des Fensters der Zug schneller oder langsamer? Wenn ja, warum und um wie viel?»

Keine Antwort auf alle Fragen. Prüfling durchgefallen. Der Nächste. Ebenso. Sowie auch alle weiteren Prüflinge bis zum letzten. Es ist eine Studentin.

Auch sie erhält dieselbe Frage. Doch ihre Antwort lautet: «Ich ziehe meine Jacke aus.»

«So, so», sagt der Professor. «Was aber, wenn die Klimaanlage völlig kaputt ist und es richtig heiß wird im Abteil?»

«Dann ziehe ich auch noch meinen Pulli aus», erwidert die Studentin.

«So, so», sagt der Professor. «Was aber, wenn es richtig heiß wird im Abteil, so wie in einer finnischen Sauna?»

«Dann ziehe ich mich eben ganz aus», entgegnet die Studentin freundlich.

«So, so», sagt der Professor: «Im Abteil sitzt aber ein lechzender Lüstling, der Sie gierig anschaut.»

«Herr Professor», antwortet die Studentin ganz ruhig. «Ich bin das dritte Mal hier bei Ihnen in der Prüfung und zweimal durchgefallen. Selbst wenn der ganze Zug voll wäre mit gierigen Lüstlingen, die es auf mich abgesehen haben: Das verdammte Fenster bleibt zu!»

6. Journalistik und die Zoologie der Zeitungs-Enten

Auf der Welt werden derzeit mehr als 60 000 Zeitungen publiziert, 8000 davon erscheinen täglich. Jede Zeitung ist ein kleines Mirakel, das unter Zeitnotbedingungen entsteht. Es gibt unendliche Möglichkeiten, dabei Fehler zu machen, besonders natürlich auch inhaltliche. Überraschend ist einzig, dass es nicht noch wesentlich mehr Fehler gibt, als es tatsächlich ohnehin schon sind. Drei haben wir festgehalten:

Wirrwarr der Daten
Wir bitten, einen Lapsus in unserem gestrigen Artikel «Zunahmen geringfügig abnehmend» zu entschuldigen: Durch einen bedauerlichen Computerfehler enthielt dieser Beitrag Daten über die Brustumfänge der Mitglieder der weiblichen Ringer-Mannschaft statt der Verkaufszahlen von Sojabohnen in den Ländern der Europäischen Gemeinschaft.

Aus einer britischen Tageszeitung

Heldentum an der Flasche
Gestern berichteten wir fälschlich, dass ein Vortrag von einem «die Flasche fürchtenden» Helden gehalten wurde *(bottle-scared hero)*. Wir entschuldigen uns für den Fehler. Wir meinten natürlich, dass der Vortrag von einem «kampf-gezeichneten» Helden *(battle-scarred hero)* gehalten wurde.

Aus einer amerikanischen Tageszeitung

Für Tier und Mensch
Ich bitte um Entschuldigung: Ich hatte ursprünglich geschrieben: «Woodrow Wilsons Frau Edith weidete Schafe auf dem Rasen des Weißen Hauses.» Durch einen Fehler der Setzmaschine wurde leider das Wort «Schafe» vergessen.

Martin A. Gruber
Aus einer deutschen Tageszeitung

Journalistik betrifft alle Bereiche. Auch die Welt des Sports hat einen Gast zu uns entsandt:

Der Interview-Baukasten. Vor 20 Jahren war Don Carman ein aktiver US-amerikanischer Baseballspieler. Er war berühmt. Ständig richteten Paparazzi ihre Objektive auf ihn und Journalisten säumten seine Wege. Irgendwann wurden ihm die Presseleute mit ihren ständig gleichen Fragen zu viel. An seine Kabinentür heftete er einen für die schreibende Zunft gedachten Anschlag:

Ihr Journalisten habt genauso wie ich das Spiel gesehen. Hier sind meine Antworten. Nehmt Euch, was Ihr braucht:

1. Ich freue mich, in dieser Mannschaft zu sein. Ich versuche dem Team in jeder erdenklichen Weise zu helfen.
2. Baseball ist ein schweres Spiel. Manchmal kann man's und manchmal nicht.
3. Ich möchte lieber Glück gehabt haben als gut gewesen sein.
4. Ich denke immer nur bis zum nächsten Spiel.
5. Baseball hat sich in den letzten Jahren sehr verändert.
6. Wir haben bei jedem Spiel einen anderen Helden.
7. Ich hätte es nicht ohne mein Team machen können.
8. Ich hab mein Bestes getan, und das ist alles, was ich tun kann.
9. Es war eigentlich überfällig, endlich zu gewinnen.
10. Vielleicht ist das der Anfang einer Serie.
11. Ich freue mich aufs Rückspiel.
12. Darum geht's bei diesem Spiel.
13. Ich wollte so lang und so gut es ging weitermachen.
14. Man ist nur so gut wie sein letztes Spiel.
15. Das ist einer der Gründe, warum sie ihm so viel zahlen.
16. Ja.
17. Nein.

Auch im Folgenden geht es um richtiges Antworten, wenn man die Frage nicht kennt.

Stellen Sie sich einen Multiple-Choice-Test vor, bei dem die Frage nicht mehr identifiziert werden kann. Zu ihrer Beantwortung stehen sechs Alternativen zur Verfügung:
1. Alle folgenden Möglichkeiten
2. Keine der folgenden Möglichkeiten

3. Alle obigen Möglichkeiten
4. Eine der obigen Möglichkeiten
5. Keine der obigen Möglichkeiten
6. Keine der obigen Möglichkeiten

Welche Antwort ist richtig?
Nun, um Sie nicht erst groß auf die Folter zu spannen: Es ist Antwort 5. Sie können sie als einzig richtige ermitteln, ganz unabhängig davon, welche Frage zu welchem Thema überhaupt gestellt worden ist.

Nie mehr eine Wolke am Kompetenzhorizont

Ein auf der Insel Wangerooge einst angebotenes Wochenendseminar kommt mir in den Sinn: Für jegliches Thema und jeden Grad von inhaltlicher Unkenntnis versprach es

«Sicheres Auftreten bei völliger Ahnungslosigkeit!»

Und auch dieses Kapitel soll von einem Witz abgerundet werden.

Für einen Artikel über Glück und übers Glücklichsein befragt ein Journalist mehrere Passanten in einer Fußgängerzone. Zu einem besonders glücklich ausschauenden Menschen sagt er: «Sie machen einen ausgesprochen zufriedenen Eindruck auf mich. Was ist denn das Geheimnis Ihrer Zufriedenheit?»

Der Mann antwortet: «Wissen Sie, ich habe eine Grundregel: Ich streite nie mit irgendjemandem über irgendein Thema.»

Der Journalist meint: «Aber das kann doch nicht wirklich schon alles sein.»

Sagt der Mann: «Sie haben recht. Das kann nicht wirklich schon alles sein.»

7. Das Computerzeitalter, Kleine Führung durch

Wie hätte Descartes wohl im Computerzeitalter den Beweis seiner Existenz und anderer Existenzen ausgedrückt? Vielleicht so: «Google kennt mich, also bin ich! Google kennt dich, also bin ich nicht allein!»

Nun denn, geben wir Google einmal die Ehre. Führen wir ein kleines Experiment durch. Nicht zu Descartes, sondern zur Mathematik. Bekanntlich polarisiert die Mathematik sehr stark. Wer sie nicht mag, der hasst sie in der Regel.[3] Und wer sie mag, der mag sie meist sehr intensiv. Das wollen wir zahlenmäßig erfassen.

Hier das Ergebnis meiner Google-Suche vom 22. 9. 2012 mit der Descartes-Methode und den von Google ausgezählten Webseiten:

Ich hasse ...	Google-Zählung
... Physik	11800
... Chemie	13200
... Mathematik	7200
... Sport	42000
... Hunde	15100
... Katzen	33300
... Kinder	38500
... meine Kinder	26200
... mein Leben	156000
... mich	551000
... meine Arbeit	12100
... Fußball	80000
... die Demokratie	3780
... Franz Beckenbauer	4
... Papst Benedikt	2420
... Gott	26600
... Allah	88
... jede Google-Suche	0

---

3 Ich denke dabei an meinen Freund Vlad. Er hasst die Mathematik, aber er mag mich, jedenfalls ein Stück weit. Das zeigt mir, dass es in mir eine Stelle gibt, die mit Mathematik nichts zu tun hat.

Google-Zählung

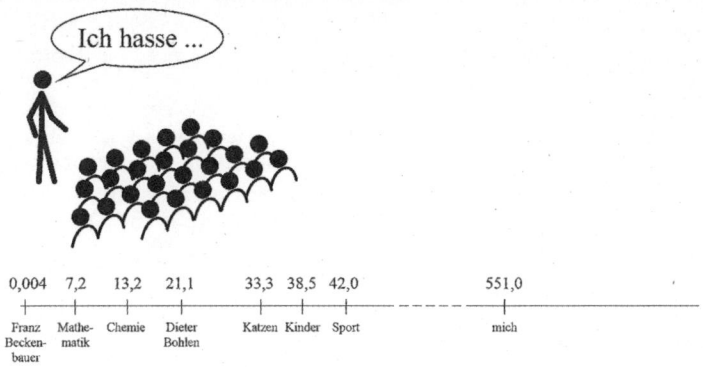

Abbildung 7: Google-Zählung

Google kann aber mehr als nur googeln:

Mein Rindvieh, mein Kompass. Die deutsche Zoologin Sabine Begall hat Tausende von Google-Earth-Bildern, auf denen Vieh oder Wild zu sehen ist, ausgewertet und dabei entdeckt, dass diese Tiere eine Neigung haben, ihre Körper zum magnetischen Nordpol auszurichten: Beim Grasen und Ruhen platzieren sie sich in Nord-Süd-Richtung.

Kybernetiker befassen sich seit geraumer Zeit damit, Computer zu konstruieren, mit denen normale Kommunikation möglich ist. Dazu ist es nötig, dass Computer die Doppeldeutigkeiten von Sätzen verstehen und interpretieren können. Das ist extrem schwierig. Ginge es besser, bräuchte es keine Autoren von Romanen mehr.

Der Computer als Literat

Der Programmierer Sheldon Klein hat schon 1973 seinem Univac 108 Computer beigebracht, eine Detektiv-Kurzgeschichte zu schreiben. Für *Murder Mystery* brauchte er immerhin noch 19 Sekunden. Aber es ist die erste maschinell erzeugte Kurzgeschichte. Sie beginnt mit der Feststellung: «Die wunderbar intelligente Lady Buxley war reich.» Im zweiten Satz erfährt man, dass die so wunderbar Intelligente außerdem zwar Single, aber hässlich ist und Erotik liebt. Rund 2100 Worte später ist der Butler der Mörder und die Geschichte zu Ende.

Eines der Kennzeichen des Computerzeitalters ist neben dem Computer natürlich der Computer-User. Dieser tritt in seinen extremeren Ausprägungen als Homo computerensis auf, kurz Hacker genannt. Hier finden Sie einige Kriterien, wie Sie diese illustren Zeitgenossen identifizieren können beziehungsweise schnell selbst feststellen können, ob Sie auch einer sind:

Zehn Anzeichen, die dafür sprechen, dass du ein Hacker bist
1. Wenn du etwas Lustiges hörst, sagst du «LOL».
2. Wenn dich jemand ärgert, ist seine nächste Telefonrechnung 50 000 Euro.
3. Deine Katze hat ihre eigene Webseite.
4. Deine Träume sind in HTML und GIFS.
5. Du kennst das Geschlecht von drei deiner engsten Kontakte nicht, weil sie neutrale Nicknames haben.
6. Beim Ausschalten deines Modems spürst du eine so schreckliche Leere, als wenn ein Teil von dir gelöscht worden wäre.
7. Du stellst dich als «Mike at net dot com» vor.
8. Deine Pulsfrequenz erhöht sich, wenn du eine WWW-Adresse im Fernsehen siehst.
9. Alle deine Freunde haben ein @ in ihrem Namen.
10. Du beendest deine Unterschrift mit .de.

Kurz unsterblich. Wir gehen reimwärts: Ein großer, mir unbekannter Poet hat den Hacker in einer seiner Balladen unsterblich gemacht. Es ist ein Sinn-Gesang, eingefangen aus den unendlichen Weiten des Internet, der berühmten Vorbildern bei nicht allzu genauem Hinhören in fast nichts nachsteht:

Der Erlhacker

Wer surft noch spät durch Nacht und Netze?

Es ist der Hacker in wilder Hetze!

Er tastet und tastet. Er tastet schnell.

Im Osten wird der Himmel schon hell.

Sein Haar ist ergraut, seine Hände zittern

Vom unablässigen Kernspeicherfüttern.

Betriebssystem, komm, geh' mit mir!

Gar schöne Spiele spiel' ich mit dir.

Da – aus dem Speicher ertönt ein Geflüster:

Wer poltert in meinem Basisregister?

Nur ruhig, nur ruhig, ihr lieben Bits,

Es ist doch nur ein kleiner Witz.

Mein Meister, mein Meister, sieh nur dort:

Da vorne schleicht sich ein Pointer hinfort!

Bleib ruhig, bleib ruhig, mein liebes Kind.

Ich hole ihn wieder. Ganz bestimmt.

Mein Meister, mein Meister, hörst du das Grollen?

Die wilden Bits durch den Kernspeicher tollen!

Nur ruhig, nur ruhig, das haben wir gleich.

Die sperren wir in den Pufferbereich.

Er feilt an seinem Programm wie besessen.

O Gott – jetzt hat er zu saven vergessen.

Am Kopf schwillt die Ader, das Keyboard erglüht,

ein Runtime-Error zerfetzt sein Gemüt.

Der Hacker, er schreit in höchster Qual,

Da zuckt durch das Fenster ein Sonnenstrahl.

Der Bildschirm schimmert im Morgenrot.

Das Programm ist gestorben, der Hacker ist TOT!

Für den Hacker war das wieder eine lange Nacht, wie in einer Schlacht verbracht. Doch diesmal leider mit unglücklichem Ausgang.

Ein Hacker hat natürlich keinen Otto-Normalcomputer, sondern einen wirklich guten Computer, mindestens einen. Aber das gilt natürlich nicht für jeden Computer-User.

Zehn Anzeichen, dass dein Computer nicht mehr state of the art ist
1. Der Bildschirm wird von Tesafilm zusammengehalten.
2. Um ihn zu starten, brauchst du ein Starter-Kabel und die Batterie deines Autos.
3. Wenn du einen USB-Stick einsteckst, läuft Wasser raus.
4. Er ist pedalgetrieben.
5. Der Hersteller ist IBN.
6. Du kriegst einen Virus von ihm.
7. Sein Betriebssystem ist Windows 78.
8. Wenn er läuft, jaulen alle Hunde in der Nachbarschaft.
9. Der Mauszeiger bewegt sich nur, wenn du mit der Zunge am Bildschirm entlangfährst.
10. Sein einziger Chip ist ein Kartoffel-Chip.
10.1 Du entscheidest dich schließlich, dass er eine famose Bereicherung deiner Briefbeschwerer-Sammlung ist.

Vom Hacker zum Freak ist der Weg nicht weit. Die Symptome dieser nicht immer ganz gesunden Spielart seien hier gelistet.

Die deutlichsten Anzeichen, dass du ein Computerfreak bist
1. Du lächelst seitlich :-)
2. Du zählst hexadezimal auf die Art: 0, 1, 2, 3, 4, 5, 6, 7, 8, 9, a, b, c.
3. Du versuchst bei der TV-Fernbedienung per Doppelklick das Programm zu wechseln.
4. Du hast auch deinen Therapeuten so computerabhängig gemacht, dass der jetzt selbst eine Therapie braucht.
6. Weil du immer nebenher was am Computer machst, hast du übersehen, dass hier der Punkt 5 fehlt.
7. Du hast deinem Computer einen Namen gegeben.
8. Du versuchst, dein Zimmerfenster durch Drücken an der rechten oberen Ecke zu schließen.
9. Du k4nn57 s0g4r d4s n0ch l353n, findest es aber Mist.
10. Du hast bis hier gelesen und nicht gelacht.

Falls Ihnen dieses Kapitel mittlerweile doch etwas zu listenreich und deshalb trocken erscheint, hilft jetzt vielleicht dieser Witz vom Wasser, um eine Dehydrierung abzuwenden:

Auf einer veralteten Wetterstation muss die für einen Tag gemessene Niederschlagsmenge noch von einem Wetterwart abgelesen und manuell in den Computer eingegeben werden. Es war deshalb nur eine Frage der Zeit, bis sich ein krasser Fehler einschleichen würde. Und so trug der Meteorologe einmal statt 7,10 cm Niederschlag für einen Tag den Wert 7,10 m ein. Der schlau programmierte Rechner leitete neben der Angabe des eingelesenen Wertes von sich aus die Anweisung weiter: «Baue ein Boot. Nehme von einer jeden Tierart zwei zu dir, ein weibliches und ein männliches Tier.»

Nun kommen wir zu einer Wissenschaft mit kompliziertem Namen. Von ihr hörte ich erstmals im Hörfunk an einem aprilernen Freitag in Freiburg vor rund fünf Jahren. Es ist die Wissenschaft von den Namen, und ihr eigener Name klingt recht altmodisch, irgendwie opaesk.

8. Onomastik oder Namen, Nomen et Omen

Mit der Namensgebung ist das so eine Sache. Vor dem Krieg nannten manche Eltern ihre Kinder Hitlerine und Blücherine. Diese Namen verschwanden verständlicherweise nach 1945.

Kevinismus
auch: Chantalismus

Bedeutung: Die krankhafte Unfähigkeit, menschlichem Nachwuchs bei der Geburt sozialverträgliche Namen zu geben.

Reisefreiheitsentzugsersatzhypothese: Erklärungsversuch, der annimmt, dass die in der ehemaligen DDR beliebten amerikanischen Namen, wie zum Beispiel Virginia, Nevada u. Ä., durch die der Bevölkerung von Staats wegen versagte Reisefreiheit bedingt seien und als deren Kompensation gesehen werden müssen.

Sonderform: Ikeasmus
Seit in den 1970er Jahren das schwedische Billigmöbelhaus Ikea seine Produkte in den Weltmarkt einfließen lässt, gibt es im deutschsprachigen Raum das Syndrom des Kevinismus in der Spielart des Ikeasmus, welcher die Neigung beschreibt, Kinder nach Ikea-Produkten zu benennen, wie etwa Torben, Geske, Bjarne, Ole, Malte, Mella.

In Norddeutschland versuchte kürzlich ein Vater, seinen Sohn Atomfried zu nennen. Doch das Standesamt schritt ein. In Deutschland müssen diese Ämter nämlich darüber wachen, dass Neugeborene keine «sinnlosen» oder «anstößigen» oder «das Kindeswohl gefährdende» Namen bekommen.

Gescheiterte Umbenennung

Bei den US-amerikanischen Kongresswahlen im Jahr 1979 versuchte der für keine der etablierten Parteien in Louisiana antretende Kandidat Luther Devine Knox (1929–2009), seinen Namen zu «None of the above» (Keiner der oben Genannten) umzuändern.

Die Zahl der Eltern, die ihre Kinder mit seltsamen Namen ausstatten möchten, ist keineswegs gering. Der Anteil exotischer Namenswünsche liegt nach Statistiken bei etwa zehn Prozent. In den letzten Jahren wurden laut einer von den Standesämtern herausgegebenen Liste die folgenden elterlichen Versuche der Benamsung abgelehnt: Agfa, Bierstübl, Grammophon, Lenin, McDonald, Ogino, Omo, Pillula, Princess Ann, Schnucki, Schroeder, Sputnik, Störenfried. Erlaubt wurde dagegen der Name Souvenir.

... und siegte schließlich doch noch auf der ganzen Linie

Im Jahr 1832 bemühte sich Giuseppe Verdi als Teenager, einen Studienplatz am berühmten Milaner Konservatorium für Musik zu bekommen. Er wurde wegen mangelnden Talents schroff abgewiesen, was ihn tief betrübte. Sechsundsechzig Jahre später, kurz vor seinem Tod, erfuhr er die Genugtuung, dass die Milaner Musikhochschule sich in *Giuseppe Verdi Conservatorium* umbenennen wollte.

Auch in der Wissenschaft müssen ständig neue Namen vergeben werden. Hier gibt es zum Glück kein Standesamt, das humorige Wortschöpfungen vermeidet. Gut so, warum sollte ein Insekt auch nicht *Agra schwarzeneggeri heißen?* Das ist eine im Jahr 2002 in Costa Rica entdeckte und von ihren Entdeckern nach Arnold Schwarzenegger benannte Laufkäferart mit stark ausgebildeten Gliedmaßen.

Andere Exemplare außergewöhnlicher Namensgebung, die mir gefallen, sind diese:

Campsicnemius charliechaplini
Eine Langbeinfliegenart. Ihre Benennung erfolgte aufgrund der Bewegung der Hinterbeine, die an den Fortbewegungsstil von Charlie Chaplin erinnert.

Deefgea rivuli
Ein schleimbildendes Bakterium. Es trägt seinen Namen nach der Deutschen Forschungsgemeinschaft (DFG). Warum, ist mir nicht bekannt.

Nomen als Omen

Bei dem Frauenarzt Dr. Reiner Frauenrath (Mönchengladbach) mögen sich Frauen gut aufgehoben fühlen. Der Chirurg Dr. Grausam (Gifhorn) und der Kinderarzt Dr. Böse (München) werden ihre Patienten hoffentlich eines Besseren belehren, ebenso der Psychiater Dr. Johannes Fasel (Eibelstadt).

Abbildung 8: Ohne Worte

Neu-neue Wörter. Die voranstehenden Namensgebungen beziehen sich allesamt auf die Wirklichkeit. Doch es gibt natürlich auch den Fall, dass Dinge benannt werden, ohne dass sie in der Wirklichkeit vorkommen. Ein gelungenes Beispiel ist *Apopudobalia,* eine nur erdachte antike Vorform des Fußballs. Die Wortschöpfung hat es bis in den *Neuen Pauly* gebracht, eine umfangreiche Enzyklopädie der Antike, die den Respekt eines Standardwerks genießt. Dort steht unter dem Eintrag zu lesen, dass diese frühe Fußballform bereits in der Gymnastika des Achilles Taktikos für das frühe vierte Jahrhundert vor Christus belegt sei.

Der Mensch, der sich diesen wohlklingenden Begriff ausgedacht hat, heißt Mischa Meier und ist inzwischen Professor für Alte Geschichte an der Universität Tübingen. Doch als er noch Assistent war, half er seinem Doktorvater dabei, Informationen für einige Einträge in der genannten Enzyklopädie zusammenzutragen. Dabei hatte er spontan die Idee, einen völlig fiktiven Beitrag zum frühen Fußball zu entwerfen. Sein Professor bemerkte es anscheinend nicht, ebenso wenig wie die Herausgeber, und so gelangte der Artikel bis in die 1996er-Ausgabe der Enzyklopädie. In der Fachsprache nennt man solche Scherzartikel U-Boote.

Übrigens: Fast hätte die Angelegenheit für Mischa Meier noch ernste Konsequenzen gehabt. Natürlich flog die Sache schließlich auf und wurde auch dem Verlag bekannt. Der spielte ernsthaft mit dem Gedanken, das ganze Kompendium einzustampfen und den Fan des antiken Fußballs dafür zur Kasse zu bitten. Zum Glück konnte die Unterstützung von einigen älteren Althistorikern diesen Lauf der Geschichte gerade noch abwenden. In der englischen Ausgabe des *Neuen Pauly* sucht man den Eintrag aber – leider – vergeblich.

Noch berühmter als Meiers Apopudobalia ist Loriots Steinlaus. Der geniale Komiker hatte sie in den 1970er Jahren bei einer Parodie auf die ARD-Sendung *Ein Platz für Tiere* als Urzeugung ins Leben gerufen. Es sei ein neu entdeckter Nager, der sich von Steinen ernähre.

Abbildung 9: Die gemeine Steinlaus (Petrophaga lorioti), frei nach Loriot. Zeichnung von Alex Balko

In den achtziger Jahren fand ein Passus zur Steinlaus sogar Eingang in das bekannte medizinische Wörterbuch *Pschyrembel*, wo die therapeutische Eignung der possierlichen Tierchen bei der Behandlung von Gallen-, Blasen-, Nierensteinen nachgelesen werden kann. «Die Herausgeber waren in einer Bierlaune», meinte dazu später die leitende Redakteurin. Man muss kein in Urologie nachpromovierter Heilpraktiker sein, um die Parodie sofort zu erkennen. Mittlerweile hat jedes bessere Nachschlagewerk, das etwas auf sich hält, einen kurzen U-Boot-Artikel, der dem Leser etwas Lustiges in ernster Verpackung liefert. In der ansonsten bierernsten *Enzyklopädie Philosophie und Wissenschaftstheorie* ist es zum Beispiel der

Unzufriedenheitssatz: Ursprünglich wohl auf Heraklit zurückgehendes, später vielfach modifiziertes philosophisches Theorem zur Bezeichnung der epistemischen Normalsituation, die durch die Nicht-Existenz von Entscheidungsverfahren über die Allgemeingültigkeit philosophischer und/oder wissenschaftlicher Aussagen charakterisierbar ist, in der Form «es gibt keine philosophische Zufriedenheit mit philosophischen Einsichten».

Sehr hübsch ist das und befriedigend. Ich kann bei mir persönlich sogar eine ausgeprägte Zufriedenheit mit diesem philosophischen Unzufriedenheitssatz feststellen. Das soll aber keineswegs als dessen Widerlegung gedacht sein: U-Boote haben keine Gegenbeispiele. Vielmehr ist es deren einzig mögliche Steigerung.

Der *Pschyrembel*-Artikel zu Loriots Steinlaus war gewissermaßen beispielgebend und spornte auch andere an, seriösen Werken und Autoren einen U-Boot-Artikel unterzujubeln. Ich bin jetzt sogar mehr denn je davon überzeugt, dass mir jemand dieses ganze Buch als U-Boot-Buch unterjubeln will. Allein wer?

Im Verdacht habe ich einen gewissen Heinrich Stasse, der alle Buchstaben meines Namens als Anagramm verwendet, sich schon in der Vergangenheit mit ausgestreuten Zitaten in meine anderen Bücher eingeschlichen hat, dem ich aber hiermit explizit vorwerfe, dass er sich durch entschiedene Nicht-Existenz tarnt. Seine Ungooglebarkeit sagt alles.

Auch für den folgenden Witz ist er allein un-verantwortlich.

Eine sehr attraktive Frau sitzt neben einem jungen Mann im Flieger. Die beiden kommen ins Gespräch. Nach etwas Smalltalk sprechen sie auch über ihre Arbeit. Sie ist Anthropologin und arbeitet auf dem Gebiet der vergleichenden Sexualforschung. Er fragt sie, was denn ihre interessantesten wissenschaftlichen Ergebnisse seien. Sie antwortet: «Nun, es hat sich in unabhängigen Feldversuchen erwiesen, dass die Indianer die ausdauerndsten Liebhaber sind und die Griechen die einfallsreichsten Liebhaber. Beide bereiten den Frauen die größten Genüsse beim Liebesspiel. Aber ich weiß gar nicht, warum ich Ihnen das alles erzähle. Ich kenne Sie ja gar nicht.»

Darauf reicht der Mann seine Hand und sagt: «Darf ich mich vorstellen? Mein Name ist Winnetou Papadopulos.»

9. Sammelsurium zweiter Ordnung

Natürlich ist ein Buch über den Humor ein großes Sammelsurium, das keinen zusammenhängenden Blick auf die Welt gewährt. Humor ist so facettenreich wie das Leben selbst. Und auch dieses Kapitel selbst ist ein buntes Gemisch in kleinerem Format, von P wie Pareto bis B wie Bär.

Pareto war gestern, mein Vorschlag für heute lautet:

Hesses e durch pi Gesetz

Das Pareto-Prinzip ist die 80/20-Regel. Der italienische Ökonom Vilfredo Pareto hatte die Vermögensverteilung in seinem Heimatland gegen Ende des 19. Jahrhunderts untersucht und festgestellt, dass ca. 80 % des Landesvermögens in den Händen von nur 20 % der Familien lagen. Allgemeiner formulierte er, dass in vielen Ursache-Wirkungs-Zusammenhängen rund 80 % aller möglichen Wirkungen von nur 20 % der Ursachen ausgeübt werden.

Pi und e und Frau und Kind

Mittlere Anzahl von Kindern pro Frau in Deutschland: 2e/pi. Anmerkung für Nichtmathematiker: Das sind 1,7.

Nach meiner Beobachtung hat sich dieser Pareto-Anteil von 0,8 in vielen Settings der modernen Welt vergrößert bis auf e/pi = 0,87. Viele moderne Größen sind ungleichmäßiger verteilt, als es zu Paretos Zeiten der Fall war, gerade auch im ökonomischen Bereich: 13 % der Personen im Management produzieren 87 % der Werte. 13 % der Zeitgenossen verursachen 87 % der Unfälle, Streitigkeiten, Missgeschicke, Schäden, ..., Probleme, aber produzieren auch 87 % des Umsatzes, der E-Mails, der Gesamtwerte.

Hesses e von pi Gesetz

Im Schnitt sind nur e von pi Personen in jeder Ansammlung von Menschen und bei jedem beliebigen Thema bei der Sache.

Waren Sie hier bei der Sache?

Kurz-Kosmologie ... und ihre Grenzen
Menschen, die das Universum erforschen wollen, versetzen mich in Erstaunen, da es schon unmöglich ist, sich in Chinatown zurechtzufinden.

Woody Allen

Das stimmt. Und auch manche Straßenkreuzung hat es in sich. Man sehe:

Abbildung 10: Navigieren ist Glückssache

Völker- & Menschenkunde

Bevor du jemanden kritisierst, solltest du eine Meile in seinen Schuhen gehen.

Weisheit der Hopi-Indianer

Diese Weisheit leuchtet mir vollkommen ein, denn wenn du ihn dann kritisierst, hast du eine Meile Vorsprung und er hat keine Schuhe.

Menschen- & Tierkunde

Carl Linnaeus (1707–1778) war ein schwedischer Botaniker, der unzählige Reisen nach Lappland unternahm, um die Flora und Fauna des Landes sowie auch die Kultur seiner Bewohner zu untersuchen.

Botanik der Maßeinheiten

«Ich hätte gern zwei Pfund Tomaten», sagt der Kunde.
Darauf erwidert der Händler: «Man sagt jetzt Kilo dazu.»
«Im Ernst?», staunt der Mann. «Nicht mehr Tomaten?»

Im 18. Jahrhundert hing fast jeder Aspekt des Wohlergehens einer lappischen Familie von dem familieneigenen Rentier ab. Nun ist es so, dass ein kastriertes Rentier in Bezug auf Größe, Sanftmut, Geduld und Gelehrigkeit und in (fast) jeder anderen Hinsicht der unveredelten Variante überlegen ist. Die Kastration wurde übrigens nach alter Tradition von den schönsten Mädchen durchgeführt. Die Lappen nennen diese kastrierten Rentiere *woertzeketz*. So positiv besetzt war dieser Begriff in ihrer gesamten Kultur, dass es für Lappen beiderlei Geschlechts ein großes Kompliment war, als wahres woertzeketz bezeichnet zu werden.

Ich muss hier gestehen, dass ich immer schon Schwierigkeiten hatte, Rentiere von Elchen zu unterscheiden. Heinz Sielmann hat zwar gesagt, dass sei nicht schwer und man erkenne den Elch an seiner «ramsnasigen Muffel». Doch was ist eine ramsnasige Muffel? Diese Frage muss hier offenbleiben.

Tierleben. Im Wald ist der Aufruhr groß. Es geht das Gerücht, dass der Bär eine Todesliste habe. Die Kunde verbreitet sich rasend schnell wie ein Lauffeuer und die Angst ist groß. Jeder fragt sich, wer auf der Liste steht. Nach einer Konferenz der Tiere fasst der Elch sich ein Herz und geht zum Bären. Zitternd steht er vor ihm und spricht: «Verehrter Herr Bär, ich habe gehört, dass Sie eine Todesliste haben. Ist das richtig?»

Bär: «Ja.»

Fragt der Elch: «Könnten Sie mir freundlicherweise mitteilen, ob ich auch auf Ihrer Liste stehe?»

Bär: «Ja, du stehst auch drauf.»

Bis ins Mark erschrocken, läuft der Elch davon und läuft und läuft. Drei Tage später finden ihn die anderen Tiere tot auf.

Jetzt geht die Aufregung in blankes Entsetzen über. Schließlich wird der Fuchs von den Tieren benannt, um zum Bären zu gehen. Der Fuchs macht sich schweren Herzens auf, die anderen Tiere bewundern ihn wegen seines Mutes.

Spricht der Fuchs zaghaft: «Hochwürden, hoch geschätzter Bär, dürfte ich Sie einmal fragen, ob Sie eine Todesliste haben?»

«Ja, hab ich», erklärt der Bär.

«Und dürfte ich Sie auch noch fragen, ob ich auf Ihrer Liste stehe?»

Sagt der Bär: «Ja, auch du stehst drauf.»

In seiner Not stürmt der Fuchs aus der Bärenhöhle. Zwei Tage später finden ihn die anderen Tiere am Fuß einer Klippe.

Nun gibt es erste Anzeichen von Panik. Jeder denkt, er könne der Nächste sein. An Schlaf ist nicht mehr zu denken. Alle zittern, einige weinen. Das Kaninchen hält es nicht mehr aus. Es nimmt all seinen Mut zusammen, verabschiedet sich von den anderen Tieren und begibt sich zum Bären. Schlotternd steht es vor ihm und spricht: «Geschätzter, großer Herr Bär. Haben Sie wirklich eine Todesliste?»

«Ja», sagt der Bär.

«Und stehe auch ich auf Ihrer Liste?», fragt das Kaninchen.

«Ja, auch du», sagt der Bär.

«Und ... und ... könnten Sie mich bitte von Ihrer Liste ... ähm ... streichen?», fragt das Kaninchen.

«Ja, klar», sagt der Bär.

Und die Moral von der Geschichte? Man muss nicht nur Fragen stellen, sondern die richtigen Fragen stellen.

Im nächsten Kapitel finden Sie Materialien für eine lange N8 der Medizin versammelt. Oder um einfach nur ein paar dunkle Abende langgestreckter Winter gesellig zu gestalten.

10. Allgemeinmedizin im Besonderen

In der Akademikerszene ist der Umstand bekannt, dass nicht wenige der von Medizinern gefertigten Doktorarbeiten in Bezug auf zeitliches Engagement und intellektuellen Gehalt mit vielen Arbeiten dieses Typs aus anderen Disziplinen nicht mithalten können.[4]

Johannes Gross erwähnt in seinem *Notizbuch* eine medizinische Doktorarbeit mit dem Titel: «Nach Medizinern benannte Krater auf der erdzugewandten Seite des Mondes». Nur kurz darauf gefolgt wurde sie von dem das gerade erst erschlossene Forschungsgebiet vollständig abdeckenden Promotionserzeugnis «Nach Medizinern benannte Krater auf der erdabgewandten Seite des Mondes».

Dies fiel mir irgendwann nachts um zwei bei Vollmond wieder ein, als ich gerade zu Bett gehen wollte. Vorher war aber noch eine Entscheidung vonnöten: Aronal oder Elmex. Keine Religion wurde bisher aus der Frage gemacht, noch gibt es eine Doktorarbeit von Annette Schavan zu der Gewissensentscheidung, ob

4 *Mediziner, die ein bisschen zu sehr Heinz heißen.* Diese Aussage bringt mich vielleicht in Schwierigkeiten mit Heinz Harbach, aber ich kann nicht anders. Während meiner Studienzeit an der Universität Gießen lebte ich mit ihm einmal in einer Wohngemeinschaft zusammen, auf so engem Raum, den man einer einzigen Kuh in einem Kuhstall gerade noch so zumuten könnte und für welchen unsere Hauswirtin Frau Blecher eine an Wucher grenzende Miete verlangte. Der Burschenschafter Heinz war so verschieden von mir und den anderen Bewohnern wie der Dativ vom Komparativ, und ich habe mich oft gefragt, warum jemand von dessen Persönlichkeitszuschnitt überhaupt Mediziner werden will. Er war kein Mann ohne Eigenschaften: Wir teilten uns alle ein kleines Bad ohne Dusche, und wenn einer von uns es nicht extrem sauber verließ, konnte es passieren, dass Heinz ein Zettelchen mit der Order zurückließ: «Jeder sollte vor Verlassen des Ortes wenigstens das gröbste seiner Fäkalien entfernen.» Das war um 1980. Insgesamt nicht mein Lieblingsjahrfünft.

man beim Zähneputzen nachts um zwei noch Aronal nehmen muss oder schon Elmex nehmen darf. Kann man zu diesem Thema in der Medizin promovieren?

Doch bevor der Neid mein Karma annagt, ziehen wir weiter, bleiben aber bei der Heilkunde und den in dieser Kunst Befähigten oder sagen wir: Ausgebildeten. Ich hoffe, dass irgendjemand, irgendwo-auch-immer von der Botschaft der folgenden Geschichte profitiert.

Abbildung 11: «Meine Instrumente weisen darauf hin, dass Sie Wasser im Knie haben.» Cartoon von Dan Reynolds

Ein junger Mann hat schon seit längerer Zeit extreme Kopfschmerzen und sucht deshalb einen Arzt auf. Der untersucht ihn ausgiebig und meint schließlich:

«Ich habe eine gute und eine schlechte Nachricht für Sie! Die gute ist: Ich kann Ihre Kopfschmerzen vollständig kurieren. Die schlechte ist: Ich muss Ihnen dafür beide Hoden entfernen. Sie leiden unter einer sehr seltenen Krankheit, bei der Ihre Hoden gegen Ihr Steißbein drücken und dadurch diese migräneartigen Kopfschmerzen verursachen. Die einzige Möglichkeit, diesen Druck zu verringern, besteht in der Vollkastration.»

Der junge Mann ist schockiert – aber da er mit seinen starken Kopfschmerzen nicht mehr leben kann, entscheidet er sich schweren Herzens für die Entfernung seiner Hoden.

Als er nach erfolgter Operation aus dem Krankenhaus entlassen wird, zum ersten Mal seit zwanzig Jahren ohne Kopfschmerzen, hat er zwar das Gefühl, dass ihm ein wichtiger Teil seiner Anatomie fehlt. Aber wie er so die Straße hinunterschlendert, wird ihm auch klar, dass er sich wie neugeboren fühlt. Und so beschließt er, sein Leben neu zu beginnen.

Kurz darauf sieht er das Geschäft eines Herrenausstatters und denkt sich: «Ein schickes Jackett wäre dafür jetzt genau das Richtige.» Also geht er hinein und sagt zu dem Verkäufer: «Ich hätte gerne ein neues Jackett.»

Der ältere Verkäufer betrachtet ihn kurz und sagt dann freundlich: «In Ordnung, Größe 52!»

Der junge Mann ist erstaunt: «Woher wissen Sie das?»

«50 Jahre Berufserfahrung», erwidert der Verkäufer.

Der junge Mann probiert ein Jackett an und es passt perfekt. Während er sich dabei im Spiegel betrachtet, fragt der Verkäufer: «Und wie wäre es mit einem neuen Hemd?»

Der junge Mann überlegt einen Augenblick und sagt dann: «Okay.»

Und wieder betrachtet der Verkäufer ihn kurz und meint: «Kragenweite 42, Taillenweite 112!»

Wieder ist der junge Mann erstaunt: «Das stimmt! Woher wissen Sie das?»

«50 Jahre Berufserfahrung», wiederholt der Verkäufer.

Der junge Mann zieht das Hemd an und es passt perfekt. Während er nun mit neuem Hemd und Jackett durch den Laden geht und sich sichtlich wohl dabei fühlt, fragt ihn der Verkäufer: «Und wie wäre es mit neuer Unterwäsche?»

Der junge Mann denkt kurz nach und sagt: «Okay.»

Nach einer weiteren Begutachtung meint der Verkäufer: «Größe 7!»

«Ha!», sagt da der junge Mann. «Jetzt hab' ich Sie aber erwischt. Ich trage Größe 5, seit ich 18 bin.» Da schüttelt der Verkäufer den Kopf und meint: «Kriegen Sie davon nicht schreckliche Kopfschmerzen?»

Der Operateur hat das Problem zwar auf seine Weise beseitigt, aber der kompetente Verkäufer hätte es minimalinvasiv und weitaus erfreulicher behandelt. Nicht jeder Mediziner ist sein Geld wert.

O lasset dieses Beispiel zur Mahnung euch gereichen.

Abbildung 12: «Bedauerlicherweise erlaubt Ihre Versicherung nur eine Behandlung durch Ärzte, die ihre Prüfung mit 4+ oder noch schlechter bestanden haben.» Cartoon von John McPherson

"Unfortunately, your insurance only allows for treatment by doctors who scored 68 or less on their medical boards."

Humor ist gesund. Viele Studien haben tatsächlich bestätigt, dass Lachen eine ausgesprochen positive Wirkung auf das Immunsystem, den Kreislauf und die Aktivität im Gehirn hat. Zudem ist auch die unterstützende Wirkung des Humors bei Heilungsprozessen wissenschaftlich belegt. Wer krank ist und lacht, wird schneller wieder gesund als der, der nur krank ist. In den USA geht das so weit, dass fast jede Klinik ihren eigenen professionellen Spaßmacher im Team hat, der bei den Patienten ebendieses heilungswirksame Lachen erzeugen soll.

Humorvolle Menschen leben leichter: Ihre Wunden heilen schneller, langsamer lässt ihr Gedächtnis nach, weniger Haare fallen ihnen aus. Sie ernähren sich gesünder, haben mehr Freunde und weniger Infarkte, niedrigeren Blutdruck und höheres Einkommen.

Lachen ist die beste Medizin, sagt der Volksmund gar. Aber nicht immer:

Abbildung 13: «Zack! Und schon wieder geht einer über die Wupper. Vielleicht ist diese ganze Lach-Sache doch ein Schwachsinn.» Cartoon von Guy und Rodd

Das Verhältnis von Krankheit und Gesundheit ist leider recht unausgewogen. Unendlich vielen Krankheiten steht nur eine einzige Gesundheit gegenüber. Analog kann man Äonen von Symptomen haben, aber nur auf eine Art symptomfrei sein. Mediziner wissen nur zu gut, dass bei manchen Patienten alles zum Symptom werden kann:

Ein Patient kommt aufgeregt zum Arzt. «Herr Doktor, Herr Doktor, ich glaube, ich hab Hyperparathyroidismus!»

«Beruhigen Sie sich, mein Herr. Wenn Sie wirklich an Hyperparathyroidismus litten, dann hätten Sie überhaupt keine Symptome.»

Darauf der Patient: «Sehen Sie, Herr Doktor, gerade deshalb bin ich ja so besorgt. Genau das habe ich nämlich: überhaupt keine Symptome.»

Abbildung 14: «Ich fühle mich absolut gut, Doktor. Aber ein Freund vom Friseur meiner Mutter sagt, das könnte ein Symptom sein.» Cartoon von Fran Orford

---

Heile Heile Gänzchen

Trotz Überschrift wird's hier ernst und wahr:

Tikitiki heilt Beriberi.

Tikitiki ist ein ursprünglich auf den Philippinen hergestellter Extrakt aus Reis-Fruchtwänden. Beriberi ist eine Vitaminmangelerkrankung, die durch einen Mangel an Vitamin B_1 hervorgerufen wird. Das eine hilft gegen das andere.

Wir wollen auch die Risiken und Nebenwirkungen von Humor kurz ansprechen und begeben uns dazu auf politisch-pathogenes Terrain. Humor kann ungesund sein, wenn er politisch gefährlich ist. Diktatoren sind bekannt für ihre Humorlosigkeit. Adolf Hitler und Saddam Hussein haben jene bestraft, die Witze über sie oder ihr Regime gemacht haben. Hitler ließ sogar einen Kabarettisten exekutieren, der seinem Pferd den Namen Adolf gegeben hatte. Hitler galt als ganzheitlich humorophob. In seinem Umfeld war ihm Humor ausgesprochen verhasst, und in der Tat sagte man von ihm, Gelächter sei ihm noch unerträglicher gewesen als Gefahr für Leib und Leben.

Nichtsdestoweniger gab es selbst im «Dritten Reich» systemkritischen Humor, aber nur hinter doppelt vorgehaltener Hand. Das war Humor in Form von Flüsterwitzen, wie zum Beispiel dieses Bild vom neuen Menschen:

Der deutsche Mann: blond wie Hitler, groß wie Goebbels, schlank wie Göring, keusch wie Röhm.

So viel zunächst zur Medizin. Es ist nur die erste Lieferung.

11. Der mathematische Mensch

Humor hat auch mit Distanz zu tun. Mit Distanz in Raum oder Zeit oder Distanz zu persönlichem Involviertsein. Tiere können keine Distanz zu ihrer Lebenswelt herstellen, Menschen durch Reflexion dagegen schon. Deshalb sind Menschen die einzigen Lebewesen, die lachen und Humor empfinden können.

Beim Humor gehört es demnach dazu, unser Denken vom Hier und Jetzt, vom Realen und Konkreten, von unserer persönlichen Perspektive loszulösen. Diese Fähigkeit, sich über eine konkrete Erlebniswelt reflektierend zu erheben, hat dem Menschen nicht nur die wunderbare Fähigkeit zum Humor beschert, sondern uns auch mit abstraktem Denken in Form von Mathematik sowie mit Phantasie und Fiktion in Form von Literatur ausgestattet. Mathematik und Humor basieren demnach auf ein und derselben menschlichen Fähigkeit, sich über unmittelbare Erfahrungen zu erheben. Humoristen und Mathematiker sind in diesem Sinne des gleichen Geistes Kind. Hätten Sie's gedacht?

Die Top 9, $\bar{9}$ Anzeichen, dass du ein Mathematiker bist
1. Die Überschrift hat dich nicht abgeschreckt.
2. Du verstehst diesen Witz: ∀∀∃∃
3. Du hast mindestens ein Buch von C. Hesse (Heh, wie ist denn das auf diese Liste geraten?).
4. Du denkst bei einem *Ring* zuerst an eine Menge mit Addition und Multiplikation.
5. Du weißt, wer Paul Erdős war.
6. Du weißt sogar, was ich meine, wenn ich sage, dass meine Erdős-Zahl 4 ist.
7. Du überlegst, dein Kind Carl-Friedrich oder Emmy zu nennen.

8. Du duzt mehr als einen Mathe-Prof.
9. Du kannst Galois-Gruppe richtig aussprechen, buchstabieren und definieren.
10. Du hast eine starke Meinung darüber, was die kleinste natürliche Zahl ist.

Das ist nur eine grobe Charakterisierung von Mathematikern. Viele Klischees kursieren über diese Gladiatoren des Geisteslebens. Dazu gehören Weltfremdheit, Schrulligkeit, Steifheit, Eigenbrötelei, Unbeholfenheit, Intelligenz, Schönheit und Besserwisserei. Wie bitte? Schönheit nicht? Was für ein Jammer.

Und trotz allem: Übernehmen Sie bitte dennoch die Patenschaft für einen Mathematiker Ihrer Wahl. Eine detailliertere Beschreibung dieser an sich liebenswerten Lebensform folgt im Anschluss.

Stubenrein bis partytauglich

Der Mathematiker John von Neumann war berühmt für glanzvolle Cocktail-Partys in seinem Haus und für seinen Witz. Auf einer dieser Veranstaltungen schlenderte einst ein Kollege unter den Gästen auf Neumann zu mit den Worten:

«Kann ich hier irgendwo mal austreten?»

«Ja», sagte Neumann liebenswürdig. «Es ist sogar so, dass wir eine Räumlichkeit genau für diese Zwecke eingerichtet haben.»

Szenen einer Spezies.   Der Homo mathematicus (umgangssprachlich kurz Mathematiker genannt) wird gemeinhin der Gattung semikonfuser Geschöpfe zugeordnet. Andere Sachverständige rechnen ihn zu den mythologischen Wesen, denn er ist halb Mensch, halb Stuhl: Sein natürliches Habitat bilden harte Stühle hinter großen Schreibtischen in kleinen Zimmern, gerne auch fensterlos.

Die von ihm besiedelten Räume sind meist von karger Einrichtung, ohne innenarchitektonische oder zimmerpflanzliche Aufbauten, denn der Mathematiker gehört zur Klasse der Doppellinkshänder ohne grünen Daumen und gestalterischen Fußabdruck. Die Mathematiker haben sich im Laufe ihrer Evolution eine besondere Sprache zu eigen gemacht, die für andere Lebewesen der Familie Homo sapiens nicht mehr verständlich ist. Ihre Schriftsprache setzt sich aus Zahlen und diversen Buchstaben zusammen, die allen möglichen und einigen unmöglichen Sprachen und Zeichensystemen entliehen sind.

OOO, I'VE THOUGHT OF A NEW ONE!
TWO SQUIGGLES AND A BACKWARDS G!

Abbildung 15: «Ich habe mir ein neues ausgedacht. Zwei Schnörkel und ein umgekehrtes G.» Cartoon von Ralph Hagen

Die primäre Nahrungsgrundlage der Mathematiker ist eine braunschwarze anregende Flüssigkeit, die sie zunächst erhitzen, um sie dann wieder abkühlen zu lassen, bevor sie getrunken wird. Durch die Hochschulstrukturreform werden mehr und mehr universitäre Lebensräume des Homo mathematicus vernichtet. Aus diesem Grund und weil er nicht in der Lage ist, lebenswichtige Grundfunktionen wie geregelte Nahrungsaufnahme, witterungsgerechtes Kleiden und sozialkompatibles Verhalten zu koordinieren, wird der Mathematiker seitens der UNESCO mittlerweile zu den vom Aussterben bedrohten Arten gezählt. Evolutionsgeschichtlich stellt der Homo mathematicus den Übergang vom Homo theoreticus zum wahren, praktisch begabten Menschen (kurz Ingenieur) dar.

Mag sein, dass die obige Darstellung von Mathematikern ein wenig zu negativ war, jedenfalls in 1. Lesung. Hier ist der zweite Versuch einer Fassung.

Mathematiker, Haupteigenschaften der. Mathematiker scheinen nie gern etwas Leichtes zu tun: Bermuda-Shortisierung im Denken und Westerwellieren ist nicht ihr Ding. Auf den Hauptschlachtfeldern und Nebenschauplätzen der Geisteswelt arbeiten diese Protagonisten an Haupt- und Nebensächlichkeiten. Wenn es sie abenteuert, jonglieren sie Tensoren in relativistischen Basissystemen. Sie tun es für uns. Wären sie Artisten, ritten sie rittlings auf Tigern und sprängen durch brennendes Öl. Mathematik ist eine mentale Vollkontaktdisziplin. Sie liefert hart erkämpfte Vergnügungen in zeitlosen Spielformen. Mathematik ist ein Feuerwerk auf der Großhirnrinde. Mathematik ist das letzte Abenteuer.

Ästhetisch mal minutiös mal furios

Sex & drugs & Rock 'n' Roll. Sie sind nichts, verglichen mit einem guten Beweis.

Großer Extrateil. Einer der vorherrschenden Charakterzüge eines Mathematikers ist seine immense Fähigkeit, sich tagelang auf ein Problem ohne Störung durch seine gesamte Umgebung zu konzentrieren. Dies kann dazu führen, dass ein solcher Mathematiker fälschlich für tot erklärt wird. Bestattungsunternehmen in Hochtechnologie-Gebieten wie Silikon Valley führen als Vorsichtsmaßnahme einen Berufscheck durch, bevor sie einen Körper in krematorische Bearbeitung nehmen.

Anfang und vorläufiges Ende

Am Anfang sagte mir jemand, ich solle es mal zur Entspannung versuchen ... Es fing mit harmlosen Sachen an, integrieren und differenzieren, nur mal so am Wochenende, rein sozial ... Dann begann ich, es unter der Woche zu machen, heimlich, simple Theorien zu studieren, Funktionalanalysis und Vektorfelder ... Dann habe ich angefangen, es jeden Abend zu machen: Hilberträume, Topologien und Variationstheorie ... Gestern war ich auf Riemann'schen Mannigfaltigkeiten, und ich komme immer tiefer in komplexe Tensorräume ➤➤

und nilpotente Lie-Algebren ... Lass dir nie sagen, dass es nur mal so zur Entspannung ist ... Letzte Nacht bin ich mit Malliavin Calculus für die Stratonovich-Interpretation stochastischer Integrale fertig geworden. Jetzt zieht es mich zur Allgemeinen Relativitätstheorie ... Wenn ich will, kann ich zum Glück jederzeit aufhören, ... jederzeit ... wenn ich will ... zum Glück

Milchmädchen-Mathematik für die Kellnerin

Zwei Mathematik-Professoren sitzen in einer Bar und unterhalten sich über Gott und die Welt. Der eine macht im Laufe des Gesprächs die Bemerkung: «Höhere Mathematik kann doch inzwischen jeder.» Doch sein Kollege ist entschieden anderer Meinung. Als dieser etwas später zur Toilette geht, überlegt sich der andere einen kleinen Spaß, winkt die Kellnerin herbei und sagt: «Ich werde Sie gleich etwas fragen. Bitte antworten Sie dann einfach: 1 durch n plus 1 mal x hoch n plus 1.»

«Kein Problem», meint die Kellnerin und wiederholt: «Eins durch x mal ...» – «Nein», sagt der Mathematiker, «1 durch n plus 1 mal x hoch n plus 1.» – «In Ordnung», sagt die Kellnerin.

Als dann der Kollege von der Toilette zurück ist, sagt der andere, er werde jetzt seine frühere Behauptung beweisen. Er lässt die Kellnerin kommen und fragt sie: «Was ist das Integral von x hoch n?» Darauf die Kellnerin wie verabredet: «1 durch n plus 1 mal x hoch n plus 1.» Der Kollege ist verblüfft. Die Kellnerin dreht ab, doch kopfschüttelnd murmelt sie vor sich hin: «Die Leute werden auch immer dümmer. Für n = –1 ist es Logarithmus x.»

"EVEN THOUGH I'VE COME THIS FAR, I'M STILL NOT SURE WHICH IS THE NUMERATOR AND WHICH IS THE DENOMINATOR."

Abbildung 16: «Obwohl ich so viel erreicht habe, bin ich mir immer noch nicht sicher, was der Nenner und was der Zähler ist.» Cartoon von Sidney Harris

Ein Mathematiker, ein Zerstörer. Nun folgt eine wahre Geschichte, die ich meinem früheren Berkeleyer Kollegen, dem Mathematiker Lucien LeCam, verdanke. Fakten sind manchmal seltsamer als Fiktionen. Von Helena im antiken Griechenland sagt man, sie sei so schön gewesen, dass ihr Anblick 1000 Schiffe in Bewegung setzte. Die folgende Geschichte zeigt, dass manche Mathematiker immerhin ein Schiff in Bewegung setzen können, noch dazu ein Kriegsschiff. Insofern kann man die Anziehungskraft eines solchen Mathematikers auf der antiken Skala mindestens mit 1 Milli-Helena veranschlagen.

Es war während des Kalten Krieges. Auch in diesen frostigen Zeiten gab es ein gewisses Maß an wissenschaftlichem Austausch zwischen Ost und West, insbesondere auch zwischen Mathematikern, zum Beispiel in Form von Tagungen. Lucien LeCam hatte es in den 1960er Jahren auf sich genommen, an der Universität von Kalifornien eine große internationale Tagung für Wahrscheinlichkeitstheorie zu organisieren. Naturgemäß lud er auch die führenden russischen Wissenschaftler dazu ein. Drei von ihnen erhielten tatsächlich eine Ausreiseerlaubnis und bekamen Visa für die USA. Doch da bei einem früheren Besuch amerikanischer Mathematiker in Moskau strenge Sicherheitsauflagen von der sowjetischen Seite verfügt worden waren, revanchierte sich nun die amerikanische Seite.

So durften die drei russischen Mathematiker ein Gebiet mit einem Radius von 20 Meilen um den Konferenzort Berkeley nicht verlassen. Zudem erhielt LeCam kurz vor Beginn des Kongresses eine streng geheime Anfrage eines US-Marine-Generals, der vom Pentagon den Auftrag erhalten hatte, während der Tagung Kriegsschiffe in der Bucht von San Francisco zu stationieren. Der General fragte LeCam: «Wie viele Zerstörer brauchen Sie?» Cool bis ans Herz, meinte dieser: «Drei sind genug.»

So kam es, dass sich während der Tagung pro russischem Mathematiker ein Kriegsschiff in Reichweite befand.

Lucien LeCam war mein angenehmster Kollege in Berkeley und fast ein väterlicher Freund. Andere meiner dortigen Kollegen aus Mathematik, Wahrscheinlichkeitstheorie und Statistik haben mir das Leben dagegen eher schwer gemacht. Insbesondere nach der deutschen Wiedervereinigung wurde die Atmosphäre zeitweise eisig. Eine deutschfeindlichere Kollegenschar als in Teilen meines Berkeleyer Fachbereichs zu jener Zeit ist mir nirgendwo auf der Welt wieder begegnet.

Mengenlehre im Straßenverkehr

Je weniger, desto mehr. Ein Mathematiker wird auf dem Moped von der Polizei angehalten. Der Polizist fragt ihn ironisch: «Wo ist denn Ihr Licht? Das macht 30 Euro Strafe! Und wo ist denn der Blinker? Das macht noch mal 30 Euro! Und wo sind die Rückspiegel? Das macht weitere 40 Euro! Zusammen sind das dann 100 Euro!»

Verärgert sagt der Mathematiker: «Da drüben ist eine noch bessere Geldquelle für Sie, da ist einer ganz ohne Moped unterwegs!»

Mathematiker neigen manchmal zu einer gewissen Besserwisserei. Auch gegenüber Wissenschaftlern anderer Wissensgebiete, denen sie gerne einmal sagen, wie sie ihre Probleme unter Einsatz von Mathematik viel tiefer schürfend bearbeiten könnten. Ich selbst kann mich davon auch nicht ganz freisprechen, wenn ich auch gerade kein passendes Beispiel zur Hand habe.

Die folgende Geschichte zeigt die Nachteile des Besserwissens.

Selbst-Optimierung. Am Ende seiner Vorlesung über Angewandte Mathematik schaut der Professor seine Studenten ernst an und spricht wie folgt: «Was ihr in dieser Vorlesung über Optimierung gelernt habt, solltet ihr niemals in eurem Privatleben anwenden.»

«Aber warum denn nicht?», fragt ein Student erstaunt.

«Ich will es euch anhand einer Geschichte aus meinem eigenen Leben erklären», antwortet der Professor. «Vor einigen Jahren habe ich meiner Frau jeden Morgen dabei zugesehen, wie sie das Frühstück für uns beide machte. Ich bemerkte, dass sie viel Zeit darauf verwandte, in der Küche mal hierhin, mal dorthin zu gehen und dies und jenes mit den verschiedensten Gerätschaften zuzubereiten. Also habe ich mir ein paar Gedanken darüber gemacht, wie man mit meinen mathematischen Methoden die Handlungsabläufe optimieren könne. Und ich habe meiner Frau gesagt, wie.»

«Und was ist passiert?», fragt einer der Studenten.

«Nun», antwortet der Professor nicht gerade überglücklich, «bevor ich meine Expertise ins Spiel brachte, brauchte meine *Frau* eine halbe Stunde, um das Frühstück für uns beide zuzubereiten. Und jetzt bin *ich* es, der das Ganze in 20 Minuten macht.»

Mathe-Probleme?

Rufen Sie uns an: 1–800–[((8 minus Wurzel 2) mal 13i hoch 4) – cosh(60°) durch tan pi] bis zwei hoch e Uhr abends.

Mathematische Semiotik

Symbole und Symbole deuten.   Einem Mathematik-Professor sind die Noten seines Sohnes im Fach Mathematik wichtig. In der Grundschule ist er darin besonders schlecht. Der Vater meldet seinen Sohn auf einem katholischen Gymnasium an. Schon nach dem ersten Halbjahr hat der Sohn in Mathe auf dem Zeugnis die Note 1.

Sein Vater freut sich über diese Entwicklung und fragt seinen Sohn, worauf es denn zurückzuführen sei, dass er sich in Mathematik so stark verbessert habe. Sagt der Sohn: «Weißt du, als ich am allerersten Tag in der neuen Schule ins Klassenzimmer kam und diesen Burschen an der Wand auf ein Pluszeichen genagelt sah, wusste ich, dass man hier in Mathe keinen Spaß versteht.»

Damit ist dieses Kapitel fast so vollständig, wie es ohne Gödels Unvollständigkeitssatz sein kann.

Zwischenstadium auf dem Weg Gödels zu seiner berühmtesten Aussage

Gödels erster Unvollständigkeitssatz:

«Jedes ausreichend komplexe Aussagensystem ist entweder widersprüchlich oder.»

Als Nächstes wollen wir einige handfeste Ergebnisse der mühevollen Arbeit von Mathematikern in den Blick nehmen. Doch diese verdienen einen eigenen Abschnitt.

12. Mathematik in den Alltag übersetzt

Unter dieser Überschrift präsentieren wir etwas Amüsantes aus der eigenen Mathe-Manufaktur. Sprachkomik ist bekanntermaßen leichter herstellbar als Mathematik-Komik. Doch wir schrecken vor dem nahezu Unmöglichen nicht zurück. Im Gegenteil, wir fangen gleich an.

Was macht eigentlich ... das Infinite-Monkey-Theorem?

Wenn ein Affe unendlich lange zufällig auf einer Schreibmaschine herumtippt, wird er auf diese Weise irgendwann alle Werke von Shakespeare produziert haben.

Das sogenannte Infinite-Monkey-Theorem ist die an und für sich lobenswerte und durchaus gelungene Bemühung, eine nach den Mathematikern Borel und Cantelli benannte, recht abstrakte Erkenntnis der Wahrscheinlichkeitstheorie in eine bildlich-humoristische Sprache zu übersetzen. Monty Python hätte sich das zum Beispiel ausdenken können.

Doch wahrlich, ich frage euch: Was haben schon Affen mit Shakespeare und Schreibmaschinen zu tun? Weit weniger jedenfalls als Doktoranden mit Doktorarbeiten und Laptops. Jedenfalls lässt sich das Theorem ohne viel Aufwand viel näher an die Lebenswelt der Studierenden heranholen. Was halten Sie von dieser Version, dessen Copyright einschließlich Titel ich hiermit für mich reklamiere:

Das Theorem vom Trost, Doktorandenversion. Ganz egal, wie das Thema lautet und welche Länge die Arbeit haben soll, wenn ein Doktorand beliebig lange zufällig auf die Tasten seines Laptops einschlägt, wird er irgendwann eine brauchbare Dissertation abgeschlossen haben.

Apropos brauchbare Dissertation. Trotz des besagten Theorems gelingt eine solche nicht jedem. In den 1980er Jahren arbeitete ein Mathematik-Student an der Stanford-Universität rund zehn Jahre an einer wissenschaftlichen Arbeit. Als er diese seinem akademischen Betreuer als Doktorarbeit einreichen wollte, erwog dieser sie zwar ausführlich, bat aber dann seinen Studenten in die Sprechstunde, um ihm mitzuteilen, dass die Leistung für

einen Doktortitel nicht ausreiche. Der Student hörte das ungerührt, ging von dannen, kam aber am nächsten Tag wieder und
erschlug den Professor mit einem Hammer. Er wurde verurteilt
und endete in einem Gefängnis. Das war mein Wissensstand von
der Angelegenheit in den 80er Jahren.

Kürzlich hörte ich, wie die Geschichte weiterging. Im Gefängnis hat der inzwischen schon nicht mehr ganz so junge Mann
weiter an seinem Dissertationsthema gearbeitet. Und vor nicht
allzu langer Zeit wurde er nach Absitzen seiner Strafe entlassen.
Das Letzte, was ich hörte: Er sei wieder auf der Suche nach einem
Doktorvater, dem er seine Arbeit zur Promotion einreichen
könne. Man kann sich vorstellen, wie groß der Kreis der interes-
sierten Professoren gewesen sein mag.

Nun kommen wir zu einem zweiten Theorem, das wir smalltalk-
tauglich bearbeiten wollen. Man könnte es abbuchen unter dem
Titel: Mathematik für Mathematiker, die noch wenig von der
Mathematik verstehen.

In der Theorie der sogenannten Matrizen ist die Gleichung

$$(AB)^{-1} = B^{-1} A^{-1}$$

eine bekannte Rechenregel. Aber seien Sie ohne Sorge: Noch ex-
pertöser wird es nun nicht. Ich sage nur noch, dass die Rechenregel bisher keinen griffigen Namen trägt. Hier ist der Vorschlag
einer alltagsaffinen Merkregel für diese abstrakte Tatsache. Um
diese Wahrheit konkret zu machen, schreiben wir:

A bedeutet: Hemd anziehen
B bedeutet: Sakko anziehen
A^{-1} als Umkehrung von A bedeutet: Hemd ausziehen
B^{-1} als Umkehrung von B bedeutet: Sakko ausziehen

Mit dieser Festlegung sind alle bildlichen Trümpfe plötzlich in
unserer Hand, und wir übersetzen die abstrakte Aussage auf
diese Weise:

Wenn wir morgens die Operation AB ausführen, bedeutet dies:
Erst das Hemd anziehen, dann das Sakko anziehen.

Wenn wir abends die umgekehrte Operation $(AB)^{-1}$ ausführen, bedeutet dies: Beide Kleidungsstücke ausziehen. Man beachte aber, dass wir es in umgekehrter Reihenfolge tun müssen. Erst das Sakko ausziehen: B^{-1}. Und dann das Hemd ausziehen: A^{-1}. Damit sind wir wieder im Ausgangszustand angelangt. Deshalb gilt in der Hemd&Sakko-Welt die Gleichung:

$$(AB)^{-1} = B^{-1}A^{-1}$$

Diese Intuition nutzend, nennen wir diese Beziehung auch in der Welt der Matrizen die *Hemd-Sakko-Regel*.
Vielleicht war dieser Exkurs nicht zu lang, aber zu langweilig.

Falls dem so war, dann braucht dieser Programmpunkt noch einen wieder positiv stimmenden Abschluss. Die Hemd-Sakko-Regel ist ein Beispiel dafür, wie man formale Mathematik sinnvoll in den Alltag übersetzen kann. Bei nicht adäquater Übersetzung von Mathematik in den Alltag kann der Mathematiker bisweilen heftig straucheln. Das frühere Stichwort «Verhältnisschwachsinn» mag sich erneut bemerkbar machen.

Ein Mathematiker besteigt einen Bus und gibt dem Busfahrer einen 10-Euro-Schein, um einen Fahrschein zu lösen. Der Busfahrer reicht ihm das Ticket und 19 Euro Wechselgeld. Der Mathematiker nimmt das Geld und setzt sich.

Plötzlich dämmert es dem Busfahrer und er fragt den Mathematiker: «Wie viel Geld haben Sie mir gegeben?»

Der Mathematiker sagt: «10 Euro.»

«Und wie viel Wechselgeld habe ich Ihnen zurückgegeben?»

«19 Euro», erwidert der Mathematiker.

Darauf der Fahrer entrüstet: «Und warum haben Sie sich nicht gemeldet?»

Sagt der Mathematiker: «Woher soll ich denn wissen, was Ihre Fahrpreise sind?»

13. Der physikalische Mensch

In diesem Abschnitt wird eine dem Mathematiker verwandte Lebensform im Mittelpunkt stehen. Unter den Wissenschaften steht neben der Informatik die Physik der Mathematik am nächsten. Trotz enger Verwandtschaft bestehen aber merkliche Unterschiede. Nach Ansicht des Physik-Nobelpreisträgers Chen Ning Yang illustriert die folgende Geschichte diese Unterschiede besonders gut:

Ein Tourist möchte im Urlaub seine schmutzige Wäsche waschen lassen. Mit der Wäsche im Beutel sucht er die Straßen nach einem Waschsalon ab. Schließlich sieht er in einem Schaufenster ein Schild mit der Aufschrift: WIR WASCHEN WÄSCHE!

Er tritt ein und legt seine Wäsche auf den Tresen. Als die Ladenbesitzerin kommt, ist sie irritiert und sagt barsch:

«Was soll denn das? Wir sind kein Waschsalon!»

«Wie bitte?», erwidert der Tourist. «In Ihrem Schaufenster steht doch dieses Schild: WIR WASCHEN WÄSCHE!»

«Das stimmt», sagt die Frau. «Das ist unser Schaufenster und das ist unser Schild. Aber wir waschen keine Wäsche. Wir machen Schilder.»

Ehrlich gesagt, ist mir nicht ganz klar, was Chen Ning Yang uns damit sagen will. Und nach dem Lesen seiner Geschichte ist mir der Unterschied zwischen Mathematik und Physik weniger klar als zuvor. Hoffentlich ist es bei Ihnen umgekehrt.

Mehr vom jungen Yang

Wir schreiben das Jahr 1956 in New York City. Die Physiker Chen Ning Yang und Tsung-Dao Lee hatten die Angewohnheit, bei regelmäßigen Mittagessen in einem chinesischen Restaurant auf der 125-ten Straße in Manhattan das Verhalten von in Beschleunigern erzeugten Elementarteilchen zu diskutieren. Eines Mittags hatte Yang im Restaurant einen genialen Geistesblitz, der schließlich für beide zur Verleihung des Nobelpreises führte. Yang war erst 31 Jahre jung.

Kurz nach der Preisverleihung fand sich im chinesischen Restaurant der Aushang:

Eat here, get Nobel Prize (Hier essen, Nobelpreis kriegen)

Unnötig zu sagen, dass es auch mancherlei Reibungspunkte zwischen Mathematikern und Physikern gibt. Als zum Beispiel an der Universität Stuttgart bei der Vereinigung dieser beiden Fachbereiche zu einer gemeinsamen administrativen Einheit ein Name gefunden werden musste, schlugen die Physiker «Fakultät für Physik und Mathematik» vor. Die Mathematiker hingegen meinten nicht unerwartet, «Fakultät für Mathematik und Physik» sei besser. Der Zwist war nicht leicht aufzulösen. Ein Hinweis auf das Alphabet entschied schließlich im Senat der Universität für die Mathematiker.

Auch in der folgenden Episode, die ebenfalls der Wirklichkeit entnommen ist, kommt eine gewisse Empfindlichkeit zum Ausdruck. Abermals konnte die Mathematik einen Punktsieg verzeichnen:

Einst hielt der berühmte Mathematiker Mark Kac einen Vortrag vor einem Publikum, in dem auch der noch berühmtere Physiker Richard Feynman saß. Feynman war bekannt dafür, dass er gerne das Exaktheitsstreben der Mathematiker aufs Korn nahm. Als nun Kac seinen Vortrag hielt und zwischendrin kurz an einem Glas Wasser nippte, sah Feynman seine Chance gekommen. Provokant sagte er in die Stille des Augenblicks hinein: «Wenn es die Mathematik nicht gäbe, so würde das die Welt nur um eine Woche zurückwerfen.» Ungerührt erwiderte Kac: «Ja, das stimmt, und zwar genau um jene Woche, in der Gott die Welt erschaffen hat.»

Natürlich gibt es nicht den Physiker schlechthin. Sondern es fängt schon damit an, dass es Theoretische Physik und Experimentalphysik gibt. Und somit natürlich auch Theoretische Physiker und Experimentalphysiker. Leute, die es wissen müssen, sagen, dass ein guter Physiker gut ist entweder beim Theoretisieren oder beim Experimentieren. Aber nicht bei beidem. Böse Zungen behaupten sogar, dass eine negative Korrelation zwischen beiden Fähigkeiten bestehe.

Es gibt Theoretiker, die sollte man nicht in die Nähe von experimentellen Aufbauten lassen, um deren Erfolg nicht zu gefährden. Ein besonders krasser Fall war der Physiker Wolfgang Pauli.

Als brillanter Theoretiker hatte er 1945 den Nobelpreis für seine Formulierung des Ausschließungsprinzips als eines der Grundprinzipien der Quantenmechanik bekommen.

Setzte Pauli aber den Fuß in ein Labor, wurde es gefährlich. Berührte er gar den Versuchsaufbau, konnte alles passieren.

Leistung ist Arbeit durch Zeit

Pauli hatte sehr rigorose Ansichten darüber, was ein guter Physiker sei. Besonders gegen Jungstars der Szene hegte er Aversionen, vielleicht weil er selbst früher ein solcher gewesen war. Auf sie gemünzt, wendete er gerne den Satz an: «Noch so jung und doch schon nur so wenig gemacht.»

Eines Tages geschah Folgendes: Im Labor des gleichfalls berühmten Physikers James Franck in Göttingen explodierte der gesamte experimentelle Aufbau, ohne dass ein Grund dafür festgestellt werden konnte. Etwas später wurde bekannt, dass Wolfgang Pauli am selben Tag per Zug von Zürich nach Kopenhagen gereist war. Die Explosion in Francks Labor war etwa zu dem Zeitpunkt geschehen, als Paulis Zug für ein paar Minuten am Göttinger Hauptbahnhof hielt. Aufgrund der Größenordnung dieses Effekts begann man in Göttingen fortan zu glauben, dass Wolfgang Pauli der bedeutendste lebende Theoretiker der Physik sein müsse.

Zwar verrückt, aber kein Verrückter. Ein Experimentalphysiker hatte schließlich alle Stadien vom Studenten über den Doktoranden, Habilitanden, Professor bis hin zum verrückten Professor durchlaufen und war daraufhin in eine Anstalt eingewiesen worden.

Als er einmal auf dem abgegrenzten Terrain des Krankenhauses unterwegs war, sah er durch den Zaun einen Autofahrer, der gerade vor der Anstalt einen Reifen wechseln musste. Der Autofahrer hatte die vier Schrauben abgedreht, diese in die Radkappe gelegt und war dann versehentlich daraufgetreten, so dass alle vier Schrauben auf einen Gulli zurollten und darin verschwanden. Der Autofahrer saß ratlos vor seinem Gefährt. Der Wissenschaftler sprach ihn an: «Wenn Sie von jedem der drei anderen Reifen eine Schraube lösen, dann haben Sie drei, die Sie für den Ersatzreifen verwenden können. So können Sie zumindest in die nächste Werkstatt fahren und das Problem beheben lassen.»

«Das ist eine geniale Lösung», freute sich der Autofahrer, «wie sind Sie von da drinnen denn auf so eine Idee gekommen?» Darauf der Wissenschaftler: «Ich bin hier, weil ich verrückt bin, nicht weil ich dumm bin.»

Das verschafft uns den bestmöglichen Übergang zum nächsten Thema.

14. Psychiatrie

Ein Mann erzählt seinem Psychiater: «Jeden Abend, wenn ich zu Bett gehe, habe ich die feste Überzeugung, dass jemand unter dem Bett liegt. Ich stehe auf, schaue unter dem Bett nach, und während ich das tue, denke ich, dass gerade jetzt jemand oben auf dem Bett ist. Dann schaue ich auf dem Bett und niemand ist da, aber ich denke dann, dass jemand unter dem Bett ist. Und so geht es weiter, die ganze Nacht hin und her, immer wieder. Ich finde keinen Schlaf und werde bald verrückt.»

Der Psychiater macht ein nachdenkliches Gesicht, dann teilt er dem Patienten mit, dass er ihm helfen könne. Er müsse aber über einen Zeitraum von zwei Jahren einmal die Woche für eine Stunde kommen, bei 100 Euro Honorar pro Sitzung.

«Das ist sehr viel Geld», sagt der Mann. «Ich werde es mit meiner Frau besprechen.»

Eine Woche später ruft der Mann den Psychiater an und berichtet ihm freudig, dass seine Frau das Problem gelöst habe und er voll geheilt sei. Auf die Frage des Psychiaters, wie seine Frau das denn gemacht habe, sagt der Mann: «Sie hat mich einfach die Beine des Bettes absägen lassen.»

Auch Psychiater haben ihre eigene Sprache und spezielle Symbolik. Beides betrifft die Figuren des Denkens und ihre Deutung. Freud zum Beispiel fasste die Symbolsprache der Träume als eine Art von Code auf, den man übersetzen müsse: Zigarren sind Phallussymbole, offene Türen sind Vaginasymbole, abfahrende Züge sind Todessymbole usw. Im nächsten Dialog ist der auftretende Psychiater eindeutig ein Freudianer. Und der Patient muss auch einer sein, aber von einer anderen Schule.

Freudianer unter sich. Ein Psychiater zeichnet einen senkrechten Strich und fragt seinen Patienten:

«Woran denken Sie dabei?»

«An Sex», antwortet der Mann.

Der Psychiater zeichnet ein Rechteck. «Und woran denken Sie hierbei?»

«An Sex natürlich», antwortet der Mann.

Der Psychiater zeichnet einen Stern. «Und dabei?»

«Dabei kann man doch nur an Sex denken», erwidert der Mann.

Der Psychiater legt den Bleistift aus der Hand und meint:

«Ich habe den starken Eindruck, Sex ist bei Ihnen eine alles durchdringende Idee.»

«Bei mir?», entgegnet der Patient empört. «Na hören Sie mal: Wer hat denn den ganzen Schweinkram gemalt!?»

Abbildung 17: «Eigentlich bin ich nur ein Placebo-Psychiater.» Cartoon von Grizelda

"Actually, I'm a placebo psychiatrist."

Der Verhaltensforscher Dan Ariely hat in einer Studie festgestellt, dass teure Placebos besser wirken als billige. Gilt das auch für Placebo-Psychiater? Es würde mich nicht überraschen.

Nun kommen wir zu einer Geschichte, die zwar nur kurz, aber von Anfang bis Ende so passiert ist.

Nachdem er vor einer illegalen Bar angehalten hatte, um sich schnell einen Drink zu holen, stellte ein Busfahrer aus Simbabwe fest, dass die geistesgestörten Patienten, die er von Harare nach Bulawayo fahren sollte, allesamt geflüchtet waren. Damit er sein Versagen nicht eingestehen musste, fuhr er zur nächsten Bushaltestelle und bot allen Wartenden eine kostenlose Fahrt an. Diese Fahrgäste lieferte er dann in der psychiatrischen Anstalt von Bulawayo ab und teilte dem Personal dort mit, dass alle Patienten unter Wahnvorstellungen litten, leicht erregbar seien und ihre Krankheit entschieden leugneten. Es dauerte drei Tage, bis die Eingelieferten befreit wurden.

Die Geschichte zeigt, dass es offenbar in einer Anstalt selbst den Psychiatern nicht immer leichtfällt, die Insassen von den Auswärtigen zu unterscheiden. Die Grenze scheint ohnehin fließend. Insofern wäre es sicherlich unterhaltsam, zwei Psychiater in einem Doppelblind-Experiment einmal aufeinander anzusetzen.

Won't admit he has a problem. Won't even admit he's the patient.

Abbildung 18: Psychiater versus Psychiater: «Gibt nicht zu, dass er ein Problem hat. Gibt nicht einmal zu, dass er der Patient ist.» Cartoon von Mike Baldwin

Der Cartoon erinnert mich an einen amüsanten Artikel des Mathematikers Underwood Dudley mit dem Titel *What to do when the trisector comes*. Der Begriff *trisector* steht hier für alle Exzentriker, die in ihren verqueren Manuskripten versuchen, bekannte und bewiesene mathematische Unmöglichkeiten dennoch irgendwie durchzuführen, wie etwa die Winkel-Dreiteilung, die Würfel-Verdopplung oder gar die Kreis-Quadratur als Königsdisziplin aller Wissenschafts-Wirrköpfe.

Fast jeder Mathematik-Dozent hat schon derartige Manuskripte ungebeten erhalten. Und manchmal sind die Urheber solcher Manuskripte schwer wieder abzuschütteln, da sie sich mit GEZ-hafter Hartnäckigkeit immer und immer wieder melden. Underwood Dudley empfiehlt, jeweils zwei dieser Blindgänger miteinander bekannt zu machen, damit sie ihre Konstruktionen diskutieren können, was zwischen ihnen manchmal zu einer Endlosschleife des dadaistischen Diskurses führt. Aber der Mathematiker ist sie los.

Vom Prinzip her ist dies auch der Ansatz, den der Psychiater Milton Rokeach wählte, als er drei seiner Patienten, die alle behaupteten, Jesus Christus zu sein, auf einer Station zusammen unterbrachte. Wortwechsel und Handlungsweisen dieser drei Gottessöhne sind nachzulesen in seinem Buch *The three Christs of Ypsilanti*.

15. Logisch bis Zoologisch

Möglichkeiten und Grenzen der Beinfreiheit. Ein Zoologie-Student steht mitten im Examen. Der Professor deutet auf einen halb bedeckten Käfig, in dem nur die Beine eines Vogels zu sehen sind.

«Welcher Vogel ist das?», fragt der Professor.

«Weiß ich nicht», sagt der Student.

«Durchgefallen. Ihren Namen bitte!»

Da zieht der Student seine Hosenbeine hoch: «Raten Sie mal!»

Zoologen haben mit Tieren zu tun. Will man ein Tier erforschen, muss man es erst einmal haben. Haben in dem Sinne, dass man es irgendwo herbekommt. Dabei ist zu bedenken, dass das Gesuchte manchmal durchaus recht nahe liegen kann.

Besser erging es anderen Expeditionen im Dienst der Wissenschaft. Isaak Newton hatte unter Anwendung der von ihm entwickelten Theorie vorhergesagt, dass die Erde keine vollständige Kugel, sondern an den Polkappen abgeflacht sei. Zu Newtons Zeit war das eine mächtige Aussage, die es nahelegte, seine neue Theorie einem Test zu unterziehen.

So brachen denn um 1730 zwei französische Expeditionen auf, um unter großen Mühen sorgfältige Messungen vorzunehmen, die Newtons Vorhersage auf ihre Richtigkeit prüfen sollten. An einer der Expeditionen, die ins nördliche Lappland unterwegs war, nahm auch der Wissenschaftler Maupertuis teil. Als sich die Bestätigung von Newtons Theorie aus der Analyse der erhobenen Daten ergeben hatte, erhielt Maupertuis eine Nachricht von Voltaire mit dem Inhalt: «Ihr musstet eine beschwerliche Reise tun, um das zu erkennen, was Newton verstanden hatte, ohne auch nur sein Haus zu verlassen.»

Immerhin, die explizite Bestätigung von Newtons Theorie durch die Expedition löste unter den Intellektuellen in Frankreich einen wahren Wissenschaftsboom aus. Dieser war so gewaltig, dass Voltaire und andere Literaten die übergroße Popularität der mathematischen Naturwissenschaft mit Missfallen sahen. An einen Freund schrieb er: «Gute Literatur ist längst nicht mehr die Mode in Paris. Jeder spricht über Geometrie und Physik. (...) Es ärgert mich zwar nicht, dass die Wissenschaft bei uns so kultiviert wird, aber ich möchte nicht, dass sie eine Tyrannin wird, die alles andere ausschließt.»

16. Religionskunde

Poggio Bracciolini (1380–1459) war ein einflussreicher Mann im Italien des 15. Jahrhunderts. Nicht weniger als acht Päpsten diente er während seines Berufslebens als Sekretär und Berater. In seiner Freizeit war er ein leidenschaftlicher Leser und Sammler von Büchern, bereiste Europa auf der Suche nach literarischen Werken und übersetzte manche seiner Funde. Trotz all dieser Leistungen ist er heute, wenn überhaupt, am besten bekannt für eine Sammlung von Humor, die er veröffentlichte: das *Liber Facetiarum*.

Dieses Buch enthält 273 Witze, Bonmots und Anekdoten und erschien um 1450. Ein Teil der darin versammelten Stücke hörte Bracciolini bei seinen Besuchen im damaligen Humorclub des Vatikans, dem Bugiale. Hier trafen sich Schreiber und sogar Würdenträger nach der Arbeit, um in entspannter Atmosphäre Dekrete, Bullen und Enzykliken aufzusetzen und sich nebenher Geschichten zu erzählen.

Viele der Witze des *Liber Facetiarum* handeln von Sex oder machen sich lustig über die Doppelmoral der Kirchenleute. Das hätte riskant werden können, doch war Bracciolini so einflussreich, dass kein Wort der Missbilligung aus dem Vatikan über sein Buch zu hören war. Sicher hat ihm auch geholfen, dass sein Brevier auf Latein verfasst war, so dass es der breiten Masse der Bevölkerung kaum zugänglich wurde. Ein repräsentatives Beispiel aus dem amüsanten Buch ist die Nummer 36:

Im Herzen Italiens lebte einst ein wohlhabender Landpfarrer. Als sein von ihm sehr geliebtes Hündchen starb, bestattete er es auf dem Friedhof unter Menschen. Davon hörte aber der Bischof und zitierte den Pfarrer ärgerlich herbei, um ihn ordentlich zu bestrafen. Eigentlich hatte er es aber auf dessen Vermögen abgesehen. Da der Pfarrer den Bischof kannte, steckte er 50 Goldstücke ein, bevor er aufbrach. Der Bischof klagte wegen der Bestattung des Hundes den Pfarrer an und befahl, ihn in den Kerker zu werfen. Der schlaue Pfarrer aber sagte: «O barmherziger Vater, wenn du nur wüsstest, wie klug mein Hündchen war, so würdest du nichts mehr dagegen haben, dass es eine Bestattung unter Menschen bekommen hat. Denn es war klüger als mancher Mensch, im Leben und besonders in Erwartung des Todes.»

«Was meinst du damit?», fragte der Bischof.

«Kurz bevor er starb, hat er ein Testament verfasst, und da er dir wohlgesinnt war, hinterließ er dir testamentarisch 50 Goldstücke, die ich dir mitgebracht habe.»

Daraufhin erkannte der Bischof das Testament an und strich die Goldstücke ein. Er sprach den Pfarrer von seiner Schuld frei und billigte die Bestattung des Hundes auf dem Friedhof.

Dem Voranstehenden lässt sich entnehmen, dass auch katholische Kirchenmänner über Humor verfügen können. Einem katholischen Gewährsmann verdanke ich auch die folgende Geschichte, die allerdings einem Faktencheck nicht in jeder Hinsicht standhält.

Etwas vom Pontifex. Der Heilige Vater wird von einem Chauffeur in seinem Sommerquartier abgeholt. Bevor der Fahrer wieder einsteigt, sagt der Papst: «Ich hätte eine große Bitte an Euch: Überall, wo ich seit dem Konklave hinkomme, werde ich chauffiert, dabei fahre ich doch selbst leidenschaftlich gerne Auto. Würden Sie mir vielleicht erlauben, einen Teil der

Strecke zu fahren? Sie würden mir eine große Freude damit machen.»
Zögernd willigt der Fahrer ein, als der Papst noch hinzufügt, er werde
auch ein Vaterunser für ihn beten.

Der Papst setzt also die Chauffeursmütze auf, begibt sich hinters
Steuer und fährt los. Und zwar wie ein Rennfahrer. Start mit quietschen-
den Reifen, auf zwei Rädern durch die Kurven, mit 150 in geschlossenen
Ortschaften. Schließlich wird ein Streifenwagen auf das Fahrzeug aufmerksam.

Abbildung 19: «Fahr langsamer. Der Bulle versteckt sich hinter diesem Schild.»

Der Polizist stoppt den Wagen, schaut erst zum Fahrer, anschließend auf
den Rücksitz. Er stutzt, dann geht er schnell zum Streifenwagen zurück,
greift zum Telefon und lässt sich eiligst mit dem Polizeipräsidenten ver-
binden.

Hastig erzählt er seinem Vorgesetzten, dass er soeben ein Auto mit
150 Stundenkilometern in der Innenstadt gestoppt habe.

«Stecken Sie den Fahrer sofort ins Gefängnis», sagt der Oberste
Polizist.»

«Das ist nicht so einfach», meint der Polizist, «es handelt sich um eine
sehr wichtige Persönlichkeit.»

«Egal», sagt der Polizeipräsident. «In dem Fall gibt's nur Gefängnis.»

«Aber es ist jemand sehr, sehr Bedeutendes», insistiert der Schutzmann.

«Ist es der Bürgermeister?», fragt der Polizeipräsident.

«Nein, viel wichtiger.»

«Wer sitzt denn in dem Auto? Ein Minister?»

«Nein, viel wichtiger.»

«Ja, wer ist es denn, etwa der Staatspräsident?», will der Chef wissen.

«Sogar noch wichtiger. Ich glaube», sagt der Polizist, «es ist Gott persönlich.»

«Was? Gott persönlich? Wie kommen Sie denn darauf, dass es Gott persönlich ist?», ruft der Polizeipräsident erregt.

«Chef», sagt darauf der Polizist, «er hat den Papst als Chauffeur!»

Für Ihr Adressbuch

Die E-Mail-Adresse des Papstes: urbi@orbi

Und da wir schon einmal bei religiösen Würdenträgern sind und es mit ihnen gerade recht amüsant ist, wollen wir noch etwas bei ihnen verweilen.

17. Die Religion und die Religionsmänner

Vergleichende Religionslehre 1. Ein katholischer Priester, ein evangelischer Pfarrer und ein jüdischer Rabbi gehen am Waldrand spazieren und unterhalten sich darüber, wer von ihnen seine Arbeit am besten macht. Der Rabbi macht einen Vorschlag: «Lasst uns alle in den Wald gehen, jeweils einen Bären finden und versuchen, ihn zu bekehren. Wer von uns den stärksten Glauben in seinem Bären erwecken kann, soll der Sieger in unserem kleinen Wettstreit sein.» Die anderen beiden stimmen zu.

Die Glaubensmänner trennen sich und wandern in verschiedene Richtungen in den Wald hinein. Am Abend treffen sie sich wieder.

Der Priester berichtet: «Ich sah einen Bären am Fluss, der einen Fisch zu fangen versuchte. Ich ging zu ihm und sagte, er solle auf Gott vertrauen, dann sei ihm nichts mehr unmöglich. Ich erzählte ihm die Geschichte von der wunderbaren Fischvermehrung. Er war so beeindruckt, dass er sich sofort von mir taufen ließ und nächste Woche hat er heilige Kommunion.»

Der Pastor erzählt: «Also, mein Bär hat sich von hinten an mich herangeschlichen, um mich zu fressen. Doch ich merkte es und segnete ihn mit einigen Worten aus der Bibel. Der Bär war von meiner Furchtlosigkeit so ergriffen, dass er mich bat, ihn im Lesen und Schreiben zu unterweisen. Ich habe ihm die Grundlagen beigebracht, und er lernt mittlerweile das Neue Testament auswendig.»

Für den Rabbi scheint der Tag anders verlaufen zu sein. Er war in der Notaufnahme im nahen Krankenhaus und sitzt im Rollstuhl. Ganzkörpergips und Kopfverband hüllen ihn ein. Seine Stimme ist schwach, und auf die Nachfrage der anderen sagt er: «Auch ich traf einen Bären. Aber vielleicht hätte ich nicht gleich mit der Beschneidung anfangen sollen.»

Wissenschaftler haben herausgefunden, dass der Lacherfolg bei einem Witz auch davon abhängt, wie schnell ihn der Hörer versteht. Es folgt ein Witz, bei dem man vielleicht ein klein wenig länger nachdenken muss. Aber wenn man den vorhergehenden als Hinweis benutzt, geht es schneller.

Vergleichende Religionslehre 2. Ein katholischer Priester, ein evangelischer Pastor und ein jüdischer Rabbi wohnen nebeneinander in einer Straße. Eines Tages kaufen sich alle drei zu Sonderangeboten des örtlichen Händlers neue Autos.

Am darauffolgenden Wochenende sieht der Priester, wie der Pastor einen Eimer Wasser über sein neues Gefährt gießt. «Ja, sicher», denkt der Priester, «das muss schon sein.» Und am nächsten Tag kommt er mit zwei Ministranten und umkreist mit Weihrauch und Weihwasser mehrfach sein Auto.

Der Rabbi hat all dies beobachtet. Am selbigen Abend noch liegt er auf dem Rücken hinter seinem Vehikel, mit Eisensäge bewaffnet, und schneidet vom Auspuffrohr den letzten Zentimeter herunter.

Vielleicht fällt Ihnen auf, dass in obigen Geschichten jeweils nur ein Pastor, ein Pfarrer und ein Rabbi vorkommen. Und was ist mit dem Islam, werden sich vielleicht einige fragen. Darf man Witze machen über einen Imam? Ich kenne die Antwort nicht. Aber es gibt immerhin den Großayatollah Ali al-Sistani. Er ist der Haupt-Marja, also die spirituelle Referenz für alle schiitischen Moslems. Er hat eine Homepage im Internet und nimmt darauf zu vielen Fragen des Lebens Stellung, wobei er stets verlauten lässt, was erlaubt *(halal)* und was verboten *(haram)* ist. Der Großayatollah antwortet auch auf Fragen. Was also liegt näher, sich mit unserer Frage an die ultimative Autorität zu wenden. So schrieb ich denn an den Großayatollah und erhielt tatsächlich eine Antwort:

From: Christian Hesse
Sent: Saturday, March 09, 2013 12:01 PM
To: Grandayatollah Sistani
Subject: Question

Dear Grandayatollah,

Allow me to ask the following question:

I am writing a book about jokes. Some of the jokes are
about priests, pastors and rabbis. Is it ok to also include jokes
about imams, so that islam is not being ignored?

Any good wishes are welcome.

Sincerely,

Christian Hesse

Antwort des Großayatollah

لبقّة
ج ۱۔ اگر تروج حرام باشد جایز نیست .
ج ۲۔ و۳۔ مانعی ندارد .
بسمه تعالى

It is not allowed.

May Allah grant you success.

www.sistani.org

Board of Istifta –
Office of Grand Ayatollah Sistani

Abbildung 20: E-Mail-Austausch mit dem Großayatollah

Nun denn, dann machen wir also aus Respekt keine Witze darüber und beschränken uns auf einen Antiwitz:

Meta-Joke

Ein Rabbi, ein Priester, ein Pastor und ein Imam kommen in eine Bar. Sagt der Barkeeper: «Soll das ein Witz sein?»

Auch Religionsmänner machen natürlich manchmal Urlaub, vielleicht sogar von der Religion.

Ein Priester will nach vielen Jahren einmal ausspannen und bittet seinen jüdischen Freund, eine Woche lang für ihn einzuspringen, während er in die Ferien geht. Der Freund fragt: «Was soll ich denn in deiner Abwesenheit genau machen?»

«Ganz einfach», antwortet der Priester. «Du musst nicht viel tun, nur die Beichte abnehmen. Du sitzt im Beichtstuhl und die Leute kommen zu dir, bekennen dir ihre Sünden und du sagst ihnen, welche Gebete sie als Buße sprechen sollen. Das ist alles. Hier ist die Bußliste.»

Der jüdische Freund stimmt zu.

Schon am nächsten Tag sitzt er im Beichtstuhl und nimmt seine Aufgabe sehr genau. Ein Mann kommt herein: «Hochwürden, ich habe gesündigt. Ich habe meinem Sohn eine Ohrfeige gegeben.»

Der Jude schaut auf der Liste unter Ohrfeige nach und sagt dem Mann: «Sprich 10 Ave-Maria.»

Anschließend kommt eine Frau: «Ich habe meinen Mann betrogen.» Der Jude schaut auf die Liste: «100 Vaterunser.»

Als Nächstes ist ein smarter junger Mann an der Reihe: «Vater, ich habe heftig gesündigt. Ich hatte ein Quickie mit einer Arbeitskollegin auf der Toilette.»

Der Jude schaut auf der Liste nach, kann aber die Sünde dort nicht finden. Er verlässt kurz den Beichtstuhl, geht ins Pfarramt und fragt die Nonne, wie viel der Priester für ein Quickie auf der Toilette gibt.

Sagt die Nonne: «Ein Täfelchen Schokolade.»

Keine schlechte Punchline, oder? In der nächsten Schilderung ist ein gewisser N. N. der Punchline-Provider.

Ein Rabbi ärgert sich darüber, dass viele der Gläubigen ohne Käppi in die Synagoge kommen. An den Eingang der Synagoge hängt er ein Schild mit der Aufschrift:

Das Betreten der Synagoge ohne Kopfbedeckung ist ein dem Ehebruch vergleichbares Vergehen!

Einige Tage später hat jemand daruntergeschrieben:

Hab' beides ausprobiert. Kein Vergleich!

Wo es Gläubige gibt, gibt es natürlich auch Ungläubige. Und was mit Ungläubigen passieren könnte, sehen wir hier:

Ein Atheist stirbt. Zu seiner Überraschung findet er sich nach seinem Tod vor dem Tor zur Hölle wieder. «Oh je», denkt er beklommen, «gibt's die also doch», und tritt mit böser Vorahnung ein.

Doch erstaunlicherweise befindet er sich plötzlich an einer sonnenbeschienenen Meeresbucht mit weißem Sandstrand. Ein sanfter Wind weht, leise Musik erklingt, und es duftet angenehm nach Vanille.

Der Teufel liegt im Schatten unter Palmen und trinkt einen Cocktail: «Komm her, lieber Freund, geselle dich zu uns. Nimm dir gerne ein Getränk und schau dich um.»

Eine schöne Frau reicht ihm einen Drink. Der Atheist kann es noch gar nicht fassen und macht erst einmal einen kleinen Spaziergang. Wie er so geht, öffnet sich am Ende der Bucht vor ihm plötzlich ein großes Loch, Rauch quillt hervor, Flammen züngeln heraus, und man hört Jammern und Wehklagen von unten hochsteigen.

Irritiert kehrt er zum Teufel zurück und sagt: «Es gefällt mir sehr gut hier, aber am Ende der Bucht, da gibt es so ein dunkles, raucherfülltes Loch, aus dem Jammern und Wehklagen zu hören ist – was ist denn das?»

Darauf der Teufel: «Ja, weißt du, das ist für die Christen – die wollen das so!»

Wenn Teufel, dann solche. Oder?

Wir kommen nun zu einem Lieblingswitz von Paul Dirac. Zwar war Dirac Physiker, doch passt sein Witz wunderbar in diesen Abschnitt:

Ein katholischer Priester macht bei einer Familie in seiner Gemeinde einen Hausbesuch. Mit Freude bemerkt er, dass sehr viele Kinder am Tisch sitzen. Der Priester fragt: «Sind das alles Ihre Kinder?»

«Ja, Hochwürden», erwiderte der Ehemann stolz. «Wir haben zwölf Kinder. Und wissen Sie, was wirklich außergewöhnlich ist: Es sind sechs Zwillingspaare.»

«Das ist wirklich außergewöhnlich», stimmt der Priester zu. «Wollen Sie damit sagen, dass Sie jedes Mal Zwillinge bekommen haben?»

«Nein, Herr Pfarrer», erwidert errötend die Ehefrau, «meistens haben wir gar nichts bekommen.»

Regel-Kunde

Earl Butz (1909–2008) war Landwirtschaftsminister in den USA unter Präsident Nixon. Er verlor sein Amt wegen eines nicht druckreifen Witzes. Später einmal sagte er über die Position des Vatikans zur Empfängnisverhütung in simuliertem italienischen Akzent: «He no playa da game, he no maka da rules.» (Du nich spiele die Spiel, du nich mache die Regeln.) Wobei mir dieser letzte Satz, spieltheoretisch gedacht, durchaus nicht unsympathisch ist.

Empfängnisverhütung ist eine Sache zwischen den Geschlechtern. Womit wir bei unserem nächsten Thema wären.

18. Gender Studies oder Tanz & Kampf der Geschlechter

Humorfähigkeit ist eine Tugend. Und nicht erst seit heute. Schon 1876 bemerkte der amerikanische Journalist Leslie Stephen, dass «es seit einiger Zeit Mode geworden ist, einen guten Sinn für Humor als eine der Kardinaltugenden zu betrachten». Nach modernen Umfragen ist die Humorfähigkeit sogar jene Eigenschaft, die Frauen sich bei Männern am meisten wünschen. Vielleicht fehlte diese Fähigkeit dem Mann, von dem nun die Rede ist.

Zwei schon nicht mehr ganz junge Frauen unterhalten sich angeregt über Männer.

«Dein Kollege, der Karl-Heinz, macht dir doch schon lange den Hof», sagt die eine. «Denkst du gar nicht daran, ihn zu heiraten? Er hat doch eine tadellose Vergangenheit und eine vielversprechende Zukunft!»

Darauf die andere: «Ehrlich gesagt, stört mich eher seine Gegenwart.»

> **Zwei Sechs-Sekunden-Essays**
>
> Letztlich ist Sex einfach nur Sex: nicht das Beste auf der Welt und nicht das Schlechteste auf der Welt. Aber es gibt nichts wirklich Vergleichbares.
>
> Ergänzung für absolut Erwachsene: Sex ist ein einsilbiges Wort, das einige zweisilbige Wörter braucht, um seine ganze Bedeutung klarzumachen.

Sex ist nicht immer sexy. Auch die richtige Verpackung ist wichtig. Ab welchem Zeitpunkt finden Sie die abgebildeten Dessous sexy? Dabei ist das eigentlich gar nicht das Thema, vielmehr ist es die globale Erwärmung. Wie eng doch die Dinge bisweilen zusammenhängen.

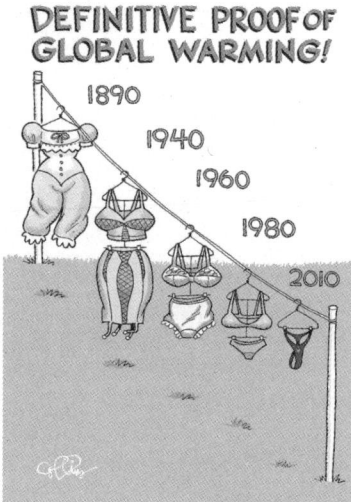

Abbildung 21: Der ultimative Beweis von globaler Erwärmung. Cartoon von Dan Collins

Erotik hat in der Regel etwas mit Nacktheit zu tun. Umgekehrt muss Nacktheit nicht unbedingt schon mit Erotik zu tun haben.

Parson's Pleasure im Universitätspark der Universität Oxford ist eine etwas abgeschiedene Stelle, an der es früher üblich war, an den Ufern des Flusses Cherwell unbekleidet zu baden. Eine Anekdote erzählt, wie sich einmal zwei ältere Professoren dort zum Nacktbaden trafen. Als beide im Adamskostüm in der Sonne liegen, kommt plötzlich eine Gruppe von Studentinnen mit Fotoapparaten in einem Tretboot den Fluss herunter. Ein Professor bedeckt sogleich jene Stelle mit einem Handtuch, wo sonst die Badehose sitzt, während der andere sich sein Handtuch vors Gesicht hält. Als der Kollege ihn später fragt, warum er so reagiert habe, erwidert der: «Ich weiß nicht, wie das bei Ihnen ist, aber in Oxford kennt man mich aufgrund meines Gesichts.»

So hat jeder seine Erkennungsmerkmale. Meist ist es das Gesicht. Doch bei Allerweltsgesichtern oder bei Vermummung muss die Identifizierung andere Anhaltspunkte suchen.

Drei junge Frauen, deren Männer alle im selben Fachbereich an einer Universität beschäftigt sind, gehen während eines heißen Sommers im Park des Fachbereichs spazieren, in dem einige Menschen am Sonnenbaden sind. Darunter ist auch ein Mann, der nackt auf der Wiese liegt. Er war wohl mit dem Handtuch über seinem Gesicht eingeschlafen. Die Frauen wenden sich ab, aber nicht, ohne noch einen kurzen Blick riskiert zu haben. Eine von ihnen sagt: «Ich weiß nicht, wer so was macht und wer das ist, aber mein Mann ist das nicht.»
    «Ja, das stimmt, das ist nicht dein Mann», bestätigt die zweite Frau.
    Und die Dritte fügt noch hinzu: «Er ist nicht mal ein Mitglied des Fachbereichs.»

Nicht alle intensiven Beziehungen zwischen den Geschlechtern sind erotischer Natur. Manchmal ist es auch einfach die nackte Aggression.

Ein Mann, der in Chicago nach einem Blizzard mehr als eine Stunde Schnee geschaufelt hatte, um einen Platz für sein Auto freizumachen, musste, als er sein Fahrzeug einparken wollte, feststellen, dass der Parkplatz gerade von einer Frau eingenommen worden war. Sie weigerte sich, ihn wieder freizugeben. Verständlicherweise erschoss er sie.

Besser gefällt mir die Interaktion von Mann und Frau in der folgenden Geschichte, da sie ein geistreiches Element enthält. Und zudem: Smalltalk zu treiben mit einem Starlett auf einer Party, wer würde das als alternder, immer viel zu kopflastiger Professor nicht gerne?

Übrigens, da wir gerade von Partys sprechen: Seit zwei Tagen arbeite ich an meinem Drei-Tage-Bart. Es ist ein Funktionsbart. Für eine Party in Hollywood soll er mich mindestens cool, besser noch betörend-europäisch aussehen lassen. Ob es funktioniert? Zwar sind Anatomie und Frisur etwas, das jeder hat, doch bei manchen sind sie leider gefälliger als bei anderen. Zu allem Unglück hat mir ein grobmotorischer Barbier gestern eine Verwandtschaft mit dem frühen Oliver Kahn auf den Hinterkopf geschnitten. Aber lassen wir das und kümmern uns um den Party-Witz:

Der Professor und das Starlett stehen im Laufe einer Cocktailparty irgendwann nebeneinander. Sie ist das, was die Amerikaner ein *body girl* nennen. Um eine längere Schweigepause zu überwinden, versucht sie, etwas Smalltalk zu machen: «Ach, Herr Professor, bedenken Sie nur einmal theoretisch, was wir für Kinder haben könnten: meine Schönheit und Ihre Intelligenz.»

Darauf entgegnet der Professor: «Ja, aber denken Sie nur einmal an den umgekehrten Fall.»

Die schon länger bestehende Uschi-Glasiertheit dieses Kapitels hat sich mit dieser Kurzgeschichte wohl eher noch gesteigert. Wie aber sich dieser galoppierenden Verschülerzeitung des Manuskripts entgegenstellen?

Ich versuche es so.

"It may be evolution to you, but I call it
'avoidance of intimacy issues!'"

Abbildung 22: «Für dich ist es vielleicht Evolution, aber ich nenne es Vermeidung von Intimitätsthemen.» Cartoon von Bradford Veley

Sex und Gegensex? Das Mann-Frau-Gespann in folgender Episode ist schon einige Schritte weiter. Man treibt bereits im Delta der Venus. Hier ist es die Frau, die das letzte Wort hat.

Ein Paar sitzt an einem Sommerabend bei einer der ersten Verabredungen auf einer Parkbank und schaut in die Ferne. Lange romantische Stille. Dann fragt sie: «Woran denkst du denn gerade?»
   Sagt er: «An das, woran du auch denkst.»
   Sagt sie: «Du bist sehr vulgär.»

Na gut, diese Antwort lässt sich gerade noch verschmerzen. Beruht sie doch irgendwie auf einer geteilten Gegenseitigkeit. Aber sehen Sie, was der männlichen Hälfte des Paares in dem folgenden Bild passierte. Aus dem Gesagten kann man nicht auf gefühlte Beidseitigkeit schließen.

Abbildung 23: «Jetzt, da ich in die Weite des Universums schaue, wird mir klar, wie unbedeutend du bist.» Cartoon von Paul Kinsella

"Looking into the vastness of space makes me realize how insignificant you are."

Nun kommen wir zu einer unerfreulichen Möglichkeit bei Beziehungen.

Unzweifelsohne. Ein Mann hegte den Verdacht, dass seine Frau ihn betrügt, aber er will es nicht glauben und hat nach wie vor seine Zweifel.
   Eines Tages muss er beruflich die Stadt für ein paar Tage verlassen und

engagiert einen Detektiv, um der Sache auf den Grund zu gehen. Als der Mann ein paar Tage später zurückkommt, nimmt er gleich mit dem Detektiv Kontakt auf und fragt ihn: «Und, haben Sie etwas gesehen?»

«Nun. Am Abend Ihrer Abreise kam ein Mann und besuchte Ihre Frau. Später fuhren die beiden in ein Stundenhotel. Ich konnte sie durchs Schlüsselloch sehen.»

«Was haben Sie gesehen?», fragt der Mann. «Ich habe gesehen, wie die beiden sich ausgezogen haben», sagt der Detektiv.

«Was haben Sie sonst noch gesehen?», fragt der Mann ungeduldig.

«Dann konnte ich nichts mehr sehen, weil die beiden das Licht ausgemacht haben», antwortet der Detektiv.

Sagt der Mann: «Oh diese Zweifel. Diese Zweifel bringen mich um.»

Der Mann, der uns eben an seiner Gedankenwelt teilhaben ließ, könnte vielleicht Mathematiker sein. Mathematiker machen es sich mit ihren Beweisen manchmal fast unbehaglich viel schwerer als andere Menschen. Während in der Rechtsprechung etwas als bewiesen gilt, wenn es jenseits jedes vernünftigen Zweifels bewiesen ist, will ein Mathematiker, jedenfalls in der Mathematik, die ultimative Gewissheit.

Deformation professionel

«Die Ehe des Professors soll sehr unglücklich sein, habe ich gehört!»

«Wundert mich nicht. Er ist Mathematiker, und sie ist unberechenbar.»

Um das Leben abwechslungsreich zu gestalten, ist eine gewisse Menge Geld nötig. Das gilt auch für das Beziehungsleben. Manchmal hat man Geld, manchmal braucht man es.

Ein junger Mann, der mit seiner Freundin eine Reise machen möchte, schreibt seinem Vater, dass er 1000 Euro brauche. Der Vater schickt ihm 100 Euro und schreibt zurück:

«Mein Sohn, erlaube mir, dass ich einen kleinen Fehler in deinem Schreiben korrigiere: Einhundert wird nur mit zwei Nullen geschrieben, nicht mit drei.»

Der Vater klingt wie ein Kontokorrentbuchhalter. Dabei hat der Sohn doch einen fundamentalen Durchbruch im Buchhaltungswesen erzielt: als Erfinder der Zahl Einhundert mit drei Nullen.

Abbildung 24: «Es ist kein wissenschaftlicher Durchbruch im Buchhaltungswesen, Sam. Es ist falsch.» Cartoon von Martha Campbell

"It's not an accounting breakthrough, Sam. It's wrong."

Buchhaltungswesen ist ohne Computer unmöglich. In der modernen Welt ist der Computer nicht nur repräsentativ präsent, sondern allgegenwärtig. Der Umgang mit ihm und seinen Derivaten ist nicht immer sorgenfrei.

Frage eines Computer-Users bei der Hotline:
Kürzlich bin ich von der Software «Freundin 7.0» auf die Software «Gattin 1.0» umgestiegen. Ich musste feststellen, dass das Programm einen unerwarteten Baby-Prozess gestartet hat. Dieser belegt wichtige Ressourcen. In der Produktbeschreibung wird ein solches Phänomen nicht erwähnt. Auch ist es sehr störend, dass sich das Programm «Gattin 1.0» bei Aufruf aller anderen Programme von selbst startet, wodurch die Aktivitäten der übrigen Anwendungen behindert werden.

Die Anwendungen «Nacht-Club 10.3», «Junggesellenparty 2.5» und «Fußballsonntag 5.0» funktionieren überhaupt nicht mehr, vielmehr stürzt das System bei jedem Start dieser Applikationen unweigerlich schon vor der Ausführung ab.

Leider kann ich «Gattin 1.0» auch nicht minimieren, um meine bevorzugten Anwendungen weiterhin zu nutzen. Ich überlege ernsthaft, zum Programm «Freundin 7.0» zurückzukehren, doch bei versuchsweisem Aufruf der Uninstall-Funktion von «Gattin 1.0» erhalte ich immer die Anweisung, zuerst das Programm «Scheidung 1.0» auszuführen. Dieses Programm kann ich mir aber nicht leisten, da es zu teuer ist.

Können Sie mir helfen?

Danke,

Ein unzufriedener Kunde

Antwort der Hotline:
Lieber User,

was Sie beschreiben, ist ein häufiger Beschwerdepunkt, dem aber ein Irrtum zugrunde liegt: Viele User steigen von «Freundin x.0» auf «Gattin 1.0» um, weil sie Letztere für eine Applikation aus dem Bereich «Spiel & Spaß» halten. «Gattin 1.0» ist aber ein BETRIEBSSYSTEM. Es wurde entwickelt, um alle anderen Applikationen zu kontrollieren. Bei der Installation von «Gattin 1.0» werden versteckte Dateien geladen, die ein Re-Load von – in Ihrem Fall – «Freundin 7.0» unmöglich machen. Einige User haben die Installation von «Freundin 8.0» probiert oder von «Gattin 2.0» im Anschluss an «Scheidung 1.0». Sie hatten aber am Ende noch größere Probleme und waren unzufriedener als zuvor. Ich empfehle Ihnen daher, bei «Gattin 1.0» zu bleiben und das Beste daraus zu machen.

Ich selber habe «Gattin 1.0» auch vor Jahren installiert und halte mich strikt an die Gebrauchsanweisung. Ich habe dabei gute Erfahrungen gemacht mit dem Ausführen des Befehls C: UM-ENTSCHULDIGUNG-BITTEN.exe., damit «Gattin 1.0» nach auftretenden Software-Problemen wieder normal funktioniert.

Alles in allem ist «Gattin 1.0» trotz der verhältnismäßig hohen Betriebskosten ein empfehlenswertes Programm. Sie sollten aber die Möglichkeit in Betracht ziehen, zusätzliche Software zu installieren, um die Nutzerfreundlichkeit von «Gattin 1.0» zu steigern. Ich empfehle Ihnen: «Pralinen 2.1» und «Blumen 5.0» sowie «Gemeinsames_Abendessen 3.4».

Viel Glück!
Ihr Technischer Dienst

PS: Noch ein Warnhinweis zum Abschluss: Installieren Sie unter keinen Umständen «Sekretärin im Minirock 3.3» oder gar «Affäre 1.1»! Beide Programme vertragen sich nicht mit «Gattin 1.0» und insbesondere das letztere kann einen nicht wieder gutzumachenden Schaden im Betriebssystem verursachen.

Beziehungswissenschaften

Ein Satz von einem meiner Bekannten fällt mir dazu ein, gesprochen, als seine Beziehung gerade gescheitert war:

«Zwischen uns war keine Chemie oder Biologie mehr. Jetzt sind wir Geschichte.»

Gehen wir nun von den Paaren zu deren besseren Hälften über: zu bemerkenswerten Frauen.

19. Wissenschaftlerinnen

Polly Matzinger ist eine zugleich bekannte und illustre Wissenschaftlerin. Sie arbeitet auf dem Gebiet der Immunologie. Doch ihr Lebensweg umfasst auch längere Episoden als Kellnerin in einem Café, als Dompteuse in einem Zirkus, als Schreinerin in einer Werkstatt und als Musikerin in einer Jazzband. Zu mehr als nur einem einzigen Prozent war sie einst auch Bunny in einem Playboy-Club. Das alles meine ich mit illuster.

In jüngeren Jahren hatte sie jeden einmal begonnenen Studiengang schließlich abgebrochen. Als sie wieder einmal wochen- und wochenendweise in einem bei Wissenschaftlern beliebten Café in Kalifornien jobbte, traf sie Professor Robert Schwab, der ihre blitzgescheite Intelligenz erkannte und sie ermunterte, weiter zu studieren.

Das tat sie denn auch: Sie studierte Biochemie und promovierte in San Diego, ging als Jungwissenschaftlerin nach Cambridge und brachte es so zu einer international anerkannten Wissenschaftlerin. Mittlerweile leitet sie ein Labor an einem renommierten medizinischen Forschungsinstitut. Sie hat das so bezeichnete Gefahr-Modell für die Funktionsweise des Immunsystems entwickelt.

Noch bekannter wurde sie allerdings dadurch, dass sie einst ihren Hund, einen Afghanen namens Galadriel Mirkwood, zum Koautor einer publizierten Arbeit machte. Weil ihr der in wissenschaftlichen Publikationen übliche Passivstil missfiel (man sagt zum Beispiel «Resultate wurden erzielt»), sie sich aber andererseits nach eigener Aussage zu wenig selbstsicher fühlte, um die Ich-Form zu benutzen («Ich erzielte Resultate»), fügte sie kurzerhand ihren Hund als Koautor hinzu, um eine Rechtfertigung für die Wir-Form zu haben. Außerdem glaubte sie, dass ihr Hund nicht weniger Anteil an der entsprechenden Publikation hatte als einige ihrer früheren Koautoren an ihren früheren Publikationen.

Der Hund Galadriel Mirkwood ist somit als wissenschaftlicher Koautor verewigt, und zwar im 1978er-Jahrgang der medizinischen Zeitschrift *Journal of Experimental Medicine*.

Published July 1, 1978 // *JEM vol. 148 no. 1* 84–92
The Rockefeller University Press, doi: 10 1084/jem.148.1.84

In a fully H-2 incompatible chimera, T cells of donor origin can respond to minor histocompatibility antigens in association with either donor or host H-2 type.

P. Matzinger & G. Mirkwood

Als der Herausgeber der Zeitschrift, Professor Zanvil Cohn, später die wahre Identität von Galadriel Mirkwood erfuhr, schloss er Polly Matzinger auf Lebenszeit von weiteren Veröffentlichungen in «seiner» Zeitschrift aus. Wie ich finde, eine Überreaktion.

Mein Fahrer, mein Koautor

Eine andere Koautorschaft, die ich amüsant finde, verdanken wir Stefan Bergmann. Stefan Bergmann (1895–1977) war ein amerikanischer Mathematiker, der ursprünglich aus Polen stammte. Nach dem Zweiten Weltkrieg lehrte er kurze Zeit an der Harvard Universität, bevor er nach Kalifornien ging. Während seiner Zeit in Harvard nahm er täglich den Bus ins Büro, dabei kam er mit dem Busfahrer der Linie ins Gespräch. Innerhalb eines Jahres war der Busfahrer der Koautor Bergmanns bei einer gemeinsamen wissenschaftlichen Arbeit.

Vom bisher in diesem Kapitel Erzählten ist jedes Wort wahr. Beim Folgenden merkt man aber spätestens bei Zeile drei, dass dies nicht der Fall ist.

Pflanzenkunde. Eine Botanikerin hatte gerade ihre zehnjährige Forschungsarbeit über die Butterblume mit einem wunderbaren Buch gekrönt. Und so großartig und tief schürfend war es, dass Mutter Natur selbst davon Notiz nahm und begeistert feststellte, dass endlich jemand ihr ganzes Raffinement verstanden und der Welt offenbart habe. Eines Tages erschien die Göttliche im Labor der Wissenschaftlerin und sprach zu ihr wie folgt:

«Meine Tochter, deine Arbeit über die Butterblume hat mich über alle Maßen ergötzt, und ich möchte dich dafür belohnen: Für den Rest deines Lebens soll es dir nie an guter Butter mangeln. Immer wenn du den Wunsch nach Butter verspürest, wird sie dir zur Verfügung stehen. Alle Butter, die du dir je wünschest, wird dir sogleich zukommen, um dich zu beglücken.»

Die Wissenschaftlerin stammelte ein Dankeschön. Doch rundherum glücklich wirkte sie nicht. Der Mutter Natur blieb dies natürlich keineswegs verborgen.

«Was ist denn, mein Kind?», fragte sie. «Warum wirkest du ob meiner Gabe nicht wohlgemut? Beglücket sie dich nicht?»

«Doch, doch», beeilte sich die Botanikerin zu versichern. «Sie macht mich schon glücklich. Aber ich musste gerade daran denken, wie alles hätte werden können, wenn ich bei meinem ursprünglichen Promotionsthema geblieben wäre: dem Frauenschuh.»

Dieses Mischmaschmärchen widme ich meiner Frau Andrea. Zwar ist sie keine Biologin, sondern Politik- und Kommunikationswissenschaftlerin, doch schätzt auch sie gute Schuhe wesentlich mehr als gute Butter.

Natur: immer für eine Überraschung gut

Abbildung 25: Ein toller Slapstick der Natur: Ein Schilder verschlingender Baum. Man kann sich sogar vorstellen, dass er sekundenschnell zuschnappt. Wohl bekomm's.

20. Gerontologie

Wenn Menschen, die ein dreistelliges Lebensalter erreicht haben, dazu befragt werden, was das Geheimnis ihrer Langlebigkeit sei, so heben die meisten ihren Sinn für Humor und ihre Fähigkeit zum Lachen hervor. In vielen Kulturen gibt es sprichwörtliche Weisheiten, die alle sinngemäß ausdrücken, dass Lachen gesund sei. Und obwohl sämtliche in der Bibel auftretenden Bezugnahmen auf das Lachen unvorteilhaft klingen, findet sich selbst dort unter *Sprüche 17,22* die Ansicht: «Ein fröhliches Herz bringt gute Besserung, aber ein niedergeschlagener Geist dörrt das Gebein aus.»

Ein Musterbeispiel des humorigen Hundertjährigen war der amerikanische Kabarettist George Burns. Er stand bis zu seinem Tode auf der Bühne, war kommunikativ und komik-aktiv. Als Teil seines Programms sagte er:

Ich bin nicht für das Sterben. Es ist schon mal gemacht worden. Ich arbeite an einem neuen Abgang. Außerdem kann ich jetzt nicht sterben. Ich habe Verträge. Ich kann mir das Sterben nicht leisten: Ich würde zu viel Geld verlieren.

Noch als Hundertjähriger brachte George Burns ein Buch heraus mit dem unschlagbaren Titel *My first 100 years*.

Die Hauptpersonen in der nächsten Geschichte sind vielleicht nicht gerade hundertjährig, aber jedenfalls auch nicht mehr ganz unzerknittert.

Bügelfaltenfreiheit. Zwei betagte Damen im Seniorenheim sprechen über ihre unausgelebten Phantasien. «Wissen Sie», sagt die eine, «ich wollte mir schon immer mal die Kleider vom Leibe reißen, dann auf die Straße laufen und die Mannsbilder so richtig verrückt machen.»

«Das ist sehr interessant», sagt die andere. «Auch mir kam das mitunter in den Sinn, ich habe mich aber bisher nie getraut. Warum tun wir es jetzt nicht gemeinsam?»

Gesagt, getan. Die beiden Damen legen sorgfältig ihre Kleider ab und huschen, so hurtig es ihnen gerade noch möglich ist, durchs Tor nach draußen.

Neben dem Eingang des Altersheims sitzen zwei zittrige Greise. Nachdem die Seniorinnen an ihnen vorbei sind, sagt der eine zum anderen: «Wer waren denn die zwei?»

«Ich weiß nicht», sagt der andere. «Es war schwer, die Farbe ihrer Kleider auszumachen.»

«Da hast du recht, es war schwer», stimmt der Erste zu. «Aber eines ist sicher, gebügelt waren die nicht.»

Materialien zur fachspezifischen Alterskunde

In der Mathematik wird es früh spät. Die Erfahrung zeigt, dass Mathematiker mit 40 ihren Zenit überschritten haben und die Tiefe ihrer wissenschaftlichen Arbeiten im Schnitt nachlässt, manchmal sogar rasch. Ein gutes Beispiel ist Persi Warren Diaconis, dessen frühe und mittlere wissenschaftliche Arbeiten ich sehr geschätzt habe, als wir beide an der Harvard Universität waren. Aber der späte Diaconis ist auf meiner Skala der meistüberschätzte Mathematiker des 20. Jahrhunderts. Er ist immer noch jemand, doch nicht mehr für mich. Und seine letzten Resultate sind eher niedlich. Selbst die Niedlichkeit sollte aber komplizierter sein als diaconisch.

Eine Problemzone beim Altern ist das Gehör. Es wird mit den Jahren nicht besser. Was ist, wenn Easy Listening auf Schwerhörigkeit trifft? Von diesem Paradoxon handelt die nächste Begebenheit.

Ein älterer Mann geht zum Arzt und sagt, seine Frau sei schwerhörig, weigere sich aber, etwas dagegen zu unternehmen. Er sei selbst gekommen, damit der Arzt ihr ein Hörgerät verschreibe. Der Arzt fragt: «Aus welcher Entfernung hört Ihre Frau denn schwer?»

«Ich weiß nicht, ich habe noch nicht darauf geachtet», antwortet der Mann.

«Messen Sie es bitte aus. Ohne diese Information kann ich nicht das optimale Hörgerät für Ihre Frau auswählen», erwidert der Arzt.

Der Mann verspricht, dies zu tun. Er geht nach Hause und fragt seine Frau aus fünf Metern: «Was gibt's zum Mittagessen?»

Sie antwortet nicht. Er geht einen Schritt auf sie zu und stellt dieselbe Frage. Wieder keine Antwort. Er geht noch näher heran und fragt sie aus zwei Meter Entfernung: «Was gibt's zum Mittagessen?»

Darauf ruft die Frau mit lauter Stimme: «Fisch, Fisch, Fisch! Ich sag's dir jetzt schon zum dritten Mal.»

Schwerhörigkeit ist also ein Kommunikationsproblem, das zwei Seiten hat, so wie die meisten Dinge zwei Seiten haben, sogar mindestens zwei. Und manchmal treten zwischen den verschiedenen Seiten Meinungsunterschiede auf, bis bin zu Streitigkeiten. Dafür hat unsere Kultur die Rechtsanwälte in diversen Spielarten erfunden. Im nächsten Kapitel verschiebt sich unser Interesse auf diesen Bereich.

21. Alles, was Recht ist

Die Jurisprudenz lebt von den Meinungsverschiedenheiten zwischen Menschen. Meinungsverschiedenheiten sind allgegenwärtig und verschiedenartig. An Rechtsstreitigkeiten mangelt es deshalb nicht und dementsprechend auch nicht an der Notwendigkeit von streitbaren Rechtsstreitsberatern.

Vor nicht allzu langer Zeit hatte ich selbst einen Kontakt mit Juristen, und das gleich auf allerhöchster Ebene. Es ging um Fragen des Wahlrechts für die Wahl der Mitglieder des Deutschen Bundestages.

Ich war gebeten worden, eine Expertise über die Eigenschaften des 2011 vom Bundestag verabschiedeten Wahlrechts zu erstellen, und das Bundesverfassungsgericht hatte mich als Sachverständigen bei der Verfassungsklage gegen dieses Wahlrecht berufen. So hatte ich die selbst in einem langen Mathematiker-Leben seltene Gelegenheit, vor dem höchsten deutschen Gericht aufzutreten. Das war eine interessante und sehr positive Erfahrung. Doch die Interaktion mit Juristen kann auch unerfreulich sein. Man braucht Strategien für den Umgang mit ihnen:

Reziproke Rechtsberatung. Ein Mann geht zum Anwalt und erzählt ihm, welches juristische Problem ihm Sorgen macht. Ausführlich schildert er die Situation. Der Anwalt sagt schließlich: «Ich übernehme Ihren Fall. Ich bin mir sicher, dass Sie vor Gericht gewinnen werden.»

Erwidert der Mann: «Ich gehe nicht vor Gericht.»

«Aber warum denn nicht?», fragt der Anwalt. «Ich bin doch überzeugt, dass Sie im Fall Erfolg haben werden.»

Sagt der Mann: «Das ist es ja gerade. Ich habe Ihnen die Version der Geschichte von der Gegenseite aus erzählt.»

Das ist eigentlich keine schlechte Strategie für den Umgang mit Rechtsanwälten und Streitfällen. Generell empfiehlt es sich bei Meinungsverschiedenheiten, den Zwiespalt auch einmal von der Gegenseite aus zu betrachten. Das könnte ein Ansatz sein, um mit Streitigkeiten konfliktminimierend umzugehen.

Diese Vorgehensweise erinnert an das von Anatol Rapoport vorgeschlagene Szenario für generelles Konfliktmanagement zwischen zwei Parteien. Dabei wird zunächst Partei A gebeten, in Anwesenheit von Partei B die Position von B so präzise wie möglich darzustellen, und zwar so genau, dass selbst Partei B die Darstellung als zutreffend bewertet. Dann ist Partei B an der Reihe und muss Selbiges in Bezug auf die Position von A leisten. Diese Rapoport-Gespräche führen in der Praxis zum Abbau von Spannungen durch Aha-Erlebnissen wie: «Ich hatte ja keine Ahnung, dass Sie denken, dass ich denke, dass Sie denken ...» Insofern ist ein Rapoport-Rapport ein Deeskalationsinstrument.

Doch selbst diese Rapoport-Besprechungen werden Anwälte wohl kaum überflüssig machen.

Auf einer Party unterhalten sich ein Arzt und ein Anwalt. Während ihres Gesprächs kommen des Öfteren andere Gäste auf den Arzt zu und fragen ihn um Rat bei allerlei gesundheitlichen Problemen. Meint der Doktor schließlich zum Anwalt: «Überall, wo ich bin, kommen Leute zu mir und behelligen mich mit irgendwelchen Fragen über ihre Gesundheit. Es stört mich mehr und mehr, aber ich weiß nicht, wie ich dem abhelfen soll. Haben Sie einen Vorschlag?»

Meint der Anwalt: «Ich sage Ihnen, was Sie tun können. Machen Sie es wie ich. Immer wenn mich jemand fragt, höre ich aufmerksam zu und gebe ihm einen Rat auf seine Frage. Und am nächsten Tag schicke ich ihm eine Rechnung.»

Dem Arzt gefällt die Idee. Er beantwortet die noch an ihn gestellten Fragen und schickt am nächsten Tag Rechnungen heraus. Dann fängt sein Urlaub an.

Als er aus dem Urlaub zurückkehrt, stellt er fest, dass er auf keine seiner

Rechnungen eine Überweisung oder Antwort erhalten hat. Aber es liegt ein Schreiben von einer Anwaltskanzlei in seinem Briefkasten. Er öffnet es und findet eine Rechnung des Anwalts vor, der ihm den Rat gegeben hat.

Der Arzt sollte es sportlich sehen. Es hätte auch schlimmer kommen können, wie die folgende Episode zeigt.

Ein Mann geht zum Rechtsanwalt und fragt, wie hoch dessen Honorar sei.
«Ich verlange 100 Euro für drei Fragen», sagt der Anwalt.
«Ist das nicht ein bisschen viel?», erwidert der Mann.
«Ja», antwortet der Anwalt. «Und was ist Ihre letzte Frage?»

Denkt man diese Geschichte einen Schritt weiter, könnte man sich zehn Minuten später folgende Begebenheit vorstellen:

Zwei Seiten einer Gleichung. Ein Mann stürmt ärgerlich in eine Bar, bestellt einen Drink und macht seinem Ärger Luft: «Alle Rechtsanwälte sind Betrüger.»
«Moment mal, ich fühle mich beleidigt», sagt ein anderer Mann am Tresen.
«Warum? Sind Sie Rechtsanwalt?»
«Nein», sagt der andere, «ich bin Betrüger.»

Das ist absolut nicht fair. Und manchmal braucht man einfach einen Anwalt. Zum Beispiel einen, der in eigentlich hoffnungslosen Fällen noch dabei hilft, jemanden zu verklagen. Besonders in Amerika.

Wir schreiben das Jahr 1994. Die damals 81-jährige Stella Liebig kauft sich bei McDonald's im Drive-thru einen Kaffee, klemmt den Styropor-Becher zwischen die Beine und fährt los. Der Becher schwappt über und Stella Liebig zieht sich an empfindlichen Stellen schmerzhafte Verbrennungen zu. Da McDonald's sie nicht darüber informiert habe, dass heißer Kaffee heiß sei, verklagt sie das Unternehmen auf Schmerzensgeld und erhält 2,9 Millionen Dollar zugesprochen. Seither tragen die Styropor-Becher von McDonald's vorsichtshalber die Aufschrift *Hot beverages are hot* (Heißgetränke sind heiß).

Die zeitweise Heißheit von kalt

Obiger Fall hatte für Amerika beispielgebende Bedeutung. Seitdem warnen viele Produkthersteller vor realen oder irrealen Gefahren ihrer Produkte, ganz einfach, um sich juristisch abzusichern.

Abbildung 26: Vorsicht: Spielgeräte können heiß sein.

Eigentlich kann alles heiß sein, auch das Spielzeug auf einem Spielplatz in Alaska. Dass es kalt sein kann, ist offensichtlich und bedarf keines Schildes.

Nach der Klägerin wurde in Amerika der «Stella-Preis» benannt, der jährlich für das kurioseste Urteil an US-Gerichten vergeben wird. Es folgen einige Nominierte und Gewinner dieses prächtigen Preises:

Terrence Dickson war in ein Haus eingebrochen. Er wollte es mit seinem Diebesgut durch die Garage wieder verlassen. Die Technik streikte allerdings und das Garagentor ließ sich nicht öffnen. Zudem war die Zugangstür von der Garage zum Haus zugefallen. Mr Dickson steckte also in der Garage fest. Und zwar eine ganze Woche lang, da die Bewohner des Hauses im Urlaub waren. Der gefangene Dieb ernährte sich in dieser Zeit von Hundefutter und Cola. Kurz nachdem er von den zurückkehrenden Eigentümern aus seiner Zwangslage befreit worden war, verklagte er diese wegen der erlittenen Torturen auf Schmerzensgeld. Sein Erlös: Rund eine halbe Million Dollar wurde ihm von den Geschworenen in einem amerikanischen Gerichtsverfahren zugesprochen.

Amber Carson besuchte mit ihrem Freund ein Restaurant. Es kam zu einem Streit zwischen den beiden. Amber warf daraufhin ihrem Freund das gefüllte Mineralwasserglas an die Brust. Ein Teil des Wassers sammelte sich als kleine Pfütze auf dem Boden. Als Amber, ihrem Freund folgend, das Lokal zechprellend verlassen wollte, rutschte sie auf diesem Wasser aus und brach sich das Steißbein. Sie verklagte das Restaurant. Ein Gericht in Philadelphia sprach ihr rund 100 000 Dollar Schmerzensgeld zu.

Berichtsberichtigung

Kein Sperrbezirk
Das Protokoll der Verhandlung wird wie folgt berichtigt: «In der Scheide der Zeugin befanden sich nicht Sperrminen, sondern Spermien.»

Aus einer Verfügung des Landgerichts München

Kein Märchen
Protokolländerung beim Landgericht Regensburg: «Die Angeklagte ist nicht bei den Sieben Zwergen, sondern bei den Siemenswerken beschäftigt.»

Es gibt allerdings nicht nur kuriose Gerichtsurteile, auch lassen sich in den Verfassungen einiger US-Bundesstaaten und im City Code mehrerer amerikanischer Kommunen mancherlei kuriose Gesetze finden. Eine kleine Auswahl:

Kammerjäger-Jagdscheinpflicht. In Kalifornien darf eine Mausefalle nur von einer Person mit gültiger Jagderlaubnis aufgestellt werden.

Liebespärchen-Engtanzverbot. Auf den Tanzflächen in Monroe, Utah, muss der Abstand zwischen tanzenden Partnern so groß sein, dass Tageslicht zwischen ihnen sichtbar ist.

Modepuppen-Flitzverzicht. In Georgia ist in Modehäusern das Entkleiden von Schaufensterpuppen ohne zugezogene Vorhänge verboten.

Gebissverpfändungs-Interdikt. In Las Vegas ist es illegal, sein Gebiss zu verpfänden.

Diese letzte Bestimmung ist vielleicht ein bisschen übertrieben, jedenfalls aber nicht mehr zeitgemäß, gibt es doch seit Januar

2010 in der Edition Olms das für diese Zwecke maßgeschneiderte und generell überaus nützliche Buch:

Anspruchsvoll gebisslos reiten mit dem LG-Zaum: Von der Grundausbildung bis zur Hohen Schule
Autoren: Monika Lehmkühler & Mirja Thiel,
ISBN 978 3487 08 465 7

Doch wir wollen nicht einseitig bleiben. Amerika ist nicht das einzige Land mit Beispielen für kuriose Gesetze und ausgefallene Verfügungen. Weiten wir unsere Suche international aus:

In Frankreich begeht der Besitzer eines Schweines ein Offizialdelikt, wenn er es «Napoleon» nennt.

In Italien kann es einem Mann passieren, dass er verhaftet wird, wenn er einen Rock trägt.

In Australien müssen Bars auf Verlangen der Gäste deren Pferde im Stall unterbringen, füttern und tränken.

In England ist es untersagt, auf Briefstücken die Briefmarke mit dem Konterfei der Königin verkehrt herum aufzukleben.

In Israel gibt es für Männer namens Cohen keinen legalen Weg, eine geschiedene Frau zu heiraten.

Im italienischen Siena ist es Frauen mit dem Vornamen Maria verboten, als Prostituierte zu arbeiten.

Und schließlich, als Abschluss dieser Kompilation, werden wir auch noch in die Geschichte zurückgehen:

Ein Gesetz im alten Sparta verfügte, dass jeder mit dreißig Jahren noch unverheiratete Mann sein Wahlrecht verlor und zudem, für manche Alt-Junggesellen vielleicht schmerzlicher noch, nicht mehr an den damals populären Nacktpartys teilnehmen durfte.

Jetzt wird es aber Zeit für einen Themawechsel.

22. Biologie für Unbiologen

«Warum hat das Huhn die Straße überquert?» ist eine Scherzfrage, die in vielen Sprachen existiert. Erstmals wurde sie erwähnt im Jahr 1847 in der US-amerikanischen Zeitschrift *The Knickerbocker*. Die Antwort war damals: «Um auf die andere Straßenseite zu kommen.» Insofern ist es ein Beispiel für Anti-Humor: Der Befragte erwartet eine witzige Pointe, aber er bekommt nur eine einfache unlustige Feststellung. Halten wir diese zu Beginn als naive Antwort fest. Und sammeln dann weitere Antworten.

Naiver Ansatz
Um auf die andere Straßenseite zu kommen.

Noch was vom Tier

Abbildung 27: Ein Verbotsschild, das scheinbar speziell für diesen Vogel aufgestellt wurde. Hat's was genützt?

Johannes Rau
Ich glaube, das Huhn hat uns auf eine ganz bestimmte Art und Weise gezeigt, dass es gerade in einer Zeit, die so viele Menschen nachdenklich macht – ich erlebe das in meinen Gesprächen immer wieder –, darauf ankommt, eine Straße nicht als etwas Trennendes zu begreifen, sondern als etwas, das die Herzen der Menschen zueinanderführen kann.

Albert Einstein
Ob das Huhn die Straße überquert hat oder die Straße sich unter dem Huhn bewegte, hängt vom Bezugsrahmen des Beobachters ab.

Reinhold Messner
Es handelt sich hier nicht um ein Huhn, sondern um eine besonders kleine Abart des Yeti, der mir gefolgt ist, um hier andere Lebensformen und Landschaften zu erforschen. Im Jänner werde ich dieselbe Straße in wenigen Minuten ohne technische Hilfsmittel überqueren.

John F. Kennedy
Das Huhn hat sich entschlossen, in diesem Jahrzehnt die Straße zu überqueren, nicht weil es einfach ist, sondern weil es schwer ist. Und als freier Mensch in einer freien Welt sage ich mit Stolz die Worte: «Ich bin ein Geflügel.»

Bill Clinton
Es kommt darauf an, wie Sie Straße definieren. Ich sage dem amerikanischen Volk, das Huhn hat die Straße nicht überquert, denn es hat ja gar keinen Verkehr gegeben und deshalb war es auch keine Straße.

John McEnroe
Die Straße überquert? SO EIN VERDAMMTER QUATSCH. Das Huhn war auf der Linie!!

Zen-Meister
Für den Klang eines ungelegten Hühnereis auf der anderen Seite der Zeit.

Marcel Marceau
————

Wolfgang Pauli
Auf dieser Seite der Straße gab es schon ein Huhn.

Claudia Roth
Die erfolgreiche Überquerung der Straße ist nicht nur ein persönlicher Erfolg des Huhns, sondern ein Erfolg des ganzen Bündnis90/Der Hühnerstall.

Erwin Schrödinger
Ich schlage folgendes Gedankenexperiment vor: Ein Huhn überquert die Straße. Wegen einer hohen Mauer können wir es nicht sehen. Gleichzeitig

fährt ein Lastwagen los. In welchem Zustand befindet sich das Huhn, wenn der Lastwagen vorübergefahren ist? Ist es tot? Ist es lebendig? Ist der Zustand des Huhns definiert, bevor wir über die Mauer schauen? In welchem Quanten-Universum befinden wir uns?

Bundesinnenminister
Ich sehe keinen Zusammenhang dieser gesetzwidrigen Überquerung mit der Hühnerszene. Ich bin auf dem Hühnerauge nicht blind!

Pressereferent des Bundesverteidigungsministeriums
Ein Sonderermittler beschäftigt sich seit gestern mit dieser heiklen Huhn-Affäre. Es ist zutreffend, dass es bei den Ermittlungen im Vorfeld eine Panne gab. Ein Jahr lang wurde statt des Huhns versehentlich ein täuschend ähnliches Tier observiert, das sich schließlich als trächtiges Nilpferd im Berliner Zoo entpuppte. Der betreffende Oberst wurde aber bereits von den Ermittlungen entbunden und zum General befördert.

Andersen Consulting
In Zusammenarbeit mit dem Klienten hat Andersen Consulting dem Huhn geholfen, seine physische Distributionsstrategie und Umsetzungsprozesse zu überdenken. Unter Verwendung des Geflügel-Integrations-Modells (GIM) hat Andersen dem Huhn geraten, Fähigkeiten, Methoden, Wissen, Kapital und Erfahrung einzusetzen, um Mitarbeiter, Prozesse und Technologien auf die Unterstützung seiner Gesamtstrategie innerhalb des Programm-Management-Rahmens (PMR) auszurichten. Andersen Consulting zog ein diverses Cross-Spektrum von Straßen-Analysten und Modell-Hühnern mit breit gefächerten Erfahrungswerten in der Transportindustrie hinzu, die in zweitägigen Besprechungen ihr persönliches Wissenskapital auf ein gemeinsames Niveau brachten und die Synergien herstellten, um das unbedingte Ziel zu erreichen, nämlich die Erarbeitung und Umsetzung eines unternehmensweiten Optimalrahmens innerhalb des mittleren Geflügelprozesses. Andersen Consulting hat dem Huhn geholfen, sich zu verändern, um erfolgreicher zu werden.

B. F. Skinner
Wir haben hier ein typisches Huhn nach Theorie X, das aus eigenem Antrieb die Straße überquert hat. Ein Theorie-Y-Huhn hätte einfach nur ein weiteres Ei gelegt.

Ray Charles
Auch ein blindes Huhn findet mal ein Korn!

Edmund Stoiber
Der – äh – das Huhn hat, wie ich meine und wie die Auffassung einer Mehr-
bzw. Vielzahl von Bundesbürgerinnen und Bundesbürgern, gerade auch
hier in Bayern, aber ebenso in den alten Bundesländern zeigt, so bin ich
geneigt anzunehmen, der Bundeskanzlerin und hier insbesondere der Bun-
desregierung, die – äh –, der es ja gelungen ist, in der Gesetzgebung und
gegenüber den Vereinigten Staaten auf die Richtung einzugehen, mithin
nicht erstaunen, …, zu vermitteln vermag, … das Problem zu überwinden.

Groucho Marx
Huhn, Huhn? Was soll dieses ganze Gerede vom Huhn. Ich hatte einen
Onkel, der glaubte, er sei ein Huhn. Meine Tante wollte sich scheiden las-
sen, doch sie brauchte die Eier.

Sprecher von Papst Franziskus
Die erste Enzyklika des Heiligen Vaters wird sich mit diesem Problem be-
schäftigen. Eine Zulassung von Hennen als Wetterhähne auf katholischen
Kirchen ist aber vollkommen ausgeschlossen.

Sir Karl Popper
Wir betrachten ein Lebewesen auf einer Straße. Es hat zwei Beine, beim
Laufen schwingt der Kopf, und es hat eine rein weiße Färbung. Wir stellen
als erste Hypothese auf, dass es sich nicht um ein schwarzes Huhn handelt, und wir stellen weiters eine Hypothese 2 auf, dass es die Straße überquert hat. Beide Hypothesen setzen wir konsequenten Falsifizierungsver-
suchen durch die Wissenschaftsgemeinschaft aus. Wie gut, dass wir in
einer freien Gesellschaft leben.

Dieter Baumann
Eigentlich wollte ich das Huhn überrunden, aber ich hatte leider einen
Defekt in der Sohlenaufhängung meines rechten Turnschuhs.

Ein Physiker
Das Huhn hat sich im Intervall von t_0 bis t_1 auf einer Kurve $(x(t), y(t), z(t))$
bewegt. Da die Punkte $(x(t_0), y(t_0), z(t_0))$ und $(x(t_1), y(t_1), z(t_1))$ auf ver-

schiedenen Straßenseiten liegen, hat es die Straße überquert. Dass die Punkte $(x(t_0), y(t_0), z(t_0))$ und $(x(t_1), y(t_1), z(t_1))$ auf verschiedenen Straßenseiten liegen, ist mit einem komplexen Integral relativ leicht auszurechnen.

Carl Friedrich Gauß

Diese Frage ist mit Zirkel und Lineal allein nicht zu beantworten. Und wer schaut sich schon die 10-Mark-Scheine noch an, auf denen ich früher drauf war?

Wilhelm Busch

Es ging ein Huhn von Witwe Bolte
über die Straße, weil es wollte.
Dort mit Gegacker angekommen,
Max und Moritz dies vernommen.
Sie warfen sich aufs Federvieh,
das nun um sein Leben schrie.

Alberto Tomba

Dieser Slalom war kaum zu stoppen! I' wünsch' dem Huhn alles Gute im 2. Durchgang!

Comedian Harmonists

Es hatt' nicht viel zu tun …

Macbeth

Denkst, Hühnchen, du, den Himmel zu gewinnen,
muss deine Seel' heut' Nacht den Flug beginnen.

Die Straße

Ich weiß nicht, warum, aber es war rattenscharf, vom Huhn benutzt zu werden.

Das Huhn

Mich fragt ja keiner.

Vom Huhn auf der Straße geht es übergangslos weiter zum Schaf auf der Weide.

Ein Soziologe, ein Ingenieur, ein theoretischer Physiker, ein Mathematiker und ein Experimentalphysiker sitzen zusammen in einem Zugabteil. Für alle ist es die erste Englandreise.

Der Soziologe schaut aus dem Fenster und sagt: «Oh, wie interessant, ein schwarzes Schaf.»

Darauf der Ingenieur: «In England sind alle Schafe schwarz.»

Darauf der theoretische Physiker: «Theoretisch kann man nur sagen, dass es in England mindestens ein schwarzes Schaf gibt.»

Darauf der Mathematiker: «Präzise ist es so, dass es in England mindestens ein Schaf gibt, welches von mindestens einer Seite schwarz ist.»[5]

Darauf der Experimentalphysiker: «In England gibt es ein Schaf, das uns aus dieser Entfernung unter diesen optischen Bedingungen von einer Seite schwarz erscheint.»

Als sich der Soziologe all das angehört hat, kriegt er einen Koller und zieht die Notbremse. Der Zug kommt zum Stehen, und die fünf steigen aus, um den Dingen auf den Grund zu gehen. Nachdem sie das Tier begutachtet haben, erkennen sie, dass es tatsächlich auf der einen Seite weiß und auf der anderen Seite schwarz ist, mit kleinen aus der Ferne nicht sichtbaren Flecken. Als sie die neue Information sprachlich präzise umsetzen wollen, kommt der Bauer, der sich über den Aufmarsch auf seiner Weide wundert.

Sagt der Soziologe: «Sie haben aber sehr komische Schafe hier.»

Sagt der Bauer: «Ist kein Schaf, ist eine Ziege!»

Das ist das Stichwort für meinen Einsatz, auf das ich gewartet habe: Ein sonst schwer einsortierbares Fundstück aus der Welt des großen Sports passt nämlich gerade an diese Stelle.

Fußballbundesliga

Aus dem offiziellen Spielbericht vom 1. Spieltag der Saison 1995/96:

Hamburger SV gegen Bayern München: Gelbe Karte in der 42. Minute für Ziege wegen Meckerns.

---

5   Zum Thema schwarze Schafe fällt mir noch ein Interview eines Experten in der Tagesschau ein, der anlässlich des Gammelfleisch-Skandals vor einigen Jahren meinte: «Wir müssen die schwarzen Schafe transparent machen.»

Außerdem leistet die letzte Information einen fugenlosen Übergang zum nächsten Abschnitt.

23. Sportlehre und Sportsleute

Zum Beispiel Synchronschwimmen. Gäbe es Synchronschwimmen nicht, würde es vielleicht nicht einmal jemand erfinden. Synchronschwimmen und Alpinismus haben Symbolcharakter. Sie stehen für die Eroberung des Nutzlosen. Und Synchronschwimmen ist darüber hinaus ein unwiderlegbarer Gottesbeweis. Kein Mensch kann sich diesen Tinnef ausgedacht haben. Doch auch hier will ich nicht unfair sein. Immerhin ist es sogar eine olympische Sportart. Womit wir bei der Olympiade wären.

Ein Amerikaner, ein Engländer und ein Deutscher wollen unbedingt ins Olympiastadion, um die Wettkämpfe zu verfolgen, haben aber keine Tickets dafür bekommen. Kurz entschlossen hebt der Amerikaner einen Kanaldeckel ab, klemmt ihn sich unter den Arm und geht zum Eingang: «Jackson, USA, Diskus», sagt er und darf rein.

Der Engländer zieht eine Fahnenstange aus dem Boden, legt sie sich über die Schulter und geht zum Eingang: «Waddington-Smith, Großbritannien, Stabhochsprung», sagt er und marschiert durch.

Der Deutsche sieht sich um, erblickt eine Rolle Stacheldraht, geht damit zum Eingang und sagt: «Müller-Lüdenscheid, Deutschland, Military.»

Die Punchline dieses Witzes musste ich selber fertigen. Im auf Englisch erzählten Original schneidet sich der Deutsche «a piece from a barbed-wire fence» herunter (ein Stück vom Stacheldrahtzaun), geht zum Eingang und sagt «Fencing» (Fechten). Aber wenn man Witze schon so erklären muss, ist es besser, sie gleich in Heimarbeit umzubauen.

Und da wir gerade bei der Olympiade, bei verschiedenen Nationalitäten und beim Stabhochsprung waren, was auf Englisch übrigens *pole-vaulting* heißt, hier noch ein Witz, der all das gleichzeitig verarbeitet:

Ein Mann mit einem fünf Meter langen, ziemlich schmalen Koffer wird vor dem Olympiastadion in London von einem Sicherheitsbeamten angehalten und befragt: «Are you a pole-vaulter?»
«Nein», sagt der Kofferträger «ich bin Deutscher, aber woher wussten Sie, dass ich Walter heiße?»

Die englische Version des letzten Witzes hörte ich während der Londoner Olympiade 2012 im amerikanischen Fernsehen. Aus Amerika stammt auch der folgende Witz:

«Wie heißt doch gleich der Deutsche, der immer meine Brille versteckt?»
«Alzheimer, Großvater.»

Kommen wir zu Randsportarten. Im Fernsehen werden sie nicht nennenswert gewürdigt, hier dagegen schon.

Eine Gruppe von Börsianern beschließt, als Ausgleichssport nach Börsenschluss eine Rudermannschaft auf die Beine zu stellen. Sie bilden eine Crew und beginnen nach Feierabend mit ernsthaftem Training für einen Achter. Einige Wochen später nehmen sie an verschiedenen Wettkämpfen teil, doch landen sie jeweils so weit abgeschlagen am Ende des Feldes, dass sie anfangen, an ihrer ganzen Strategie zu zweifeln. Sie schickten schließlich einen aus ihrer Mitte zum jährlichen Oxford/Cambridge-Ruderwettkampf, um die Ruderer dort zu beobachten. Als ihr Beobachter zurückkehrt, wird er gefragt, ob diese Teams tatsächlich eine andere Technik haben.

«Irgendwie schon», sagt der Zurückgekehrte, «bei ihnen ist es immer nur einer, der brüllt, und acht, die rudern.»

Diesen Witz habe ich schon in mehreren Varianten gehört, unter anderem über ein Ruderteam aus Österreich, das aus vier Steuerleuten, drei Obersteuerleuten, einem Steuerdirektor und einem Ruderer bestand.

Wenn man schon bei Börsianern ist, gelangt man bei Bedarf anstrengungslos zu Wirtschaft und Finanzen.

24. Wirtschaftskunde

Mit dem folgenden Spiel wollen wir kurz wieder ernsthaft wirken.

Auktionismus. Die Eskalations-Auktion ist ein Spiel, das der Wirtschaftswissenschaftler Martin Shubik entwickelt hat. Sie läuft so ab: Ein Auktionator bietet zwei Bietern einen Euro zur Auktion an. Gibt ein Bieter ein Gebot ab, kann der andere mehr bieten, muss es aber nicht. Wenn einer der Bieter das Gebot des anderen nicht mehr erhöht, so endet die Auktion. Die Besonderheit besteht darin, dass beide Bieter jeweils den höchsten von ihnen gebotenen Betrag an den Auktionator zahlen müssen. Der Höchstbietende bekommt den Euro, der andere geht leer aus.

In der Realität wird in den meisten Fällen zuerst 1 Cent geboten, dann beobachtet man, dass sich die Spieler nacheinander überbieten, bis die 1-Euro-Marke erreicht ist; denn wäre man mit einem Gebot von 99 Cent siegreich, brächte dies immerhin noch einen Gewinn von 1 Cent. Überraschend ist, dass bei real durchgeführten Auktionen die Gebote in der Regel über 1 Euro hinaus steigen, im Durchschnitt bis hin zu 3,40 Euro.

Das ist eine Preis-Eskalation, die zwar für beide Bieter gleichermaßen nachteilig, aber von einem Schritt zum nächsten jeweils rational zu verstehen ist: Denn angenommen, das derzeit höchste Gebot ist 99 Cent von Bieter A und das höchste Gebot von Bieter B liegt bei 98 Cent. Dieser hat nun die Wahl, mit seinem Gebot zu unterliegen und somit 98 Cent zu verlieren oder 1 Euro zu bieten und sich auf diese Weise Gewinnchancen zu erhalten. Zumeist wird von B ein Euro geboten.

Dann steht A vor der Entscheidung, auszusteigen und 99 Cent zu verlieren oder 1,01 Euro zu bieten und, falls B kein weiteres Gebot abgibt, somit lediglich 1 Cent zu verlieren. Meist bietet er. Und so geht es weiter. Beide Bieter schaukeln ihre Gebote wechselseitig hoch, bis irgendwann bei einem der Protagonisten die Schmerzgrenze erreicht ist. Dann aber sind beide massiv in der Verlustzone.

Martin Shubik hat dieses Spiel erfunden, um zu demonstrieren, dass eine Serie von aufeinanderfolgenden, jeweils rationalen Entscheidungen in irrationales Verhalten münden kann.

Für mich zeigt das Beispiel dagegen nur, dass Ökonomen Ein-Schritt-Vorausdenker sind und keine Schachspieler. Wären Ökonomen Schachspieler, gingen sie nach der Überlegung vor: Was mache ich, wenn mein Gegner dies macht und ich das mache und er dies macht und ich das mache und er ... Mit dieser Mehr-Schritt-Hin-und-Her-Denkweise unter Einbeziehung von Rückbezüglichkeit hätte kein rationaler Schachspieler bei diesem Spiel auch nur einen einzigen Cent geboten.

Alles hat seinen Preis

Während einer Auktion unterbricht der Auktionator kurz die Versteigerung, um dem Publikum bekannt zu geben, dass eine Frau ihre Handtasche verloren habe und sie demjenigen, der die Tasche finde, 100 Euro zahlen würde. Darauf meldet sich eine Stimme von hinten aus dem Raum mit den Worten: «120 Euro!»

Wenn es auch strittig ist, ob wirklich alles seinen Preis hat, so ist es jedenfalls unstrittig, dass nicht alles verkäuflich ist. Das folgende Intermezzo sagt etwas über die Verkäuflichkeit des eigentlich Unverkäuflichen.

Angewandte Betriebswirtschaftslehre. Ein raffinierter Geschäftsmann fährt sinngemäß von Ulm nach Pfaffenhofen, und zwar mit dem Zug. Während der Fahrt isst er ein paar Kieler Sprotten. Die Fischköpfe steckt er in ein Einmachglas. In demselben Abteil ihm gegenüber sitzt ein alter Bauer, der das Geschehen beobachtet und den Geschäftsmann irgendwann fragt, wofür er die Fischköpfe denn aufhebe. Sagt der Kaufmann:

«Aber wussten Sie denn nicht, dass der Verzehr von Fischköpfen Menschen intelligent macht?»

«Nein, das wusste ich nicht», sagt der Bauer. «Dann verkaufen Sie mir doch bitte welche.»

Der Kaufmann überlässt ihm das Glas mit den abgenagten Köpfen für 20 Euro. Der Bauer isst einen der Köpfe und schließlich dämmert es ihm: «Ich hätte diese und sogar noch mehr Fische einschließlich Köpfen für meine 20 Euro bekommen können. Sie haben mich reingelegt.»

«Aber nein, sehen Sie doch», sagt der Kaufmann. «Sie haben nur einen einzigen Kopf gegessen und schon sind Sie intelligenter.»

Abbildung 28:
«Professor Linetti wird nun illustrieren, wie man soziale Verantwortung über das reine Profitstreben stellt, um damit noch größere Profite zu machen.»
Cartoon von
Piero Tonin

25. Humorforschung

Alkohol und Humor. Humor kennt keine Grenzen, sagt zwar der Volksmund. Dass dies nur eingeschränkt richtig ist, bewies jetzt die Wissenschaftlerin Jennifer Uekermann von der Ruhr-Universität Bochum. Von Alkoholikern wird Humor wegen der Schädigung von Hirnzentren nämlich weniger gut verstanden als von Nichtalkoholikern. Sie legte einer Gruppe von Alkoholikern und einer Kontrollgruppe von Nichtalkoholikern unfertige Witze vor. Die Probanden sollten dann unter mehreren angegebenen Möglichkeiten die passende Pointe auswählen. Hier ist ein Beispiel:

Andre und Jenny waren schon seit langem verheiratet. Andre war sehr stolz, dass seine Ehefrau in dieser Zeit sechs Kinder geboren hatte. Er fing an, sie «Mutter von Sechsen» zu nennen. Zunächst fand Jenny das ganz lustig. Mit der Zeit hatte sie es jedoch ziemlich satt. «Mutter von Sechsen», sagte er zum Beispiel, «hol mir ein Bier!» – «Was gibt es heute zum Abendessen, Mutter von Sechsen?» Schließlich sagte er sogar vor einigen Freunden bei einer Einladung zum Abendessen: «Mutter von Sechsen! Es ist Zeit zu gehen.»

Den Probanden der Studie wurden folgende mögliche Antworten der Frau vorgelegt, und sie sollten die ihrer Meinung nach lustigste auswählen.

1) Sie sagte: «Ja, du hast recht, es ist schon sehr spät.» (Streng logische Alternative)
2) Sie sagte: «Ich komme schon, Schatz», doch sie stolperte über ein Tischbein und fiel genau auf ihr Gesicht. (Slapstick-Alternative)
3) Sie sagte: «Ich bin fertig, wir können gehen – Vater von Vieren.» (Witz-Alternative)
4) Sie sagte: «Ich mag dieses Bild an der Wand.» (Nonsens-Alternative)

Alkoholiker wählten signifikant weniger häufig die angebotene Witz-Alternative aus als Nichtalkoholiker.

Neurowissenschaftler können aus diesem und anderen Tests Erkenntnisse über die Funktionsfähigkeit oder den Grad der

Schädigung bestimmter Hirnregionen gewinnen. Sind gewisse Hirnareale geschädigt, wie zum Beispiel bei Alkoholismus, dann funktioniert es mit dem Humor nicht mehr so wie bei Menschen mit nicht geschädigten Gehirnen.

Auch gültig

«Alkohol macht gleichgültig.» – «... mir doch egal!»

Genauer lässt sich Folgendes konstatieren: Humorverarbeitung besteht nach unseren früheren Überlegungen aus zwei Schritten: zum einen der Entdeckung einer Inkongruenz und zum anderen deren Aufklärung. Für die Verarbeitung dieser beiden Stufen sind verschiedene Hirnregionen verantwortlich. Am Verständnis der korrekten Pointe sind beide Stufen der Humorverarbeitung beteiligt, während für das Verständnis der Slapstick-Alternative nur die Inkongruenz-Entdeckung nötig ist.

Die Gruppe der Alkoholiker wählte, je nach Grad der Hirnschädigung, eher die Slapstick-Alternative oder das streng logische Ende aus.

Diese Ergebnisse sind für die Rehabilitation von Alkoholikern von großer Bedeutung, da Schwierigkeiten bei der Verarbeitung von Humor zu zwischenmenschlichen Problemen führen können. Alkoholiker, so Jennifer Uekermann, sollten im Rahmen ihrer Rehabilitation wieder lernen, Witze zu verstehen.

26. Tod und dann

Die Wissenschaft vom Tod heißt Thanatologie. Aber wer kennt schon dieses Wort? Mein Lexikon sagt, dass diese Disziplin sich mit allem beschäftigt, was irgendwie mit dem Tod und dem Drumherum zu tun hat. Viele Menschen haben Angst vor dem Tod. Kein Wunder deshalb, dass es so viel Humor gibt, der sich darauf bezieht. Man versucht das, was einem Angst macht, wegzulachen.

Nach dem Tod wird sich hoffentlich erweisen, ob das Leben einen weitergehenden Sinn hat. Rein logisch ist es natürlich möglich, dass das Leben gar keinen Sinn hat. Oder schlimmer noch, dass es einen Sinn hat, den ich absolut nicht gut fände. Ein wenig von alldem ist in diesem Kapitel verdichtet.

Zwei attraktive junge Männer und ein allen Klischees gerecht werdender älterer Mathematiker sterben bei einem Unfall und kommen ans Himmelstor. Petrus empfängt sie und teilt ihnen die Hausordnung mit. «Es gibt bei uns nur eine einzige Regel», sagt er, «nicht auf die Enten treten. Ihr könnt überall hingehen, alles ansehen, aber tretet auf keinen Fall auf die Enten. Das sind Gottes Lieblingsgeschöpfe. Falls doch, gibt's 'ne saftige Strafe.»

Die drei nicken und gehen durchs Tor hinein. Tatsächlich, der ganze Himmel ist voller Enten. Gott scheint sie wirklich zu lieben. Es ist fast unmöglich, nicht mit ihnen in Berührung zu kommen. Die drei gehen ihrer Wege, haben aber verabredet, sich wiederzutreffen, um ihre Erfahrungen auszutauschen.

Beim ersten Treffen hat einer der jungen Männer eine hässliche, keifende Frau an seiner Seite, die sich nicht abschütteln lässt. «Was ist dir denn passiert?», fragen die anderen. «Bin auf eine Ente getreten», sagt der Mann.

Zum nächsten Treffen kommt auch der zweite junge Mann mit einer garstigen, zickigen Frau als Begleitung. Der Mathematiker schaut ihn fragend an: «Ente?» Der Mann nickt nur.

Nach einigen Wochen treffen alle wieder zusammen. Diesmal kommt auch der Mathematiker mit einer Frau, aber es ist eine wunderschöne, intelligent und liebenswürdig aussehende Person, die selbst Cindy Crawford verblassen lässt. Die anderen sind baff und fragen verwundert, wie das denn passiert sei: «Bin auf so eine blöde Ente getreten», sagt die Frau.

Vielleicht ist der Schluss des obigen Witzes auch nur eine Männerphantasie oder in gesteigerter Form eine Mathematiker-Phantasie.

Um eine Männerphantasie handelt es sich aber ganz sicher nicht bei der Situation im nächsten Bild.

Abbildung 29: «Nein, Herr K,
wir haben weder Altersteilzeit
noch Vorruhestand, sondern
wir ermuntern unsere älteren
Angestellten einfach zu
sterben.» Zeichnung von Alex
Balko, angeregt durch einen
Cartoon von J. B. Handelsman

Im Mittelalter wurde den letzten Worten eines Menschen eine große Bedeutung beigemessen. Von der katholischen Kirche gab es dafür sogar eine Formulierungsempfehlung, die sich an die letzten Worte Jesu anlehnte. Kolumbus und Luther und viele andere orientierten sich daran: «Herr, in deine Hände befehle ich meinen Geist.» Heute ist man wieder individueller.

Letzte Worte sind bisweilen gut für unfreiwillige Komik. Hier ist eine kurze Liste. Und diese Exemplare müssen erst einmal überboten werden.

Pädagogisch bis zuletzt
Der französische Grammatiker *Dominique Bouhours* beantwortete 1702 eine letzte fachliche Frage, bevor er im Kreise seiner Schüler verstarb: *«Ich bin dabei zu sterben, oder: Ich sterbe gerade – beide Wendungen sind gebräuchlich.»*

Mundartlicher Abgang
Goethe soll in seinen letzten Worten gefrankfurtert haben: «Mer liecht hier so schlecht.»

Maria Montessori: «Werde ich nicht mehr gebraucht?»

Sein Missvergnügen an der ganzen Prozedur brachte *Karl Kraus* zum Ausdruck:
«Pfui Teufel!»

Noch drastischer kam es *Joan Miro* über die Lippen:
«Scheiße auf die ganze Gesellschaft. Scheiße auf alles.»

Oder kurz und knapp und ganzheitlich:
«Scheiße!» *Walt Whitman*

Ende der Schlagfertigkeiten

Ein gutes Herz und zwei kräftige Hände haben aufgehört zu schlagen.

Authentische Inschrift auf dem Grabstein eines Lehrers

Es gibt auch denkwürdige Worte, die nicht beim eigenen Ableben, sondern bei dem eines anderen Menschen gesprochen worden sind. Hier muss man die rote Laterne an einen Mathematiker geben:

«Bitte sie zu warten. Ich bin fast fertig.»
Carl Friedrich Gauß, als sein Sekretär ihm
die Botschaft bringt, dass seine Frau im Sterben liegt

Heideggereien.   Und natürlich, wenn es um Gedanken zum Sterben geht, kann ich kaum widerstehen, eine Sentenz des für diese Zwecke bestzitierbaren Philosophen einfließen zu lassen. *Martin Heidegger.* Was hat er uns über das Sterben und den Tod zu sagen? Und in welchen Worten sagt er es uns? Und haben diese Worte für uns einen Sinn?

Der Tod ist...
das Gebirg des Seyns im Gedicht der Welt.
Martin Heidegger

Ja, ja – das Gebirg des Seyns und seine Bedeutung für mich, für sich und für dich. Mit dem reinen, uninterpretierten Heidegger kann ich, ehrlich gesagt, in Gestalt des letzten Satzes nicht das Geringste anfangen. Ich bräuchte einen Deutungshelfer für den Versuch, dessen vermuteten Tiefsinn aus der Tiefe in die Oberflächlichkeit der Oberfläche zurückzuholen oder gegebenenfalls den Unsinn aus der Untiefe. Irgendwie wird mir dadurch aber klar, warum es so viele Philosophien gibt, ist es doch letztlich leichter, eine eigene Philosophie verbal in die Welt zu stellen, als die der anderen zu verstehen.

Ein ernster zu nehmender Kritiker von Heidegger, als ich es bin, war Rudolf Carnap. Er hat sich einmal eine Seite Heideggers vorgenommen und untersucht: Was steht drin? Es stellte sich heraus: Gar nichts steht drin!

Doch ich muss zugeben: Was bedeutet meine kleine Krittelei schon, wenn der herumwortspielernde Heidegger seinen Spaß an der ganzen Sache hatte und für sich selbst ebensolchen Lustgewinn daraus zog wie ich meinerseits dabei, irgendwo in seine Texte hineinzuspringen und wie ein Maulwurf darin herumzuwühlen.

Heidegger hat Sprache wohl als Alltagsfreudenquelle begriffen und sie spielerisch-dadaistisch eingesetzt. Als Gegenstück zu Heidegger begrüße ich andererseits die Klarheit, die zum Beispiel in folgender Unterrichtung durch die Bundeswehr zum Ausdruck gebracht wird:

Der Tod ist ...
die stärkste Form der Dienstunfähigkeit.
Unterrichtsblätter für die Bundeswehrverwaltung

Als jemand, der im Gebirg des Seyns gerne arbeitet und gerne seinen Dienst tut, hatte ich das immer schon befürchtet.

Zur Klärung komplexer Sachverhalte mag man auch anderweitig auf die Bundeswehr zurückgreifen. Zum aktuellen Thema teilt sie in den Dienstanweisungen für die Truppe zusätzlich noch mit:

Ein toter Soldat hat viel von seiner Gefährlichkeit verloren.

Mit meiner 52-jährigen Erwachsenheit stimme ich auch dieser Analyse vollinhaltlich zu.

Abbildung 30: «Hier liegt
Pancrazio Juvenales, 1968–1993.
Er war ein guter Ehemann,
ein wunderbarer Vater,
aber ein schlechter Elektiker.»
Grabstein in Mexiko

Planungssicherheitslücke

Willst du Gott zum Lachen bringen, sag ihm, was deine Pläne sind.

Auch eine Grabsteinaufschrift

Der Ehemann einer Frau war gestorben. Die Beerdigung begann. Es war
ein kleines Dorf mit kleinen Straßen. Der Sarg wurde durch die Straßen
zum Friedhof getragen. An der ersten engen Kurve stoßen die Sargträger
an die Ecke einer Mauer. Der «Verstorbene» erwacht davon, öffnet den
Sarg und schaut heraus.

Fünf Jahre später: Der Mann stirbt. Die Beerdigung beginnt. Die Trau-
ergemeinde ist auf dem Weg zur ersten engen Straßenkurve. Plötzlich sagt
die Frau zu den Sargträgern: «Vorsicht an der Ecke.»

Nachdem wir uns ausgiebig mit dem Tod befasst haben, geht es
nun um das Danach. Im Internet gibt es eine Webseite, auf der
Sie ermitteln können, wie Sie Ihr nächstes Leben bestreiten müssen, auch wenn Sie momentan kein Buddhist sind. Die Webseite
lässt uns wissen, es sei eine weithin akzeptierte Tatsache, dass ein
Mensch nach seinem Tod als eine Lebensform wiedergeboren
wird. Und welche das sein werde, hänge von seinem Verhalten im
zuvor beendeten Leben ab.

Als ich das las, gewann die Neugier in mir die Oberhand. Flugs beantwortete ich im Internet eine Reihe von Fragen und konnte bald in Erfahrung bringen, dass ich mein nächstes Leben als ein aufmerksam in die Welt schauender Bär würde antreten können. Zudem erhielt ich noch diese aufmunternden Worte:

Fast 32 % der Menschen werden als höhere Lebensform wiedergeboren als Sie. Zwar sind Sie nicht perfekt, doch haben Sie ein besseres Leben gelebt als manch anderer. Wenn Sie noch ein paar Änderungen vornehmen, könnte Ihr nächstes Leben sogar noch besser werden.

Menschen können also als Tiere wiedergeboren werden. Umgekehrt ist es nur fair, dass Tiere auch als Menschen wiedergeboren werden können:

Buddhismus made in Germany

Wie es der deutsche Kabarettist Hans-Hermann Thielke einmal ausdrückte, ist der Buddhismus die einzige Religion, in der ein alter Iltis, nach entsprechender Übergangszeit und hinreichendem Wohlverhalten, später die höhere Beamtenlaufbahn einschlagen kann.

Bevor dieser Programmpunkt nun abrupt endet, werden auf engem Raum noch zwei Highlights des Varieté-Buddhismus zusammengedrängt. Oder ist es Zen-Unsinn? Entscheiden Sie selbst.

Zen hoch Zen
Ein Zen-Meister sagt zu seinem schlauesten Schüler: «Dich gibt es nicht!»
 Erwidert der Schüler: «Wem sagst du das?»

Schizo-Zen
Ein schizophrener Zen-Buddhist: Das ist jemand, der mit dem ganzen Universum uneins ist.

27. Mehr Medizin

Unsere erste Geschichte unter diesem Titel beschreibt eine Situation, die wohl für viele Menschen ein aufwühlendes Erlebnis wäre.

Die Grenzen der Therapie. Eine Frau geht mit ihrem Ehemann zum Arzt. Nach der Untersuchung des Mannes bittet der Arzt die Ehefrau allein in sein Zimmer und schaut sie ernst an:
 «Ihr Mann hat eine schwere Krankheit, die mit übermäßigem Stress verbunden ist. Sie können ihn aber noch retten, wenn Sie meine Anweisungen ganz genau befolgen, andernfalls wird er sterben. Richten Sie ihm jeden Morgen ein gesundes Frühstück aus selbst gebackenem, glutenfreiem Körnerbrot und warmem Getreidebrei mit geriebenen Äpfeln, gehackten Walnüssen und geröstetem Dinkel. Das Mittagessen darf er nicht in der Kantine einnehmen, sondern Sie sollten es ihm aus vitaminhaltiger,

frischer Vollwertkost mit ungesättigten Fettsäuren zubereiten und ihm am Morgen mit zur Arbeit geben. Erwarten Sie ihn abends mit einem gesunden Abendessen, das Sie frisch zubereitet haben.

Ihr Mann muss unbedingt jede Art von Stress vermeiden. Behelligen Sie ihn nicht mit Alltäglichkeiten, die seine Stimmung beeinträchtigen könnten, besprechen Sie keine Probleme mit ihm, vermeiden Sie alles, was in ihm Frustration erzeugen könnte, im Gegenteil: Lesen Sie ihm jeden Wunsch von den Augen ab. Das sollten Sie ein halbes Jahr lang tun, und Ihr Mann wird wieder gesund sein.»

Auf dem Weg nach Hause fragt der Ehemann seine Frau: «Was hat denn der Arzt gesagt?»

Die Frau antwortet: «Du wirst sterben.»

Kanon von der Unsterblichkeit

Alte Mathematiker sterben nie. Sie verlieren nur einige ihrer Funktionen.

Alte Boxer sterben nie. Sie werfen nur das Handtuch.

Alte Manta-Fahrer sterben nie. Sie werden nur tiefer gelegt.

Alte Golfer sterben nie. Sie werden nur eingelocht.

Alte Schlossbesitzer sterben nie. Sie geben nur den Geist auf.

Alte Beamte sterben nie. Sie werden nur ins Jenseits befördert.

Alte Hundehalter sterben nie. Sie gehen nur vor die Hunde.

Alte Köche sterben nie. Sie geben nur den Löffel ab.

Alte Spanner sterben nie. Sie sind nur weg vom Fenster.

Alte Wanderer sterben nie. Sie gehen nur von uns.

Alte Priester sterben nie. Sie segnen nur das Zeitliche.

Alte Wuppertaler sterben nie. Sie gehen nur über die Wupper.

Alte Gläubige sterben nie. Sie müssen nur dran glauben.

Im nächsten Beispiel ist die vollständige Heilung des Patienten glücklicherweise erfolgt.

Ein junger Mann kommt zum Orthopäden und klagt über ernste Rückenschmerzen. Der Arzt untersucht ihn, kann aber nichts feststellen. «Wann hat das denn begonnen?», fragt der Doktor.

«So etwa vor einem Monat, kurz nachdem wir unsere neuen Büros bezogen haben.»

Der Arzt meint, er könne leider nichts für ihn tun, er solle aber in zwei Wochen wiederkommen, falls die Beschwerden anhielten.

Schon eine Woche später ruft der Patient in der Praxis an und teilt dem Arzt mit, er habe die Ursache feststellen können. Er sagt, die neuen Büros seien mit ultramodernen, ergonomischen Möbeln ausgestattet gewesen, und er habe unwissentlich die ganze Zeit im Papierkorb gesessen.

28. Philosophie von Zeit und Geschwindigkeit

Ein jegliches hat seine Zeit. Auch die Zeit selbst. Und hier machen wir uns ein paar Gedanken darüber, beginnend mit der Urzeit.

Ein Arzt, ein Ingenieur und ein Programmierer diskutierten darüber, welche Profession die älteste sei.

Der Arzt sagt: «Eva ist aus der Rippe von Adam entstanden. Dafür ist eindeutig ein chirurgischer Eingriff nötig.»

Der Ingenieur kann das überbieten: «Lange bevor sich Gott überhaupt mit Adam und Eva beschäftigen konnte, musste er Ordnung im Chaos herstellen. Dafür braucht man einen Ingenieur.»

«Aha, seht ihr», sagt der Programmierer: «Und wer hat das Chaos wohl erzeugt?»

"He's been rather deaf since the big bang."

Abbildung 32: «Seit dem Urknall ist er ziemlich taub.» Cartoon von Stan Eales

«Wie doch die Zeit vergeht» ist ein Satz, den ich sicher schon zigdutzend Mal gehört habe. Aber er hat mich nie nachdenklich gemacht. Bis vor Kurzem. Wie vergeht eigentlich die Zeit? Wie schnell vergeht sie? Also mit welcher Geschwindigkeit?

Geschwindigkeit ist eine objektivierbare Größe. Wie sie zu objektivieren ist, wie sie zu messen ist, sagt uns die Physik. Die Geschwindigkeit eines Objektes ist der vom Objekt in einer Zeiteinheit zurückgelegte Weg. Um Geschwindigkeit zu ermitteln, muss man demnach den zurückgelegten Weg durch die dafür verbrauchte Zeit teilen. So weit, so gut. Auf diese Weise kann man die Geschwindigkeit von allem, das sich bewegt, ermitteln als Änderungsrate pro Zeit. Nur von einer Größe nicht. Von der Zeit selbst.

Mit welcher Geschwindigkeit vergeht die Zeit? Das ist zwar eine sinnvolle Frage. Aber sie fällt nicht mehr in das Ressort der Physik. Das ist Metaphysik, also Philosophie.

Ein Antwortversuch könnte dieser sein: Die Zeit vergeht mit einer Geschwindigkeit von 3600 Sekunden pro Stunde.

Diese Antwort hört sich passabel an, macht aber keinen Sinn. Ebenso könnte man sagen: Sie vergeht mit einer Geschwindigkeit von einer Sekunde pro Sekunde. Und diese Aussage ist eindeutig inhaltsleer.

Der Philosoph Peter van Inwagen hat sich Gedanken über die Frage nach der Geschwindigkeit der Zeit gemacht. Soweit ich feststellen kann, gibt es bisher keine befriedigende Antwort darauf, auch Inwagen liefert mir keine.

Eine humoristische Antwort ist leichter zu haben. Ist man mit einer schönen Frau zusammen, meinte Einstein, erscheint einem 1 Stunde wie 1 Minute. Sitzt man auf einer Herdplatte, dann ist es umgekehrt.

Kurz-Ewigkeit

Bei einem Tennisturnier gewannen zwei Spieler in den ersten Runden ihre Begegnungen. Sagt der eine: «Wie ich sehe, kann niemand dich schlagen. Dann muss ich dich selbst stoppen!»

«Möglich», erwidert der andere, «aber vielleicht stoppe ich auch dich!» ➤➤

> «Nicht in tausend Jahren!», kontert der Erste.
> Zwei Runden später wird er tatsächlich vom anderen besiegt, der das mit den Worten kommentiert: «Wie doch die Zeit vergeht!»

Gott, der Herr, hat die Gebete eines Menschen erhört und gewährt ihm eine Audienz.

Mensch: «Stimmt es, o Herr, dass für dich eine Million Jahre nur wie ein Augenblick sind?»

Gott: «Ja, das stimmt, mein Sohn.»

Mensch: «Und stimmt es auch, o Herr, dass für dich eine Million Euro nur wie ein Cent sind?»

Gott: «Ja, auch das stimmt, mein Sohn.»

Mensch: «Ach bitte, o Herr, dann schenk mir doch einen Cent.»

Gott: «Aber gerne, mein Sohn, warte einen Augenblick.»

Zeitverlauf ist also relativ. Manchmal ist die Zeit komprimiert, und manchmal ist sie gedehnt. Und es ist auf jeden Fall gut, dass es sie gibt, denn sonst würde alles auf einmal passieren.

> **Zen-Koan zum Thema**
> Ein alter Mönch nimmt die Deichsel seines Leiterwagens auf und zieht weiter. Bevor sich der Wagen bewegt, gibt es einen letzten Moment der Ruhe und einen ersten Moment der Bewegung. Doch wenn die Zeit unendlich teilbar ist, muss es zwischen diesen beiden Momenten einen weiteren Moment geben. Ist das ein Moment der Ruhe oder ein Moment der Bewegung?

29. Spitzen-Witze oder Vergleichende Humoristik

Der schon erwähnte *Philogelos* ist eine Sammlung von 264 humorvollen Stücken, die im vierten Jahrhundert vor Christus von Hierokles und Philagrios angelegt wurde. Manche der Einträge in der Sammlung sind sehr knapp gehalten:

«Wie soll ich Ihre Haare schneiden?», fragt ein für seine Geschwätzigkeit bekannter Friseur seinen Kunden.

«Schweigend!», erwidert dieser.

Kurz vor Ende des letzten Jahrtausends brachte die US-amerikanische Zeitschrift *Gentleman's Quarterly* eine Sammlung der 75 besten Witze aller Zeiten heraus. Sie war durch Befragung einer beachtlichen Zahl von Personen zusammengestellt worden. Doch scheint das Gesetz der großen Zahlen auch beim Humor zu einer Verwässerung in Richtung Durchschnittlichkeit zu führen. Denn die meisten Witze auf dieser Liste finde ich persönlich nur durchschnittlich witzig. Der den 44-ten Platz der Rangliste einnehmende Beitrag gefällt mir allerdings recht gut. Er stammt von dem amerikanischen Komiker Emo Philipps. Hier ist er in meiner exklusiven Neubearbeitung:

Gott: einer für alle?   Einmal ging ich über eine Brücke und sah von ferne, wie etwa in der Mitte auf dem Geländer ein Mann steht, der sich hinunterstürzen will. Ich laufe und rufe: «Halt, tun Sie das nicht!»

«Und warum sollte ich nicht?», fragt der Angesprochene.

Ich sage: «Weil es so viel gibt, für das man leben kann.»

«Wie zum Beispiel was?»

Ich sage: «Sind Sie religiös oder Atheist?»

«Religiös», sagt er.

«Ich auch. Sind Sie Christ oder Buddhist?»

«Christ.»

«Ich auch. Katholik oder Protestant?»

«Protestant», sagt er.

«Ich auch! Baptist oder Methodist?», frage ich.

Er sagt: «Baptist.»

«Ich auch! Baptist der Kirche Gottes oder Baptist der Kirche Jesu?», frage ich.

«Baptist der Kirche Gottes», sagt er.

«Ich auch! Baptist der reformierten Kirche Gottes oder Baptist der traditionellen Kirche Gottes?»

«Baptist der reformierten Kirche Gottes», sagt er.

«Ich auch! Baptist der reformierten Kirche Gottes, Reformation von 1879, oder Baptist der reformierten Kirche Gottes, Reformation von 1915?»

«Baptist der reformierten Kirche Gottes, Reformation von 1915», antwortet er. «Dann fahr zur Hölle, Ungläubiger», rief ich und stieß ihn über die Brüstung.

Diese Kurzgeschichte zeigt auf ihre Weise das von mir bei vielen Themen beobachtete Phänomen, dass die Kämpfe zwischen Nordnordwest und Nordnordost viel leidenschaftlicher und härter geführt werden als etwa die zwischen Nord und Süd oder Ost und West.

Schon Goethe schrieb, dass der Mensch seine Persönlichkeit durch nichts leichter preisgibt als durch das, was er lustig findet. Und hier hat Goethe recht.

Dabei ist Humor an sich ein bislang wenig erkundetes Terrain. Wir wissen noch nicht allzu viel darüber. Auch zeigen sich allerlei kuriose Aspekte, wenn es um Humor und Lachen geht: Lach-Yoga ist nur einer davon.

Es gibt natürlich ganz verschiedene Arten des Witzigen. Etwa die Nonsens-Spielart mit starker Unsinnsbeimischung. Studien zeigen: Menschen, die Nonsens-Witze mögen, sind generell eher offen für neue Erfahrungen, lassen sich leichter auf Fremdes ein, denken komplexer und sind kreativer. Tatsächlich gab schon der Psychologe Viktor Frankl die Empfehlung: «Es ist vernünftiger, nicht vollständig vernünftig zu sein».[6] Diese Menschen akzeptieren nicht nur Unstimmigkeiten und Absurdes, sondern spielen gerne aktiv damit. Sie sind deshalb eher nonkonformistisch und unorthodox. Auch bevorzugen sie die Asymmetrie gegenüber der Symmetrie und schätzen phantastische Kunstgebilde, etwa vom surrealistischen Typ. Sie sind eher liberal als konservativ. Nennen wir dies einmal die Spielart A.

Spielart B umfasst Menschen, die zum Beispiel Schotten-, Blondinen- und ähnliche Witze mögen. Sie sind eher Schwarz-Weiß-Denker, die im Leben Klarheit, Stabilität und Sicherheit schätzen, deshalb eher für *law and order* eintreten und typischerweise konservativ wählen. Sie bevorzugen das Vertraute gegenüber möglichen neuen Erfahrungen, das Einfache gegenüber dem Komplexen und die Symmetrie gegenüber der Asymmetrie.

---

6 Und auch eine zweite Empfehlung sprach er in diesem Zusammenhang noch aus: Man dürfe sich auch von sich selber nicht alles gefallen lassen. Man solle sich also selbst nicht allzu ernst nehmen.

Das teilt jedenfalls der Humorforscher Willibald Ruch von der Universität Zürich mit.

Er hat auch einen kleinen Test entwickelt, mit dem man zwischen beiden Humortypen und somit beiden Persönlichkeitsausprägungen unterscheiden kann. Sage mir, welche Art von Humor du magst, und ich sage dir, wer du bist.

Spielart A findet in der Regel Gefallen an diesem Witz, meint W. Ruch:

Ein Spanner sitzt in einem Baum und beobachtet angeregt das Liebesspiel in einem schwach beleuchteten Zimmer. Plötzlich steht ein nackter Mann am Fenster und sagt: «Verschwinde, du elender Gaffer, oder du kriegst 'ne Tracht Prügel.»

Meint der Spanner: «Kompliment, das war eine Spitzenleistung von Ihnen.»

Darauf der Nackte: «Wirklich? Das hat sie mir noch nie gesagt.»

Spielart B findet in der Regel Gefallen an diesem Witz:

Ein Schotte geht zum Einwohnermeldeamt und will seinen Namen ändern lassen: «Warum denn?», fragt der Beamte.

Sagt der Schotte: «Ich habe ein Päckchen mit Visitenkarten gefunden.»

Hilfe, ich kann über beide Witze gar nicht lachen. Bin ich dann sowohl nicht liberal als auch nicht konservativ und bevorzuge weder das Symmetrische gegenüber dem Asymmetrischen noch das Asymmetrische gegenüber dem Symmetrischen? Gehöre ich zur leeren Menge? Existiere ich überhaupt? Brauche ich eine Therapie?

Auch die folgenden Humorerkenntnisse gehen auf Ruch und sein Team zurück. Verschiedene Kulturen lachen über verschiedene Dinge. Und der Humor hat bei ihnen verschiedene Funktionen. In den USA und in England umfasst der Humor mehr Bereiche des Lebens als in Deutschland. In den USA ist es beim Einkaufen die Norm, lustigen Smalltalk zu machen, und selbst im Parlament hat Humor seinen Platz. Auch für Vorgesetzte und

Manager gehört es zum guten Ton, amüsant zu sein und Witze zum Besten zu geben.

In Deutschland bleibt man bei diesen Gelegenheiten meist ernst, bisweilen gar gravitätisch. In den Niederlanden würde sich ein Geschäftsmann mit der Anwendung von Humor sogar selbst bloßstellen. In der dortigen Oberschicht ist die Einstellung verbreitet, Humor als eher vulgär anzusehen. Allenfalls intelligenter und satirischer Humor ist gerade noch salonfähig.

Humor ist ein Persönlichkeitsmerkmal. Als Eigenschaft der Persönlichkeit ist Humor sogar mittlerweile messbar. Hier angelangt, begegnet man dann auch sofort der Frage, ob diese Eigenschaft angeboren oder erworben sei. Auch hierzu hat Willibald Ruch Grundlegendes beigetragen. Speziell zu diesem Thema hat er eine umfangreiche Zwillingsstudie initiiert. Die Antwort ist auch hier, wie bei der Intelligenz, ein entschiedenes Sowohl-als-auch. Besonders die Einstellung zu Witzen mit einer sexuellen Komponente weist eine stark erbliche Komponente auf. Die Vorliebe für Nonsens-Humor wird dagegen im Laufe des Lebens erlernt.

Humor ist positiv. Ein guter Witz leistet viel. Er ist für Menschen so etwas wie eine Belohnung. Im Kernspintomographen, so stellten die Wissenschaftler auch noch fest, aktiviert guter Humor dieselben Zentren, die auch angeregt werden, wenn wir Belohnungen erhalten.

Großbrittanisch, lustig, gut. Die Briten brüsten sich gerne mit ihrem besonderen Sinn für Humor. Sie seien vielleicht nicht unbedingt die reichste und auch nicht die mächtigste Nation auf Erden, aber sie hätten gewiss das größte Talent, die Dinge von ihrer komischen Seite zu betrachten. Diese Selbststilisierung dürfte durch die Veröffentlichung des sogenannten Lachlabor-Experiments zumindest angekratzt worden sein. Es handelt sich um ein einjähriges, an einer britischen Universität durchgeführtes Forschungsprojekt, bei dem Menschen aus aller Welt ihre eigenen Lieblingswitze einsenden und die Witze der anderen Teilnehmer auf ihre Lustigkeit hin beurteilen durften.

Von den Spitzen-Witzen
Der folgende Witz wurde international als bester Witz bewertet:

Zwei Jäger sind in New Jersey auf der Jagd, als einer plötzlich zusammen-bricht und zu Boden fällt. Seine Augen sind nach hinten verdreht und er scheint nicht mehr zu atmen. Sein Jagdkollege zieht hastig sein Handy und ruft den medizinischen Notdienst. Er schreit die Telefonistin an: «Mein Freund ist tot, mein Freund ist tot. Was soll ich tun?»

Die Telefonistin bemüht sich, umsichtig einzugreifen: «Versuchen Sie, ruhig zu bleiben. Ich kann helfen. Zuerst: Lassen Sie uns sichergehen, ob Ihr Freund wirklich tot ist.»

«In Ordnung», sagt der Jäger. Es tritt Stille ein. Dann hört die Tele-fonistin einen Schuss. Kurz darauf ist die Stimme des Anrufers wieder in der Leitung: «Okay, was jetzt?»

Der beste der Vize-Witze
Knapper Zweitplazierter bei der Weltmeisterschaft der Witze, und erst auf der Zielgeraden noch überholt, wurde dieses schöne Exemplar:

Sherlock Holmes und Dr. Watson gehen campen. Nach einem Abend-essen und zwei Flaschen Wein ziehen sie sich zum Schlafen in ihr Zelt zurück. Einige Stunden später wacht Holmes auf, rüttelt seinen treuen Freund wach und fragt ihn: «Watson, schau hoch zum Himmel und sag mir, was du siehst.»

«Ich sehe Millionen und Abermillionen von Sternen», antwortet Wat-son noch etwas verschlafen.

«Und was schließt du daraus?», fragt Sherlock Holmes weiter.

Watson sinniert eine Weile über die Frage und antwortet schließlich: «Astronomisch sagt es mir, dass es Millionen von Galaxien und wahrschein-lich Billionen von Planeten gibt. Astrologisch beobachte ich, dass Saturn im Sternbild Sagittarius steht. Horologisch schließe ich, dass es ungefähr Viertel nach drei ist. Meteorologisch erwarte ich einen schönen Tag morgen. Theo-logisch wird mir klar, dass Gott unendlich groß ist und wir nur ein Staubkorn im Weltall. Und was sagt dir der Sternenhimmel über uns, Holmes?»

Auch Holmes ist einen Moment still. Dann bricht es aus ihm heraus: «Du Idiot, Watson. Jemand hat unser Zelt gestohlen.»

Spitzen-Witz in Kanada

Als die NASA begann, Astronauten in den Orbit zu schicken, wurde klar, dass Kugelschreiber nicht im schwerelosen Raum funktionieren würden. Um das Problem in den Griff zu kriegen, investierte die amerikanische Weltraumbehörde verteilt über ein Jahrzehnt insgesamt 12 Milliarden Dollar und entwickelte damit einen Stift, der bei null Gravitation, in der Tiefe der Meere, auf jeder Oberfläche, in jedem Temperaturbereich schmierfrei funktioniert.

Die Russen dagegen lösten das Problem, indem sie im Weltraum Bleistifte benutzten.

Spitzen-Witz in den USA

Ein Mann spielt mit einem Bekannten Golf. Der Mann will gerade aufs Green abschlagen, als er eine lange Beerdigungsprozession auf der Straße neben dem Golfplatz sieht. Er bremst seinen Schwung, nimmt seine Golfkappe ab, schließt seine Augen und verneigt sich kurz in Richtung des Sarges. Sein Bekannter sagt: «Was Sie da machen, ist sehr bewegend. Sie sind ein ausgesprochen freundlicher und mitfühlender Mensch.» Darauf sagt der andere: «Nun, wir waren 35 Jahre verheiratet.»

Spitzen-Witz in Deutschland

Ein General bemerkte, dass einer seiner Soldaten sich seltsam benahm. Jedes Papier, das er sah, nahm er in die Hand, schaute es an, runzelte die Stirn, sagte: «Das ist es nicht», und legte es enttäuscht beiseite. Dies ging eine Weile so, und als der Soldat mit seinem Tun immer auffälliger wurde, veranlasste der General schließlich eine psychologische Begutachtung. Nach einigen Tests kam der Psychologe zu dem Schluss, dass der Soldat geistesgestört war. Er unterschrieb das Formular zur Entlassung des Soldaten aus der Armee. Der Soldat nahm es in die Hand, schaute es an, lächelte und sagte: «Das ist es.»

Spitzen-Witz in England

Ein alter und ein junger Mann sitzen in einer Bar an der Theke, schon nicht mehr ganz nüchtern. Schließlich fängt der Alte an, den Jungen zu beleidigen: «Ich hab mit deiner Mutter geschlafen», brüllt er ihn an. In der Bar wird es ruhig, da jeder gespannt ist, wie der Jüngere reagieren wird. Der Ältere wird noch lauter: «ICH HAB MIT DEINER MUTTER

GESCHLAFEN!» Darauf sagt der Jüngere: «Komm mit nach Hause, Vater. Du bist betrunken.»

Spitzen-Witz in Wales
Eine Schildkröte schlendert durch den Central Park in New York, als sie von einer Schnecken-Bande angegriffen und ausgeraubt wird. Ein Polizist kommt, um den Fall aufzunehmen. Er fragt die Schildkröte, ob sie den Tathergang beschreiben könne. Die Schildkröte schaut den Polizisten mit verwirrtem Gesichtsausdruck an und sagt: «Ich weiß nicht. Es ging alles so schnell.»

Spitzen-Witz in Schottland
Ich möchte ganz friedlich schlafend sterben, so wie mein Großvater, der Busfahrer. Und nicht in Todesangst kreischend und gestikulierend wie seine Fahrgäste.

Spitzen-Witz in Schweden
Ein Einwohner der Hauptstadt Stockholm fährt zur Entenjagd in die Provinz. Als Enten vorbeifliegen, schießt er und trifft auch tatsächlich einen der Vögel. Dieser fällt auf das Grundstück eines Bauern und der will das Tier nicht herausrücken. Der Städter besteht aber darauf, dass es sein Vogel sei.

Der Bauer schlägt vor, dass man die Meinungsverschiedenheit beilege, wie auf dem Lande üblich, durch einen Tritt ins Gesäß. Wer weniger laut schreit, kriegt das Tier. Der Städter stimmt zu. Der Bauer holt gewaltig aus und versetzt dem Jäger einen so saftigen Tritt in den Hintern, dass dieser Sterne sieht und aufschreit. Als er sich erholt hat, keucht er: «Jetzt bin ich dran.»

«Nö», sagt der Bauer und dreht ab: «Die Ente können Sie haben.»

Damit haben wir einige Spitzenwitze verschiedener Länder Revue passieren lassen. Worüber eine Kultur lachen kann, erlaubt kurzweilige Rückschlüsse auf den Status des Humors. Humor ist international. Worüber lachen die Japaner, die Hopi, die Pygmäen? Worüber lachen wir? Das sind oftmals ganz verschiedene Dinge. Was uns alle im Humor weltumspannend verbindet, ist nicht etwas, das wir alle «lustig» finden. Vielmehr ist es etwas, dass wir alle «nicht lustig» finden: Überall auf der Welt finden es Menschen nicht lustig, wenn über sie selbst als Person gelacht wird.

Auf eigenes Risiko

Auch Monty Python hat sich der Suche nach dem lustigsten Witz auf der Welt angeschlossen. In einem ihrer Sketche geht es um die Entwicklung eines Witzes, der ein solcher Brüller ist, dass jeder, der ihn hört, unweigerlich an unstoppbarem Lachen stirbt. Als die Nachricht von diesem Killer-Witz die britische Armee erreicht, wird befohlen, diesen Witz ins Deutsche zu übersetzen, um ihn als ultimative Waffe einzusetzen. An dieser Stelle muss eine dringende Warnung ausgesprochen werden: Überlegen Sie sich ganz genau, ob Sie wirklich weiterlesen wollen, denn es folgt die absolut letale Monty-Python-Witz-Waffe: Drei – Zwei – Eins:

«Wenn ist das Nunstück git und Slotermeyer? Ja! Beiherhund das Oder die Flipperwaldt gersput!»

Sind Sie noch da?
Ich nicht!

---

30. Völkerkunde

Europa ist groß, und der Europäer sind gar viele. Es gibt allerlei verschiedene Mentalitäten, vermeintliche Fähigkeiten und Unfähigkeiten. Sowie natürlich die entsprechenden Klischees und ihre Zuordnung zu den Ländern. Eine kleine Kollektion tritt in folgendem Bonmot auf, das in vielen Fassungen existiert:

Im Himmel sind die Schweizer die Bankiers, die Italiener die Köche, die Franzosen die Liebhaber, die Briten die Humoristen, die Deutschen die Organisatoren, die Griechen die Philosophen, die Schweden die Steuerzahler und die Spanier für den Tagesablauf zuständig.

In der Hölle sind die Schweizer die Liebhaber, die Griechen die Steuerzahler, die Italiener die Bankiers, die Schweden die Philosophen, die

Spanier die Organisatoren, die Franzosen die Humoristen, und die Deutschen regeln den Tagesablauf.

Länderwettstreit. Drei Linguisten debattieren darüber, welche Sprache dem Ohr am wohlgefälligsten ist. Sagt der spanische Linguist: «Betrachten wir einmal das englische Wort ‹butterfly›. Auf Spanisch sagt man ‹Mariposa›. Ein ganz wunderbar klingendes Wort ist das.» Der Franzose meint: «Das stimmt wohl. Aber unser französisches Wort ‹Papillon› hat einen noch viel schöneren Klang und ist nicht mehr zu übertreffen.» Darauf meint der Deutsche: «Was habt ihr gegen ‹Schmetterling›?»

Nach den Humorspitzenreitern bei verschiedenen Völkern im vorigen Abschnitt kommen wir nun zu Witzen aus der Völkerkunde.

Zwei Völkerkundler fliegen in die Südsee, um auf entlegenen Inselgruppen die Gebräuche der dort lebenden Eingeborenen zu erforschen. Sie begeben sich auf benachbarte Inseln und machen sich an die Arbeit. Ein paar Monate später nimmt sich einer von ihnen ein Kanu, um seinen Kollegen zu besuchen. Bei seiner Ankunft sieht er den anderen Völkerkundler im Gespräch umringt von Eingeborenen.

Nach der Begrüßung fragt der Besucher seinen Kollegen: «Wie läuft's denn so bei dir? Hast du etwas Interessantes herausgefunden?»

«Ja, ich habe eine bedeutende Entdeckung über die hiesige Sprache gemacht. Schau mal her!»

Er deutet auf das Meer und fragt: «Was ist das?»

Wie mit einer Stimme sagen die Eingeborenen: «Ugano-Bong!»

Dann zeigt er auf eine Palme und fragt: «Und was ist das?»

Und wiederum antworten die Eingeborenen: «Ugano-Bong!»

Auf ein Wort

hier: die Sprache Tingit

Gott = dikii-q'aàn-qáàwn (wörtlich: Oben-Häuptling)
Teufel = diyii-q'aàn-qáàwn (wörtlich: Unten-Häuptling)

Und da diese Sprache so schön ist, hier noch eine kleine Zugabe:
Rost = garyées-háàtl'i (wörtlich: Eisenscheiße)

Glückliches Tingit. Eine Sprache, die solche Worte hat.

«Faszinierend, nicht wahr?», meint der strahlende Wissenschaftler. «Sie benutzen dasselbe Wort für *Meer* und für *Palme!*»

«Das ist eine bahnbrechende Entdeckung und wirklich erstaunlich», erwidert der Besucher voller Anerkennung, «und jetzt sage ich dir, was noch erstaunlicher ist: Auf meiner Insel bedeutet dasselbe Wort *Zeigefinger*.»

Diese Geschichte versinnbildlicht: Es ist nicht leicht, der Wirklichkeit fundiertes Wissen abzuringen. Auch Wissenschaftler leben in Fehlerwelten. Und ihre Erkenntnisse müssen ausgiebigen Falsifikationsbemühungen anderer standhalten. Die Vorgehensweise der Anthropologen gleicht ein wenig einem Trinker, der am Montag zu viel Whiskey mit Cola trinkt und am nächsten Morgen mit Kopfschmerzen aufwacht, am Dienstag zu viel Brandy mit Cola trinkt und am nächsten Morgen mit Kopfschmerzen aufwacht, am Mittwoch zu viel Rum mit Cola trinkt und am nächsten Tag abermals mit Kopfschmerzen aufwacht. Über die Situation nachdenkend, führt er seine Kopfschmerzen auf den gemeinsamen Faktor zurück: die Cola. Auch dieser Fehlschluss ist in analogen Situationen schon des Öfteren gezogen worden.

Die folgende Episode beinhaltet eine steile Hypothese, die dem Test der Zeit ebenfalls nicht standhielt. Das Ganze ist tatsächlich passiert.

Zu schnell zu weit vorgewagt hatten sich 1983 zwei Wissenschaftler der renommierten Universität Tokio, als sie in einer Grotte auf der südjapanischen Insel Kyushu primitive Wandzeichnungen entdeckten.

Sie interpretierten die Zeichnungen als frühe Wiedergaben von Jägern bei der Jagd und den von ihnen verfolgten Tieren. Aufgrund besonderer Bildniselemente wurden die Darstellungen von ihnen auf die Zeit 11 000 vor Christus datiert. Die Veröffentlichung wurde in Wissenschaftlerkreisen insofern als Sensation gewertet, als auf ihrer Grundlage die als gesichert geglaubten Erkenntnisse über die Besiedlung Japans in erheblichen Teilaspekten revidiert werden mussten.

Als diese Meldung durch die Presse ging, meldete sich ein 32-jähriger Mann und gab an, als Kind häufig mit anderen in der bezeichneten Grotte gespielt zu haben. Er und seine Spielkameraden hätten des Öfteren auch auf die Wände gekritzelt. Als Infrarotuntersuchungen durchgeführt wurden, ergab sich, dass die vermeintlich uralten Graffiti in der Tat nicht älter als ungefähr 20 Jahre waren. Blamiert mussten die Altertumsforscher die Ergebnisse ihrer Veröffentlichung zurückziehen.

Zum Glück ist der Brauch, sich nach großen Blamagen ins eigene Schwert zu stürzen, bei den Söhnen Nippons aus der Mode gekommen.

Und wir schalten um von Japan nach Paris! Das zur obigen Niederlage inverse archäologische Fiasko widerfuhr einem französischen Pfadfinder-Verband, den *Eclaireurs et Eclaireuse de France*. Dessen an sich lobenswerten Bemühungen gegen Graffiti fielen bei einer ihrer landesweiten Säuberungsaktionen zwei prähistorische Wandmalereien in der Grotte de Mayrière Supérieure bei Paris zum Opfer.

Ergo: Was dem einen ein Graffiti, ist dem anderen eine der ältesten Wandmalereien der Welt. Und umgekehrt.

Auf dem Gebiet der Völkerkunde gibt es eine unverzichtbare Datenbank, die von Wissenschaftlern weltweit für Forschungszwecke eingesetzt wird, die *Human Relations Area Files*. Darin sind mehr als elftausend Seiten über die Sprache und Kultur, Sitten und Gebräuche der Hopi gespeichert, über die der Navajo immerhin noch neuntausend. Aber über die Bayern sucht man schon einen einzigen Satz vergeblich. Diese Lücke soll hier geschlossen werden:

Bayern-Arabeske. Ein Araber kommt am Münchner Flughafen an. Der bayerische Zöllner bittet ihn, seine Koffer aufzumachen. Der von der langen Reise übermüdete Araber nimmt sich beim Öffnen seiner Koffer etwas Zeit. Der Zöllner wird ungeduldig und sagt:
«Jo, wos is jetzat? Hamas?»
Antwortet der Araber: «No, Dschihad.»
Darauf der Zöllner: «Gesundheit.»

Bemerkenswert an den Bayern ist unter anderem ihr Verhältnis zu den Preußen. Auch darüber gibt es mancherlei zu berichten.

Sache der Perspektive. Ein Bayer, ein Preuße, eine hübsche Blondine und ihre schon betagte Mutter sitzen in einem Zugabteil, in dem die Beleuchtung ausgefallen ist. Irgendwann fährt der Zug durch einen Tunnel und es ist stockfinster im Abteil. In der Dunkelheit hört man ein Kussgeräusch, gefolgt vom Klang einer schallenden Ohrfeige. Als der Zug den Tunnel verlässt, hält sich der Preuße mit schmerzverzerrtem Gesicht seine hochrote Wange.

Denkt die Mutter: «Gut. Der Preuße hat versucht, meine Tochter zu küssen, was sie nicht wollte. Und sie hat ihm darauf eine ordentliche Backpfeife versetzt. Braves Mädchen.»

Denkt die Tochter: «Schade. Der Preuße wollte mich im Dunkeln küssen, hat aber versehentlich meine Mutter erwischt. Und die hat ihm kräftig eine geschallert. Gute Mutter.»

Denkt der Preuße: «Unfair. Der Bayer hat versucht im Schutz der Dunkelheit das Mädchen zu küssen, was diesem nicht gefallen hat. Sie wollte dem Bayern eine schmieren. Dabei hat sie versehentlich mich erwischt. Rüpel-Bayer.»

Denkt der Bayer: «Sauber. De Reisn fangt ja guad o. Und wann der nächste Tunnel kimmt, schnolz i no amol mit der Zung und hau dem Saupreiß glei die zwoate Watschn nei.»

Grenzen der Verständlichkeit. Die Preußen haben es also manchmal schwer mit den Bayern. Das zeigt auch die nächste Episode von einem Dialogversuch aus dem freistaatlichsten aller deutschen Südstaaten. Sie macht darüber hinaus klar, dass die Kommunikationsfähigkeit selbst eines noch so wortgewandten Kommunikators bisweilen auf unüberwindbare akustische Schwierigkeiten trifft, nämlich auf taube Ohren:

Ein Preuße hat sich in München verlaufen. Eine Gruppe von Einheimischen steht an einer Bushaltestelle, und einen der Wartenden spricht der Preuße auf Hochdeutsch an: «Können Sie mir bitte sagen, wo es hier zum Bahnhof geht?» Keine Reaktion des Angesprochenen.

Der Preuße versucht es nun auf Englisch: «Excuse me, Sir, can you tell me the way to the train station?»

Wieder keine Reaktion. Nun bemüht sich der Preuße auf Französisch, Spanisch, Russisch und Japanisch. Ohne Erfolg. Schließlich zieht er frustriert von dannen. Sagt einer der Umstehenden zu seinem Nachbarn: «Schlau sans scho, de Preissn. Fünf Spracha hot a kennt.» Sagt der andere: «Des scho – aber wos hats eam gnutzt?»

Wat säht uns dat?

Der nächste Dialog stammt aus einer Zeit, in der es noch etwas gab, was die Wirklichkeit auch in Deutschland schon länger nicht mehr im Angebot hat: ein starres Ladenschlussgesetz, 18:30 Uhr war Ende. Das hat heute den Beigeschmack von Tosca, Handkuss, Muckefuck: lange her und nicht mehr wahr.

Ein Kölner ist in Berlin auf der Suche nach einem Aldi-Markt. Er fragt einen an der Straßenecke stehenden Türken. «Wo geht's denn hier nach Aldi.»

«Zu Aldi», sagt der Türke stolz.

Darauf der Kölner: «Wat denn, isset schon halb sieben?»

Manche Witze sind, bei minimaler kultureller Anpassung, auf der ganzen Welt beliebt. Zum Beispiel die Deppenwitze. Die meisten Völker haben irgendeine Gruppe von Menschen, über die sie sich lustig machen. Bei den Briten sind es die Iren. Bei den Amerikanern die polnischen Einwanderer. Bei den Dänen sind es die Bewohner der Stadt Åarhus. Aber die Witze haben alle eine große Ähnlichkeit miteinander. Schauen wir uns das einmal mit der Mathematik-Brille an:

Fixpunkt-Theorem der Humoristik. Überall auf der Welt machen Menschen Witze über die Schotten. Auch die Schotten selbst machen Witze über die Schotten. Insbesondere lachen die Schotten über die Menschen, die in Nordschottland leben, und diese Nordschotten wiederum lachen über die Orkney-Insulaner, die sich wiederum ihre Späße mit den Leuten von Hoy machen, und so weiter und so fort. Mathematisch gesehen, ist damit die Existenz eines in Schottland ansässigen Schotten gesichert, der Schottenwitze über sich als Schotten macht.

Mögen alle seine Witze witzig sein!

Von den Schotten leitet uns das Alphabet sofort weiter zu den Schwaben und den Schweizern. Das gibt mir Gelegenheit für ein Intercity-Intermezzo über Dialekte.

Ein Schweizer aus Zürich, ein Schwabe aus Stuttgart und ein Berliner sitzen zusammen in einem Zugabteil. Nach der Abfahrt aus Zürich wendet sich der Schweizer an seine beiden Mitreisenden mit der freundlichen Frage: «Send Si zappa Züri gsi?» Der Berliner versteht gar nichts und schaut den Zürcher nur fragend an. Der wiederholt: «Send Si zappa Züri gsi?» Immer noch blickt der Berliner recht irritiert: «gsi?» Da versucht ihm der Schwabe zu helfen und sagt: «Er moint ‹gwä›!»

31. Ernährungswissenschaft

Dieses Kapitel ist recht eindimensional und beschäftigt sich in aller Kürze mit einem Grundnahrungsmittel.

Studie beweist: Brot ist die Wurzel allen Übels
Es ist nicht mehr von der Hand zu weisen: Die gesundheitlichen, kriminologischen und sozialen Auswirkungen von Brotkonsum machen es dringend notwendig, Brot in die Liste der zu kontrollierenden Substanzen aufzunehmen. Wir referieren das Ergebnis einer UN-Studie über die weithin unbekannten Nebenwirkungen dieses gefährlichen Backwerks.

- Mehr als 90 % aller Verbrechen geschehen innerhalb von 24 Stunden nach dem Verzehr von Brot. Mehr als 99 % aller Inhaftierten beiderlei Geschlechts sind regelmäßige Brotkonsumenten.
- Die Hälfte aller Minderjährigen, die in Familien aufwachsen, in denen Brot verspeist wird, liegen bei standardisierten Intelligenztests unter und bei Aggressivitätstests über dem Durchschnitt.
- Im 18. Jahrhundert, als Brot noch in den Haushalten gebacken und viel intensiver als heute konsumiert wurde, war die durchschnittliche Lebenserwartung geringer als 50 Jahre und die Sterblichkeitsrate bei Neugeborenen extrem hoch.
- Primitive Naturvölker, die kein Brot kennen, weisen wesentlich weniger Krebs-, Alzheimer- und Parkinsonfälle auf.

- Brot macht abhängig. Menschen, denen Brot entzogen wird und die nur noch Wasser bekommen, können nicht länger als fünf Tage ohne Brot sein.

Als Ergebnis ihrer Studie schlagen die Wissenschaftler vor, den Konsum von Brot umgehend einzustellen, und rufen zu weltweiter Unterstützung der *Liga für die Eindämmung allen Brotkonsums* (LEB) auf.

Die international einflussreiche Organisation LEB hat kürzlich sogar einen Unterhändler in den Vatikan geschickt, um im Zuge der Neuerungen am Heiligen Stuhl zu erreichen, dass auch das Vaterunser überarbeitet wird. Einer der obersten Würdenträger der Kurie, der Kardinalstaatssekretär, gewährt ihm ein Vieraugengespräch. Der Unterhändler bietet schließlich 1 Million Euro, wenn aus dem Gebet das Wort *Brot* gänzlich gestrichen wird. In Zukunft solle es heißen: «Unser tägliches Bier gib uns heute.»

Der Sekretär Seiner Heiligkeit ist entrüstet. Auch bei 2 Million Euro und 5 Million Euro lehnt er kategorisch ab. Schließlich bietet der Bevollmächtigte 10 Million Euro. Der Sekretär wird nachdenklich. Dann greift er zum Haustelefon, ruft den Papst an und fragt: «Chef, wie lange läuft dieser Vertrag mit der Bäckerinnung noch?»

Ich weiß nicht mehr, warum ich dieses Brotthema aufgenommen habe, vielleicht weil ich gerade feststellen musste, dass mein Frühstücksbrot schimmelig und damit toxisch ist. Doch davon will ich Ihnen nicht berichten. Wenn Sie Geld für ein Buch ausgeben und dann von verschimmeltem Brot lesen müssen, sind Sie wahrscheinlich *not amused*. Sie könnten die fürs Lesen geopferte Lebenszeit dann sinnvoller für Volkshochschulkurse oder den Bau von Krötentunneln verwenden. Besser also, wenn ich das Thema wechsele.

32. Politik, nicht nur Bill und Hillary

Beginnen wir unter dieser Überschrift mit dem bekanntesten politisch aktiven Ehepaar überhaupt:

Als Bill Clinton schon Präsident ist, machen er und seine Gattin inkognito eine kleine Reise durch den Mittleren Westen Amerikas, um sich vom zermürbenden Leben in Washington zu erholen. Schließlich müssen sie tanken und halten an einer einsamen, heruntergekommenen Tankstelle irgendwo im Nirgendwo. Hillary füllt Benzin nach. Bill bleibt im Wagen sitzen und sieht, dass seine Frau lange und angeregt mit einem verwahrlosten Tankwart spricht.

Als sie wieder in den Wagen steigt, erzählt sie ihm, dass sie einen alten Bekannten getroffen habe. «Weißt du», gesteht sie Bill, «bevor ich dich kennenlernte, waren er und ich für kurze Zeit zusammen.»

«Dann kannst du ja froh sein, dass du nicht bei ihm hängen geblieben bist», meint Bill, «sonst wärst du jetzt die Tanktante in diesem armseligen Verhau in der Pampa.»

«Nein», erwidert Hillary, «wenn ich bei ihm geblieben wäre, dann wäre *dieser* Mann jetzt Präsident.»

Das ist nur eine von vielen Bill-und-Hillary-Geschichten. Beide haben der Weltpolitik so lange ihren Stempel aufgedrückt, dass es natürlich viele Witze über dieses Zwei-Personen-Power-Konsortium gibt. Ein besonders schönes Exemplar ist das folgende, mit dem wir jahreszeitigerseits in den Winter einbiegen:

Eines kalten Wintertages, als Bill Clinton noch der mächtigste Mann der Welt ist, geht er im Garten des Weißen Hauses spazieren. Plötzlich sieht er mit gelb in den Schnee geschrieben die Worte: «Ich hasse den Präsidenten.» Darüber ist er sehr verärgert. Zwar ist er an Polemik gewöhnt, doch nicht innerhalb des Weißen Hauses. Er bittet deshalb die CIA, der Sache nachzugehen. Ein paar Tage später bekommt er ein Briefing vom CIA-Direktor: «Nun, Mr President, wir haben die Flüssigkeit biochemisch untersucht und festgestellt, dass es sich um den Urin des Vizepräsidenten handelt. Aber wir haben auch die Buchstaben graphologisch untersucht und festgestellt, dass es sich um die Handschrift der First Lady handelt.»

Die nächste Reportage dreht sich um eine der größten Herausforderungen der Weltpolitik.

Es ist schon dunkel, als ein Frosch munter über die Straße hüpft. Ein Auto macht eine Vollbremsung und kommt gerade noch vor dem Frosch zum Stehen. Der Fahrer steigt aus; er ist froh, dass dem Frosch nichts passiert ist. Erleichtert ist auch der Frosch und spricht zu dem Mann: «Ich danke dir, dass du für mich gebremst hast. Ich bin ein Zauberfrosch und ich gebe dir einen Wunsch frei.»

Der Mann ist ein herzensguter, sehr friedliebender Mensch. Er überlegt eine Weile. Dann holt er eine Karte vom Mittelmeerraum aus dem Auto, zeigt sie dem Frosch und sagt: «Hier leben die arabischen Völker, hier lebt das jüdische Volk. Ich wünsche mir, dass unter den Völkern des Mittleren Ostens Frieden herrscht.»

Der Frosch erbleicht: «Zwischen diesen Völkern hat sich unermesslich viel Hass aufgestaut und sie haben sich seit vielen, vielen Jahren bis aufs Messer bekämpft. Ich habe zwar magische Kräfte, doch kann ich nicht das Unmögliche möglich machen. Hast du keinen anderen Wunsch, guter Mann?»

«In Ordnung», sagt der Mann und versucht, sich einen passenden Wunsch auszudenken. Dann fährt er fort: «Ich wünsche mir, Frauen zu verstehen. Zu verstehen, was sie traurig macht und worüber sie lachen. Zu verstehen, was sie an Männern mögen und was sie nicht mögen. Und am meisten möchte ich wissen, wie man sie glücklich macht. Kannst du mir das sagen?»

Der Frosch stöhnt auf und sagt: «Kann ich deine Karte noch mal sehen?»

Unnahbarer Naher Osten

Gott hat Moses geschickt, und er konnte die Sache nicht in Ordnung bringen. Gott hat Jesus geschickt, und er konnte es nicht regeln. Gott hat Mohammed geschickt, und er konnte es auch nicht regeln. Denkst du, du kannst es regeln?

Bleiben wir noch etwas bei diesem Thema. Als es noch einen George W. Bush in Amt und Würden gab, gab es auch noch einen Donald Henry Rumsfeld als seinen Verteidigungsminister. Er galt als ausgesprochener Hardliner der damaligen US-Administration. Auf Pressekonferenzen war er immer für eine verbale Überraschung gut, hatte er sich doch über die Jahre den Ruf eines schwer erträglichen Schwadroneurs erworben. Zudem war er störrisch wie ein Esel mit Kopfschmerzen: Sein Beharren auf der Ansicht, dass Saddam Hussein Massenvernichtungswaffen verstecke, ist eine der Sternstunden der Sturheit.

Eines Tages geht Donald Rumsfeld zu Präsident George Bush und sagt, er habe eine ideale Lösung für den Nahen Osten gefunden. Die beiden sprechen darüber und beschließen, am nächsten Tag vor die Presse zu treten. Bush begleitet Rumsfeld zur Pressekonferenz, und dieser stellt seinen Plan vor: «Meine Damen und Herren von der Presse. Ich habe einen unfehlbaren Plan zur Lösung des Nahostkonflikts entwickelt. Wir siedeln einfach eine Million Palästinenser und drei Elektriker nach Alaska um.»
Darauf fragt ein Journalist: «Wieso drei Elektriker?»
Rumsfeld dreht sich zu Bush und sagt: «Hab ich's dir nicht gesagt: Keiner interessiert sich für die Palästinenser.»

Der New Yorker Journalist und Optimist Hart Seely hat ein Buch herausgegeben, in dem er einige der bemerkenswerten Sprüche von Donald Rumsfeld gesammelt hat. Ein Juwel ist der folgende, welcher aus einer am 12. Februar 2002 gehaltenen Pressekonferenz des Ministers stammt. Die Frage eines Journalisten zielte auf die Atomwaffen im Irak. Die Antwort zeigt Rumsfeld als großen Dadaisten und heimlichen Lyriker, wenn nicht gar als herausragenden Erkenntnistheoretiker.

"Dad, apart from the known and the unknown, what is there?"

Abbildung 33: «Dad, was gibt es sonst noch außer dem Bekannten und dem Unbekannten?» Cartoon von Jim Naylor

Wie wir wissen, gibt es bekanntes Bekanntes. Es gibt Bekanntes, das uns bekannt ist. Wir wissen auch, es gibt Unbekanntes, von dem uns bekannt ist, dass es unbekannt ist. Dies bedeutet: Wir wissen, dass es Dinge gibt, die wir nicht wissen. Aber es gibt auch Unbekanntes, von dem uns nicht bekannt ist, dass es unbekannt ist: Es gibt das unbekannte Unbekannte.

Donald Rumsfeld

Donald Rumsfeld lässt sich kein bekanntes Unbekanntes für ein unbekanntes Bekanntes vormachen. Für diese seine Bekanntgabe wurde Rumsfeld übrigens von einer englischen Vereinigung von Sprachwissenschaftlern und Sprachliebhabern mit dem Preis für die unsinnigste Aussage des Jahres 2002 ausgezeichnet.

Donald Rumsfeld hat aber noch mehr zu bieten.

Die folgenden Worte sprach der große Barde im US-Verteidigungsministerium angesichts der während des Irakkrieges geplünderten und zerstörten Krankenhäuser, Museen und Kindergärten:

Es ist unordentlich. Und die Freiheit ist unordentlich. Und freie Menschen sind frei, Fehler zu machen. Und Verbrechen zu begehen. Und schlimme Dinge zu tun.

Das ist also laut Donald Rumsfeld der Preis der Freiheit. Sie ist unordentlich (englisch: *untidy*). Amerikanische Soldaten mögen während des Irakkrieges zwar so einiges begangen haben, was schrecklich, unmoralisch, ja auch kriminell war. Doch wenn man es einfach als *unordentlich* bezeichnet, so bekommt das Ganze hinsichtlich Schweregrad eher den Status eines unaufgeräumten Zimmers. Es war zwar in Wirklichkeit grauenhaft, aber durch diese Wortwahl klingt es so menschlich wie ein Kinderzimmer nach einem Kindergeburtstag: unaufgeräumt eben. Es ist ein Anwendungsfall des Prinzips *Realitätsverschönerung durch sprachliche Maßnahmen.*

In Deutschland gibt es niemanden, der Donald Rumsfeld das Wasser reichen könnte, wenn ich auch gestehen muss, dass mir einige der Wortschöpfungen von Edmund Stoiber nicht schlecht gefallen. Sie folgen sogar einem metrischen Muster. Das sieht man an der Kollektion der folgenden Beispiele, die allesamt aus seinem Munde stammen. Nichts ist hinzugefügt oder weggelassen, lediglich ein lyrischer Zeilenumbruch wurde ergänzt, um die poetische Dimension der Stoiberismen klarer hervortreten zu lassen. Begeben wir uns auf eine Expedition ins Herz der sprachlichen Finsternis. Im Folgenden spricht Stoiber wie Stoiber mit Promille.

> Es muss zu schaffen sein,
> meine Damen und Herren,
> wenn ich die CDU anseh',
> die Repräsentanten dieser Partei:
> an der Spitze, in den Ländern, in den Kommunen,
> dann bedarf es nur noch eines kleinen Sprühens,
> sozusagen,
> in die gludernde Lod, in die gludernde Flut,
> dass wir das schaffen können.
> Und deswegen,
> in die lodernde Flut,
> wenn ich das sagen darf.

Was fällt mir dazu ein?

Wenn man wenig sagen will, kann man versuchen, es zu verstoibern.

Stoiber-Lyrik ruft geradezu danach, von Paul McCartney oder doch wenigstens von Herbert Grönemeyer vertont zu werden. Angesichts nicht allein der gludernden Lod stimme ich Edmund Stoiber vollinhaltlich zu, wenn er, wie im Wahlkampf 2002, buchstäblich dieser Meinung ist: «Wir müssen unsere Kinder wieder mehr Deutsch lernen!»

Also dann, in dem sein Sinne.

Hätte ich das alles nicht erwähnen sollen? Ich weiß es nicht. Eigentlich aber kommt mir auch hier der ehemalige bayerische Ministerpräsident mit einer Feststellung vom 15. CDU-Parteitag zu Hilfe, als er meinte: «Das darf man der Wahrheit wohl einmal sagen.»

Wir haben Edmund Stoiber als mehrfältigen Poeten des Dadaismus erlebt. Doch die wahre Kunst eines vielfältigen Lyrikers zeigt sich erst in der minimalsten aller sparsamen Kleinformationen: dem Haiku. Das sind genau 17 Silben, in denen alles gesagt werden muss.

Hier sind zwei Sätze Edmund Stoibers, die sich mühelos in diese Genre-Form bringen lassen. Das erste Haiku bezieht sich auf den Ex-Kanzler, das zweite auf seine Frau:

Haiku Eins
Gerhard Schröder:
Er ist so verschiedenartig
und gleichzeitig
gleich.

Haiku Zwei
Wir beide haben Humor:
Sie in der Praxis,
ich in der
Theorie.

Die Selbsteinschätzung als Theoretiker des Humors erklärt natürlich so einiges, spricht aber nicht uneingeschränkt für Stoiber. Denn in der Theorie gibt es zwar keinen Unterschied zwischen Theorie und Praxis. In der Praxis dagegen schon.

Noch ein Achttausender der hohen Politik

Westerwellness für alle
Er, sie, es am 13. Mai 2011: Westerwelle wird als Parteichef abgelöst, behält aber seinen Doktortitel.

Und wie sagte Guido Westerwelle im ARD-Morgenmagazin auf die Frage: «Wie viel kostet uns der Euro?»

«Ich kann nicht schätzen, ich kann nur raten. Ich schätze mal ...»

Vielleicht muss man aber mit den Politikern ein bisschen nachsichtiger sein, denn es ist nicht leicht, unfallfrei in eine Kamera zu sprechen. Bei all ihrer beruflichen Belastung gilt das besonders für Spitzenpolitiker. Dennoch kann man sich über deren verbale Abstürze amüsieren. Die können besonders krass sein, sagt uns doch der alpinistische Volksmund: Wo die Berge hoch sind, sind die Täler tief.

Mit einer Wissenschaftsgeschichte, die den Unterschied zwischen Theorie und Praxis besonders gut verdeutlicht, wollen wir dieses Segment ausklingen lassen.

Arnold Sommerfeld war ein berühmter deutscher Physiker. Zwar hat er selbst trotz zahlreicher Nominierungen nie den Nobelpreis bekommen, doch wollte man einen Superlativ nennen, hatte er immerhin unter seinen Schülern mehr spätere Nobelpreisträger als irgendjemand sonst. Es waren Werner Heisenberg, Wolfgang Pauli, Peter Debye, Hans Bethe, Linus Pauling, Isidor Rabi und Max von Laue.

Doch von diesen soll hier nicht die Rede sein, sondern vom Meister persönlich: In München, wo Sommerfeld Professor war, wurden die Straßenbahnen in den 1930er Jahren von Ventilatoren gekühlt, die von der Decke hingen. In jedem Wagen gab es zwei Ventilatoren. Fuhren die Straßenbahnen an, setzten sich wegen der Luftströmung über ihnen die Ventilatoren in Bewegung. Auf diese Weise wurde warme Luft aus den Wagen nach außen befördert. Die Ventilatoren konnten sich sowohl rechts- als auch linksherum drehen. Das schien dem Zufallsprinzip zu unterliegen. Doch merkwürdigerweise drehten sich die beiden Ventilatoren in einem Wagen immer in entgegengesetzter Richtung.

Ein Student, der dieses Phänomen beobachtet hatte, aber keine Erklärung dafür finden konnte, befragte dazu einmal Sommerfeld. Nachdem er dem Professor den Sachverhalt dargestellt hatte, antwortete dieser: «Das ist leicht zu erklären. Die strömende Luft erreicht den in Fahrtrichtung ersten Ventilator zuerst und versetzt ihn in Bewegung, und zwar rein zufällig entweder rechtsherum oder linksherum. Aufgrund dieser Bewegung bildet sich ein Wirbel, der mit der Bewegung der Luft durch den Wagen nach hinten wandert. Wenn der Wirbel oder seine Ausläufer den hinteren Ventilator erreichen, setzen sie ihn in derselben Richtung in Bewegung wie den vorderen.»

«Aber Herr Professor, es ist ja nicht dieselbe Richtung, sondern die entgegengesetzte Richtung», entgegnete der Student. «Nun», sagte Sommerfeld, «das ist noch viel einfacher zu erklären», und präsentierte eine detaillierte Erläuterung vom selben Plausibilitätsgrad wie für das gegenteilige Phänomen. Am Ende war der Student so verwirrt wie zuvor.

Eine etwas boshafte Definition eines Theoretikers ergibt sich als Resultierende:

33. Schlagfertigkeit

Bei wissenschaftlichen Theorien reicht ein Gegenbeispiel, um sie als ungültig zu beweisen. Auch in Diskussionen sind spontane Gegenbeispiele oft schwer zu returnieren. Sie können intellektuell geradewegs vernichtend sein. *Far secco qualcuno*, nennen die Italiener das dann: jemanden trocken zurücklassen. Hier sind einige gegnerische Austrocknungen:

Einmal hielt der renommierte britische Sprachwissenschaftler John Langshaw Austin (1911–1960) einen Vortrag vor einem recht großen Publikum an der Columbia Universität in New York. Unter anderem sprach er über die doppelte Negation und ihre Bedeutung in verschiedenen Sprachen: «In einigen Sprachen ist eine doppelte Negation eine Affirmation. In anderen Sprachen ist die doppelte Negation eine Verstärkung der Negation. Es gibt aber interessanterweise keine Sprache, weder natürlich noch artifiziell, in der eine doppelte Bestätigung zur Negation wird.»

Minus mal Minus

Alles in allem würde ich Ihnen gerne eine positive Botschaft mit auf den Weg geben – ich habe aber keine. Würden Sie eventuell auch zwei negative nehmen?

Woody Allen

Als Austin diese Aussage gemacht hatte, erklang mit ausgeprägtem New Yorker Akzent und für jedermann im Saal deutlich hörbar die Stimme des Philosophen Sidney Morgenbesser. Begleitet von einer geringschätzigen Handbewegung, sagte er: «Yeah, yeah.»

Das ist vielleicht eine der schlagfertigsten Riposten in der Geschichte universitärer Vorträge. Das Publikum reagierte tumultartig. Dem Sprachforscher fehlte die Sprache.

Der kürzlich verstorbene Sidney Morgenbesser war weithin bekannt für seine tief schürfenden Bonmots und Gesprächsbeiträge in den Straßencafés rund um die Columbia-Universität.

Das, was Sidney Morgenbesser für den Upper Broadway in New York City war, das war der Straßenphilosoph Ashleigh Brilliant für die Universitätsstadt Berkeley in den sechziger und siebziger Jahren: ein Schöpfer geistreicher Gedankensplitter und Einzeiler. Auf ihn gehen so gelungene Wendungen zurück wie die folgenden:

Ashleigh-Brilliantismen
Ich habe meine Bemühungen um Wahrheit eingestellt und suche nur mehr gute Phantasien.
Ich bin vielleicht nicht perfekt, aber Teile von mir sind exzellent.
Ich verstehe dich nicht. Du verstehst mich nicht. Was haben wir sonst noch gemeinsam?

Ashleigh Brilliant war der Denker der Hippie-Bewegung, die bekanntlich von San Francisco ausging. Im Summer of Love von 1967 hielt er täglich Vorlesungen im Golden Gate Park, im Herzen der Stadt. Zuvor schon hatte er die Floating University auf einem Schiff gegründet, mit dem er mit Gleichgesinnten um die Welt fuhr, mal hier, mal dort vor Anker ging und Vorträge über meist weltanschauliche und esoterische Themen hielt. Mittlerweile lebt der inzwischen 80-Jährige in Santa Barbara. Während meines Kalifornien-Aufenthalts nahm ich Kontakt mit ihm auf, und wir verbrachten einen inspirierenden Vormittag Ende Februar 2013 in seinem Haus.

Er erzählte mir, dass er über die Jahre mehr als 10 000 Aphorismen kreiert habe und vom Verkauf dieser bebilderten, stets höchstens 17 Worte umfassenden Epigramme lebe. Das *Wall Street Journal* nannte ihn einmal «den einzigen hauptberuflichen Epigrammatiker der Weltgeschichte».

Ich erzählte ihm von meinem neuen Buchprojekt, und spontan hatten wir beide die Idee, dafür ein maßgeschneidertes Epigramm zu basteln. Wir setzten uns an seinen Schreibtisch, er nahm ein weißes Blatt Papier und nach zehnminütigem beidseitigem Nachdenken sah das Blatt so aus:

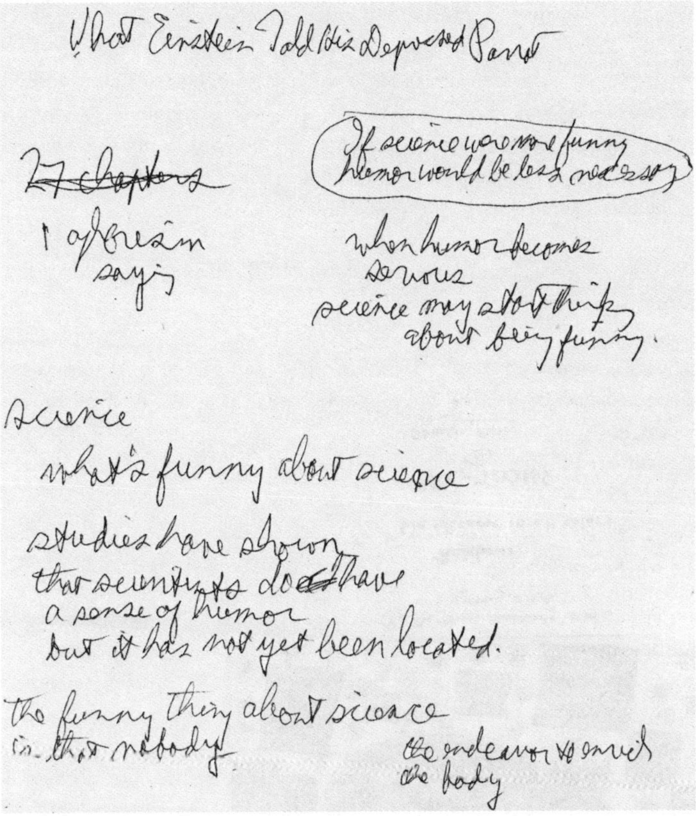

Abbildung 34: Zwischenstationen auf dem Weg zu einem neuen Aphorismus

Unser beider Favorit ist die umrandete Sentenz, die auf Englisch besser klingt als in deutscher Übersetzung:

Wäre Wissenschaft lustiger, wäre Humor weniger notwendig.

Ein guter Zweitplatzierter war dieser Einfall:

Wenn der Humor ernst wird, könnte die Wissenschaft darüber nachdenken, lustig zu werden.

Wir ziehen weiter, doch bleiben wir noch etwas bei Einzeilern:

Der inzwischen vergessene Poet Sir Lewis Morris beklagte sich um 1890 bei Oscar Wilde mit folgenden Worten über die mangelnde Rezeption seiner Gedichte: «Es ist eine vollständige Verschwörung des Schweigens gegen meine Werke. Was soll ich nur dagegen tun, Oscar?»
«Sich ihr anschließen», erwiderte Wilde.

Großartig gelungen finde ich auch die folgende Entgegnung des amerikanischen Politikers Al Smith:

Smith schritt einst zum Podium, um eine Wahlkampfrede zu halten, während ein Störenfried ihm zurief: «Sag alles, was du weißt, Al. Das dauert nicht lange.»
Darauf der Politiker: «Ich sage alles, was wir beide wissen. Das dauert genauso lange.»

Nur Nicht-Napoleons

Der erwähnte Al Smith brachte es schließlich bis zum Gouverneur des Bundesstaates New York. Einmal besuchte er ein psychiatrisches Landeskrankenhaus, und einer der Patienten fragte ihn bei seinem Rundgang, wer er sei. «Ich bin Al Smith, der Gouverneur dieses Staates», antwortete er freundlich.

Darauf der Patient: «Diesen Gedanken hauen sie dir hier drinnen ziemlich schnell aus dem Kopf raus. Als ich ankam, war ich Napoleon.»

Höhepunkte der Talkshowistik. Ein weiteres schönes Stück ist eine berühmt gewordene Retourkutsche des Rockmusikers Frank Zappa. Er wurde zu seinen besten Zeiten des Öfteren in Talkshows eingeladen. Einmal war der Gastgeber der unterhaltsame, aber ebenso berüchtigte Joe Pyne. Aufgrund einer Krebserkrankung hatte er ein Bein verloren und trug eine Prothese, was ihn innerlich verbittert hatte. Sein Markenzeichen während der Show war ein konfrontativer Stil, der darin bestand, offensiv seine Meinung zu vertreten und darüber mit Talk-Gästen und dem Publikum zu diskutieren. Zudem war er bekannt für provokante Bemerkungen und latenten Zynismus.

Als Frank Zappa in der Joe Pyne Show auftrat, hatte er lange Haare. Der Talkmaster fragte ihn irgendwann herausfordernd: «Machen dich deine langen Haare nicht zur Frau?»

Und der Musiker erwiderte: «Warum? Macht dich dein Holzbein zum Tisch?»

34. Weiteres aus der Philosophie

Auf Ludwig Wittgenstein geht die Bemerkung zurück, dass ein ernsthaftes philosophisches Werk möglich sei, das vollständig aus Witzen besteht. Das ist eine bemerkenswerte Ansicht, zumal dem großen Philosophen selbst nur ein schwacher Sinn für Humor gegeben war. Hätte er die folgenden Witze wohl in ein derartiges Buch aufgenommen?

Fraglich

Beim Philosophie-Examen an einer Universität stand das folgende Problem auf dem Prüfungsbogen: «Wenn dies eine Frage ist, dann beantworten Sie sie so gut wie möglich.»

Einer der Prüflinge schrieb: «Wenn dies eine Antwort ist, dann benoten Sie sie so gut wie möglich.»

Wer da?

«Knock-Knock»-Witze sind einfache Scherzformen, die im amerikanischen Kulturkreis entstanden sind. Zwar gibt es auch schon in Shakespeares *Macbeth* eine «Knock-Knock! Who's there?»-Zeile, doch hat sie kein neues Genre des Humors aus der Taufe gehoben. Dieses entstand vielmehr erst um 1930.

Besonders populär war Humor dieses Typs auch bei amerikanischen Schulkindern in den 1950er Jahren. Mittlerweile sind diese Kurz-Witze auf der ganzen Welt verbreitet, und es sind nicht mehr nur Kinderscherze. Wenn es auch bei den Franzosen «Toc-Toc» heißt und bei den Japanern «Kon-Kon», so ist die Grundstruktur überall dieselbe. Sie basiert auf dem Dialog zwischen zwei realen oder fiktiven Personen:

Nach einem
«Klopf, klopf!»
kommt immer ein
«Wer ist da?»
Dann folgt ein Name oder Begriff als Antwort, zum Beispiel:
«Wayne.»
Der andere fragt nach:
«Wayne wer?»,
worauf der Erzähler nun seine Pointe – immer ein Wortspiel mit dem genannten Namen oder Begriff – loswerden kann:
«Wayne interessiert's?»

Das folgende Exemplar ist naturgemäß neueren Datums:
Klopf, klopf!
«Wer ist da?»
«11. September.»
«11. September wer?»
«IHR HABT GESAGT, IHR WÜRDET ES NIE VERGESSEN!»

So viel dazu.

Wechselstaben verbuchteln

Im Inetrent fnad ich eien Heiniws auf eine Sidute der Uisvenrität Caimrbdge, ncah der es eagl ist, wie die Batuhbsecn in eneim Wort anodegenrt snid, wenn nur der estre und lzttee Buachsbte des Wtroes uvneränrdt bielebn. Seblst so verändrtee Tetxe knöne man ohne Perlmboe lseen.

Konnten Sie diesen Text lesen? Ich glaube, ja. Er behauptet, dass ein Text sogar dann noch verständlich ist, wenn die Wortsilhouette der Wörter, bestehend aus Anfangs- und Endbuchstaben, Wortlänge und Buchstabenkollektiv, erhalten bleibt. Hingegen komme es nicht darauf an, wie genau die Buchstaben im Inneren angeordnet sind.

Das und Weiteres hat der Pioneer der Verdrehungsforschung, der Brite John Rawlings, schon vor 40 Jahren so oder so ähnlich formuliert. Es hört sich plausibel an, gilt aber nur, wenn die Worte nicht zu lang sind und der Text inhaltlich nicht zu schwierig ist.

Ich frage mich gerade: Könnte das nicht ein Argument für eine Legastheniker-freundliche Rechtschreibreform sein? Nach der Devise: Buchstabendreher werden nicht mehr so wichtig genommen, Hauptsache, alle Buchstaben sind vorhanden?

> Er las immer «Agamemnon» statt «Angenommen», so sehr hatte er den Homer verinnerlicht.
>
> Georg Christoph Lichtenberg, *Sudelbücher*

Wenden wir das Prinzip doch einmal auf eine Textstelle des Meisterphilosophen Martin Heidegger an:

Das Nicths ist das Nihct des Sdneieem und so das vom Sieeendn her erherafne Sien. Die oltgsiohcone Dfreienfz ist das Nciht zhseciwn Sdineeem und Sien. Aebr so wineg Sien als das Nhcit zum Snedeein ein Nhtics ist im Snnie des nhiil nateugvim, so wieng ist die Diefrfnez als das Nhcit zswehcin Sdeienem und Sien nur das Gldebie enie Dittnsikion des Vseteanrds. Jeens ncdehinte Nhcit des Nhcits und deeiss ncdehinte Nchit der Deeffinrz snid zawr nchiit ceeilnri aber das Sbele im Snnie deessn was im Wdeeensn des Seins des Sdeeeinn zaeeghmmnrsuot.

Alles klar?

Ich höre, wie Sie «Eher nein» sagen. Nach der konspirativ codierten Version kommt deshalb der Klartext:

«Das Nichts ist das Nicht des Seienden und so das vom Seienden her erfahrene Sein. Die ontologische Differenz ist das Nicht zwischen Seiendem und Sein. Aber so wenig Sein als das Nicht

169

zum Seienden ein Nichts ist im Sinne des nihil negativum, so wenig ist die Differenz als das Nicht zwischen Seiendem und Sein nur das Gebilde einer Distinktion des Verstandes. Jenes nichtende Nicht des Nichts und dieses nichtende Nicht der Differenz sind zwar nicht einerlei, aber das Selbe im Sinne dessen, was im Wesenden des Seins des Seienden zusammengehört. Das Nichts ist die unabwesende Ab-Wesen-heit vom anwesenden Etwas. Ohne die Anwesenheit der Abwesenheit von Etwas gibt es kein Nichts.»

Besser?

Sorry übrigens: Die letzten beiden Sätze habe ich eigenmächtig dazugegeben. Um zu sehen, ob es Ihnen auffällt. Als ich den Text Korrektur gelesen habe, ist es mir selbst kaum noch aufgefallen.

Abbildung 35: Das absolute Nichts für 22 Meilen. Danach fängt das relative Etwas wieder an.

Und wie gefällt er Ihnen? Ist der Klartext klar? Nebenbei bemerkt: Heidegger hat in Bezug auf die Verstehbarkeit der Sprache von Philosophen einmal sinngemäß gesagt, dass ein Philosoph, der verständlich sei, seinen eigenen Untergang besiegle.

Da bin ich erleichtert, denn ich muss gestehen, dass mir Original und Oirngial sinnbezüglich gleichermaßen sinnleer erscheinen und damit so viel Sinn machen, wie ich dem folgenden Bild zu entnehmen vermag:

Abbildung 36: Normal kann jeder. Doch dies ist eine Szene, die nicht dem natürlichen Faltenwurf des Lebens entspricht. Der Jüngling wirkt wie der Anti-Struwwelpeter, das Setting wie ein gespielter Witz oder Sigmar Polke reziprok.

Ist obiges Bild vielleicht – jenseits aller Unmöglichkeiten, es zu deuten – nur als ästhetisches Erlebnis gedacht? Darüber könnte man ein paar Worte mehr verlieren. Und man würde damit nicht einmal aus dem Thema fallen, denn auch Humorerlebnisse sind ästhetische Erlebnisse.

Ästhetische Erfahrungen haben mit einem Gefühl des Wohlgefallens zu tun. Je nach persönlicher Geschmacksrichtung gibt es viele Erscheinungen, die bei Menschen Wohlgefallen auslösen können: eine mitreißende Melodie, eine gelungene Formulierung, eine unberührte Landschaft, ein sympathisches Gesicht. Und weitere mehr.

Auch körperliche Reaktionen können mit diesen Erlebnissen einhergehen. Eine Passage einer Symphonie von Beethoven mag Ihnen eine Gänsehaut verursachen, eine Zeile eines Sonetts von Shakespeare Sie zu Tränen rühren. Das sind vergleichsweise subtile körperliche Reaktionen. Weit intensivere Körperreaktionen können durch Erlebnisse ausgelöst werden, die sich auch unter den Reaktionen des Behagens verbuchen lassen. Ich meine speziell die Kontraktion von fünfzehn Gesichtsmuskeln in Kombination mit einer Serie respiratorischer Spasmen beim Ein- und Ausatmen. Das ist der Vorgang, den man als Lachen bezeichnet. Es ist der körperliche Ausdruck der ästhetischen Erfahrung gelungenen Humors. Humor ist eine psychische Größe, Lachen ist physisch. Man braucht einen Körper, um es auszuüben.

Minimal Art

In jeder Kunstrichtung gibt es die Minimalform, die bei möglichst kargem Einsatz des Mediums kreativ zu sein sich bemüht. Und da gelungener Humor für mich eine Kunstform ist, kann man auch in diesen kunstvollen Settings nach sparsamen Minimalvarianten Ausschau halten:

Zwei-Wort-Witz:
Prätentiös? Moi?

Ein-Wort-Witz:
Solartaschenlampe

Doch umgekehrt garantiert der Vollbesitz eines Körpers noch nicht, dass er auch zum Lachen eingesetzt wird. Von Newton zum Beispiel ist überliefert, dass er nie gelacht habe.
Hat Jesus gelacht? Die Bibel gibt keinen Hinweis darauf.

Erweitern wir die Frage: Gibt es überhaupt irgendeinen Hinweis auf Amüsement in der Bibel?

Nein!

Wie der Philosoph Alfred North Whitehead einmal bemerkte, sei die totale Abwesenheit jeglichen Humors in der Bibel eine der außergewöhnlichsten Tatsachen der gesamten Weltliteratur.

35. Elektrotechnik

Glühbirne ist ein Slang-Wort der Elektrotechniker. Genau genommen ist dieser Ausdruck aber alles andere als zutreffend, stellt aber gegenüber der präziseren Variante:

Evakuierter Glaskolben mit Wolframspirale zur Wandlung von elektrischer Energie in Strahlungsenergie im sichtbaren Spektrum elektromagnetischer Wellen

die entschieden gefälligere und zeitsparende Version dar.

Zur Erinnerung an Abbott & Costello: Who's on first, What's on second

Kunde: «Do you have a four volt, two watt light bulb?»
Verkäufer: «For what?»
Kunde: «No, two.»
Verkäufer: «To what?»
Kunde: «Yes.»
Verkäufer: «No.»
Kunde: «Thank you. Goodbye.»
Verkäufer: «Goodbye.»

Wie viel Fachpersonal wird für das Wechseln einer kaputten Glühbirne benötigt?

Wie viele Archäologen?
Drei. Einer, der sie wechselt, und zwei, die darüber streiten, wie alt die alte ist.

Wie viele Sozialarbeiter?
Ist eigentlich egal, da die nächste Glühbirne eh bald wieder dem Burnout-Syndrom zum Opfer fallen wird.

Wie viele Germanisten?
Einen. Aber 200 bewerben sich.

Wie viele Verfasser dieses Buches?
Nur einen, aber er braucht einen Assistenten, der ihm zeigt, in welche Richtung man die Birne drehen muss.

Wie viele Informatiker?
404 (Not found).

Wie viele Maschinenbaustudentinnen?
Alle beide.

Wie viele Jongleure?
Nur einen. Aber man braucht drei Glühbirnen.

Wie viele Feministinnen?
Sieben. Eine, um die Glühbirne zu wechseln, drei, die gegen die Erniedrigung der Fassung durch die Glühbirne protestieren, zwei, die sich heimlich wünschen, sie wären die Fassung, und eine, die sich heimlich wünscht, sie wäre die Glühbirne.

Wie viele Philosophen?
Das ist eine metaphysische Frage. Versuchen wir doch zunächst einmal, uns Klarheit über das Licht als solches in seiner natürlichen, aber auch in

seiner symbolischen Bedeutung zu verschaffen, um dann ein kurzes Pro-
pädeutikum durchzuführen, in dem wir über das Wesen der Glühbirne
und ihre Vergänglichkeit nachdenken.

Wie viele BWLer?
Nur einen, wenn Sie mich einstellen. Ich kann nämlich Glühbirnen selbständig und eigenverantwortlich wechseln. Wie Sie meinem Lebenslauf
entnehmen können, habe ich schon sehr viel Erfahrung im Glühbirnen-
wechseln. Ich war in unserer Studenteninitiative sogar Ressortleiter für
glühende Birnen, und momentan bin ich Tutor für Birnenmanagement.
Mein einziger Schwachpunkt ist, dass ich auch in meiner Freizeit gerne
Glühbirnen wechsle.

Wie viele Charismatiker?
Nur einen. Die Hände hat er schon oben.

Wie viele Mathematiker?

$$\frac{\Gamma(10)}{\Gamma(4)\,\Gamma(6)} \int_0^1 x^3\,(1-x)^5\,dx$$

Wie viele Humorlose?
Einen.

36. Der Wissenschaftler als Mann

Die Mathematikerin Tanya Khovanova hat darauf hingewiesen,
dass es in Graham Mastertons Buch *How to drive your man wild in
bed* ein für Frauen sehr nützliches Kapitel darüber gibt, wie man
überhaupt erst einmal einen Liebhaber wählt und von welchen
Männern man lieber die Finger lassen sollte. Es gibt eine längere
Liste von Negativindikatoren, wie zum Beispiel ganze Berufs-
gruppen, die mit Vorsicht zu behandeln sind. Die Liste beginnt
mit dem Satz: «Vermeiden Sie generell Mathematiker.»

Das scheint mir plausibel. Ich kann natürlich nur für mich
sprechen, doch bei genauerem Nachdenken würde ich mit mir
selbst vielleicht auch keine engere längere Beziehung eingehen.

Eine Affäre? Aber auf jeden Fall! Doch auch so schon hat meine Lebensfreude einen Mathematiker-Gehalt von gut 40 %. Denn die Chemie stimmt immer noch zwischen mir und der Mathematik.

Abbildung 37:
«Was meinst du damit: ‹Die Chemie ist weg.›?»
Cartoon von Mark Lynch

Das Limerick zum Thema

Der Mathe-Mann Brück vom Hunsrück
bezirzte der Frauen zwei Stück.
Er ist zwar recht klein,
und doch kann es sein:
wegen Mathematik fehlt kein Stück nicht zum Glück dem Herrn Brück.

Für Leute, die von Lyrik viel oder gar nichts verstehen

Ein Poet in der Geschichte ist göttlich. Ein Poet im Nebenzimmer ist ein Witz.
Max Eastman

P S: Macht mich mein obiges Limerick schon zum Poeten? Vielleicht gar zum Poeten im Nebenzimmer?

Andere Bücher ähnlichen Inhalts wie Mastertons Ratgeber sprechen vergleichbare Warnungen vor Ingenieuren oder Informatikern oder Naturwissenschaftlern aus, kurz vor den Männern in den MINT-Fächern.

Nach mehr als 30 Jahren Kontakt mit Wissenschaftlern dieses Typs kann ich sagen, dass Menschen in den harten Wissenschaften tatsächlich anders sind als andere. Es kann für den Rest der Welt bisweilen frustrierend sein, mit Menschen dieses Schlages in Berührung zu kommen. Doch ich kann Ihnen versichern: Wenn man sie besser versteht, wird der Umgang mit ihnen erfreulich, meistens jedenfalls.

"We've advanced about as far as we can go."

Abbildung 38: «Wir haben uns so weit entwickelt, wie es ging.»
Cartoon von Joe di Chiarro

Ingenieure, zum Beispiel, sind ziemlich ehrlich, auch in zwischenmenschlichen Beziehungen. Deshalb ist es nicht nur eine gute Idee, sondern absolut notwendig, sie von Kunden, Festgästen und anderen Menschen fernzuhalten, welche die Wahrheit nicht hören wollen oder nur schwer vertragen. Ingenieure haben besondere Ziele, wenn es um soziale Interaktionen geht. Während es dem Rest der Welt darum geht,
- sich interessant und anregend zu unterhalten,
- wichtige soziale Kontakte zu pflegen,
- ein Gefühl der Verbundenheit mit anderen Menschen zu kultivieren,

haben Ingenieure rationale Ziele bei sozialen Kontakten, nämlich
- im Vorfeld zu vermeiden, dass diese überhaupt zustande kommen,
- wenn sie unvermeidlich sind, diese so schnell wie möglich hinter sich zu bringen,
- wenn es unmöglich ist, sie schnell hinter sich zu bringen, dann gegenüber den Anwesenden ihre intellektuelle Überlegenheit zu demonstrieren.

Kleidung hat einen geringen Stellenwert für Ingenieure, sobald grundlegenden Schwellenwerten, die der Außentemperatur und der Schicklichkeit geschuldet sind, Genüge getan ist. Wenn keine Rumpfanhängsel einfrieren, keine Genitalia oder Mammalia sichtbar frei schwingen, dann ist das Bekleidungsziel eines Ingenieurs erreicht. Alles darüber Hinausgehende ist Luxus, mithin Verschwendung von Zeit und Ressourcen nebst Ablenkung vom Wesentlichen.

Da nach landläufiger Übereinstimmung zu einer gelungenen sozialen Interaktion mehr gehört, als sie gerade vermieden zu haben, dies aber die Motivation eines Ingenieurs ist, haben die Anhänger dieser Denkweise es nicht ganz leicht bei Verabredungen und darüber hinaus bei der Partnersuche. In der Regel bekleiden sie hoch bezahlte Positionen, lange bevor sie ihre Jungfräulichkeit oder Jungmännlichkeit verlieren.

"I've disproved the law of averages. I asked 200 pretty girls out on a date, and not 1 of them said yes."

Abbildung 39: «Ich habe das Gesetz der großen Zahlen widerlegt. 200 schöne Mädchen habe ich um ein Date gefragt, und nicht eine Einzige hat Ja gesagt.» Cartoon von Larry Lambert

Mein Tipp: Immer weiter fragen. Weiter scheitern. Besser scheitern. Bis es klappt. Schau, was alles möglich ist im Reich der Beziehungen:

Abbildung 40: Selbst hagere, blässliche, kleinwüchsige Individuen können bei der Partnersuche reüssieren.

Männliche Ingenieure erreichen den Gipfel ihrer erotischen Anziehung im Schnitt später als andere Menschen, nämlich zwischen Mitte dreißig und Ende vierzig, wenn sie bisweilen zu unwiderstehlichen erotischen Dynamos werden können.

Ingenieure lieben «Raumschiff Enterprise». Dort werden sie als Helden porträtiert, die bisweilen sogar aktive Erotik mit Aliens ausüben dürfen. Das ist weitaus glamouröser als das reale Ingenieurleben, dessen erotische Episoden ohne Mitwirkung anderer ablaufen.

Ingenieure lieben es, Probleme zu lösen. Wenn keine Probleme verfügbar sind, schaffen sie eigenständig neue Probleme. Oft bestehen diese in der Frage, wie man reale Objekte verbessern oder nichtexistente Objekte kreieren kann. Für einen Ingenieur ist die reale Welt eine Ansammlung suboptimaler und funktionsarmer Gegenstände.

Die schnellste Art, einen Ingenieur dazu zu bekommen, ein Problem anzugehen, besteht darin, dieses Problem als unlösbar zu deklarieren. Dann können Ingenieure ohne Nahrungsaufnahme und Körperpflege tagelang an solchen vermeintlichen Unlösbarkeiten arbeiten. Diese Herausforderungen werden schnell zu persönlichen Schlachten zwischen einem Ingenieur und allen Naturgesetzen. Ingenieure lieben Problemstellungen, die sie mit ihren häuslichen Höchstleistungscomputern, satellitenfähigen Armbanduhren, programmierbaren Mikrowellen und aufgerüsteten 37-teiligen Schweizer-Armee-Messern angehen können. Lösen sie ein solches Problem, erleben sie einen Ego-Rausch, der für sie besser ist als jeder körpererotische Höhepunkt.

Das Selbstwertgefühl eines Ingenieurs hängt von zwei Dingen ab:
– wie intelligent er ist,
– wie viele coole Apparate und pfiffige Software er hat.

Nichts ist bedrohlicher für einen Ingenieur, als wenn ein anderer größere Problemlösungskapazitäten besitzt oder sie ihm auch nur nachgesagt werden. Gewöhnliche Menschen nutzen die Kenntnis dessen, um Ingenieure zu Höchstleistungen zu motivieren. Wenn ein Ingenieur verkündet, etwas könne nicht gemacht werden (ein codierter Satz in der Bedeutung von: Es macht mir keinen Spaß, das jetzt zu machen), sagen Sie ihm einfach: «Ich werde Andi bitten, das zu machen. Er weiß, wie man schwere Probleme löst.» Nach diesen beiden Sätzen ist es ratsam, wenn Sie nicht zwischen dem Ingenieur und dem Problem stehen. Der Ingenieur wird sich auf das Problem stürzen wie ein hungriger Pitbull auf eine Rinderkeule.

Obige Informationen bilden zwar noch keine Bedienungsanleitung für einen reibungslosen Umgang mit Ingenieuren aller Art, doch mögen sie Verständnis wecken. Als Zugabe folgt eine Parabel vom pfiffigen Ingenieur, welche uns die Bonusparameter dieser oftmals verkannten Berufsgruppe klar vor Augen führt.

Zeit ist Geld und Wissen ist Macht. Diese Geschichte beruht auf einer wahren Begebenheit: Sie trug sich zu in der Forschungsabteilung der Firma General Electric und handelt vom Ingenieur Charles Proteus Steinmetz (1865–1923), der einen legendären Ruf genoss.

Nachdem Steinmetz 30 Jahre lang bei General Electric gearbeitet hatte, ging er glücklich in Pension. Einige Monate später aber kontaktierten ihn seine ehemaligen Kollegen, die ein unlösbares Problem mit der Funktion einer millionenteuren Maschine hatten. Die Techniker hatten alles versucht, doch nichts hatte funktioniert. In ihrer Not wandten sie sich an den pensionierten Ingenieur, der schon so viele große Probleme gelöst hat. Und dies geschah:

Steinmetz nahm die Herausforderung widerstrebend an. Er brauchte einen Tag, um sich mit der riesigen, immens komplizierten Maschine vertraut zu machen, einen weiteren Tag, um deren interne Abläufe zu durchdringen. Am Ende des zweiten Tages machte er ein kleines × mit Kreide an die Außenwand der Maschine und sagte: «Hier ist das Problem.»

Die Techniker entfernten an dieser Stelle die Abdeckung und fanden im darunterliegenden Schaltkreis tatsächlich einen elektrischen Engpass. Sie ersetzten das zugehörige Bauteil und die Maschine funktionierte perfekt.

Eine Woche später erhielt die Firma von Steinmetz eine Rechnung über 50 000 Dollar für die geleistete Arbeit. Von der Höhe überrascht, forderte man eine genaue Aufschlüsselung der Rechnungssumme. Die Antwort von Steinmetz war kurz:

Eine Markierung mit Kreide anbringen:	1,– Dollar
Wissen, wo die Markierung anzubringen ist:	49 999,– Dollar

Steinmetz wurde voll bezahlt.

37. Kurzbesuch bei Chemikern

Chemiker sind in dieser Sammlung bisher entschieden zu kurz gekommen. Das soll flugs geändert werden. Denn es sind wichtige Zeitgenossen: Mathematiker haben zuallererst Probleme, aber Chemiker haben Lösungen.

Kommt ein Mann in eine Apotheke und sagt, er brauche dringend 2-Acetobenzoeoxycytin.

Darauf der Apotheker: «Sie meinen Aspirin?»

Der Mann: «Ja, ganz genau, ich kann mir bloß dieses blöde Wort nie merken!»

Damit ist ein Anfang gemacht. Aber es reicht Ihnen noch nicht? Nun, das verstehe ich. Dann lassen wir doch im Folgenden gleich eine ganze Chemiker-Schar auftreten:

Zehn kleine Chemiker
Zehn kleine Chemiker, die rauchten einen Joint.
Der eine hält Propan daran, da blieben sie zu neunt.

Neun kleine Chemiker, die haben Toluol gemacht.
Der eine stand zu dicht dabei, da waren's nur noch acht.

Acht kleinen Chemikern schien Knallgas zum Verlieben.
Dem einen knallt's den Schädel weg, da blieben nur noch sieben.

Sieben kleine Chemiker, die waren ganz perplex,
Dass Natrium mit Chlor was macht, da waren's nur noch sechs.

Sechs kleine Chemiker vergaßen Schuh und Strümpf'.
Der eine trat in Scherben rein, da waren's nur noch fünf.

Fünf kleine Chemiker, die brannten sich ein Elixier.
Der eine geht auf Todestrip, da blieben nur noch vier.

Vier kleine Chemiker verdampften SO_2.
Der eine hat sich wund gekeucht, da waren's nur noch drei.

Drei kleine Chemiker besuchte einst die Polizei.
Der eine kochte Methadon, da blieben nur noch zwei.

Zwei kleine Chemiker, die tranken Pichelsteiner.
Im Becherglas war Rest-Arsen, da war es nur noch einer.

Ein kleiner Chemiker verbindet sich mit Mull.
Die Wunde war schon komplexiert, da blieben nur noch null.

Null kleine Chemiker erwirkten einen Rechtsbehelf.
Die Firma hat mehr eingestellt, jetzt sind es sogar elf.

Wie geht es denn jetzt weiter mit diesem Kleine-Chemiker-11er-Rat? Gar nicht! Irgendwann kommt der Punkt, wo die Chemie aufhört. So auch hier und im kommenden Bild.

"I'M ON THE VERGE OF A MAJOR BREAKTHROUGH, BUT I'M ALSO AT THAT POINT WHERE CHEMISTRY LEAVES OFF AND PHYSICS BEGINS, SO I'LL HAVE TO DROP THE WHOLE THING."

Abbildung 41: «Ich stehe an der Schwelle zu einem großen Durchbruch. Aber ich bin auch an dem Punkt angelangt, wo die Chemie aufhört und die Physik anfängt. Also muss ich das Ganze fallen lassen.» Cartoon von Sidney Harris

38. Das Gegenteilsprinzip oder Zen im Alltag

Karl Marx hat nach eigener Denke Hegels Dialektik vom Kopf auf die Füße gestellt. Ob das im Ergebnis so war und ob das im Ergebnis so gut war, sei dahingestellt. Manchmal muss man aber die Realität von den Füßen auf den Kopf stellen.

Anti-Störung. Es war einmal ein Mann, der hatte die Angewohnheit, des Abends, wenn er seine Pantoffeln vor dem Schlafengehen auszog, diese an die gegenüberliegende Wand zu werfen. Auf der anderen Seite der Wand wohnte sein Nachbar. Eines Abends kommt der Nachbar zu ihm und bittet ihn freundlich, nicht mehr die Pantoffeln gegen die Wand zu werfen, da es ihn störe. Der Mann verspricht, damit aufzuhören.

Am nächsten Tag zieht der Mann vor dem Schlafengehen wieder seine Pantoffeln aus, und aus reiner Gewohnheit wirft er den ersten Pantoffel gegen die Wand. Als er gerade den zweiten werfen will, erinnert er sich an die Bitte des Nachbarn und legt ihn leise auf den Boden.

Eine halbe Stunde später trommelt der Nachbar aufgebracht an seine Tür und ruft: «Verdammt noch mal, nun machen Sie schon: Werfen Sie endlich den anderen Schuh.»

Abbildung 42: «Dieses Schild ist nicht in Gebrauch.»

Manchmal ist es also gerade die Abwesenheit einer Störung, die erst recht störend ist: So widerfuhr es einem Mann, der direkt an einer Eisenbahnlinie wohnte und bei dem jede Nacht um 3 Uhr ein Güterzug mit so großem Getöse vorbeifuhr, dass das ganze Zimmer nebst Bett und Bettzeug vibrierte. Er hatte sich aber daran gewöhnt und schlief, ohne davon aufzuwachen, weiter. Eines Tages fällt der Güterzug aus. Also kein Getöse und kein Vibrieren morgens um drei. Der Mann wacht kurz darauf schweißgebadet auf und denkt, was war denn das?

Das ist ein weiteres Beispiel für das Gegenteilsprinzip. Es ist in Wissenschaft und Alltag weit verbreitet. Das Gegenteilsprinzip ist auch als Erkenntnisinstrument sehr mächtig. Manchmal ist es nützlich, das genaue Gegenteil von dem, was die Intuition erwartet, in Betracht zu ziehen.

Eines Tages nähert sich Juan auf einem Fahrrad der mexikanisch-amerikanischen Grenze. Über der Schulter trägt er einen größeren Beutel. Wegen Juans Körpersprache hegt der erfahrene Grenzposten den Verdacht, dass er etwas zu verstecken hat und zu schmuggeln versucht. Vielleicht etwas, das im Sack verborgen ist. Der Grenzbeamte fragt ihn barsch: «Was ist denn da im Beutel?»

«Sand», antwortet Juan.

«Das werden wir sehen», meint der Grenzer «Steigen Sie mal ab und zeigen Sie her.» Der Grenzer reißt den Sack auf, leert den Inhalt, findet aber nichts als Sand. Er befühlt ihn, schüttet ihn durch ein Sieb, lässt ihn analysieren und von einem Drogenhund beschnüffeln. Er findet aber nichts als reinen Sand. Am Ende lässt er Juan mit dem, was von Sand und Sack noch übrig ist, passieren.

Eine Woche später passiert genau dasselbe. Juan kommt wieder auf seinem Fahrrad mit einem Beutel Sand über der Schulter zur Grenze gefahren. Der Grenzer führt eine sorgfältige Kontrolle durch, findet aber nichts als Sand und muss Juan passieren lassen.

Diese Szene wiederholte sich Woche für Woche rund 20 Jahre lang, bis beide in den Ruhestand gehen. Der Grenzer wurde die ganze Zeit sein Gefühl nicht los, dass der Mexikaner etwas schmuggelt, konnte aber nie etwas finden.

Eines Tages treffen sie sich wieder. Sagt der frühere Grenzer: «Ich hatte all die Jahre immer den Eindruck, dass Sie etwas schmuggeln. Es hat mich verrückt gemacht. Ich konnte an nichts anderes mehr denken. Jetzt, da alles vorbei ist, können Sie es mir ja sagen. Es bleibt unter uns. Sagen Sie es mir doch: Was haben Sie geschmuggelt?»

Darauf der Mexikaner: «Fahrräder!»

39. Relativität und Kausalität

Während einer Abendgesellschaft wird Albert Einstein von der Gastgeberin gefragt, was die Relativitätstheorie denn eigentlich aussage. Einstein erwidert, das sei schwer zu erklären. Doch die Dame lässt nicht locker. Schließlich gibt Einstein nach und antwortet, er werde es mit einer Geschichte erklären:

Ein Mann macht an einem heißen Tag mit einem Blinden einen Spaziergang. Der Mann sagt: «Ich könnte jetzt etwas kalte Milch gebrauchen.»

Der Blinde erwidert: «Ich weiß, was kalt bedeutet, aber was ist Milch?»

Sagt der Mann: «Milch ist eine weiße Flüssigkeit.»

Sagt der Blinde: «Ich weiß, was Flüssigkeit bedeutet, aber was ist weiß?»

Sagt der Mann: «Weiß ist die Farbe der Federn eines Schwans.»

Sagt der Blinde: «Ich weiß, was Federn sind, aber was ist ein Schwan?»

Sagt der Mann: «Ein Schwan ist ein Vogel mit einem gekrümmten Hals.»

Sagt der Blinde: «Ich weiß, was Vogel bedeutet, aber was ist gekrümmt?»

Darauf nimmt der Mann etwas ungeduldig den Arm des Blinden, krümmt ihn am Ellbogen und sagt: «Das ist gekrümmt.»

Darauf der Blinde: «Aua! Aber jetzt weiß ich, was Milch ist.»

Mit Kausalketten ist es demnach eine vertrackte Sache. Auf den Gipfel getrieben werden die logische Schlussweise und ihr Gegenteil in der folgenden Unterhaltung:

Die Logik des Logikers
Ein Lehrstück in zwei Aufzügen. Es handelt sich um ein Gespräch am Tresen in einer Bar. Hauptpersonen: ein Mann (Ma), ein Fremder (Fre), ein Bekannter (Be) des Mannes

Die Herren Ma und Fre stehen an der Bar. Der eine hat dem anderen gerade erzählt, dass er Logiker ist.
Ma: «Sie sind Logiker? Was ist denn das?»

Fre: «Okay, ich erkläre es Ihnen: Haben Sie ein Aquarium?»
Ma: «Ja ...»
Fre: «Dann sind da auch bestimmt Fische drin!»
Ma: «Ja ...»
Fre: «Wenn da Fische drin sind, dann mögen Sie bestimmt Tiere.»
Ma: «Ja ...»
Fre: «Wenn Sie Tiere mögen, dann mögen Sie bestimmt auch Kinder.»
Ma: «Ja ...»
Fre: «Wenn Sie Kinder mögen, dann haben Sie bestimmt auch welche.»
Ma: «Ja ...»
Fre: «Wenn Sie Kinder haben, dann haben Sie sicher auch eine Frau.»
Ma: «Ja ...»
Fre: «Wenn Sie eine Frau haben, dann lieben Sie Frauen.»
Ma: «Ja ...»
Fre: «Wenn Sie Frauen lieben, dann lieben Sie auch die Menschen.»
Ma: «Logisch!»
Fre: «Wenn Sie die Menschen lieben, dann sind Sie kein Rassist!»
Ma: «Stimmt, WAHNSINN! Das verstehe ich.»

Der Fremde geht irgendwann, und kurz darauf sieht der Mann einen Bekannten.
Ma: «Du, ich muss dir was erzählen. Ich habe eben einen Logiker getroffen!»
Be: «Einen WAS?»
Ma: «Einen Logiker. Ich erkläre es dir! Hast du ein Aquarium?»
Be: «Nein ...»
Ma: «Du elender Rassist!»

So viel zur Logik von A wie Aquarium bis Z wie Rassist. Als Nächstes springen wir zu Be wie ...

40. Berufskunde

Der Beruf des Logikers ist nicht leicht zu erklären. Das aber zeichnet ihn (den Beruf) und ihn (den Logiker) nicht schon aus. Es gibt viele nicht leicht zu erklärende Berufe.

Bereicherung aller Berufswelten

Landfluchthelfer
Rumpelkammersänger
Trinkgeldfälscher
Vielleichtmatrose
Steckbriefträger
Salonlöwenbändiger
Erfolgswirt
Grünanlagenberater
Bandscheibenwischer
Flaschenzugbegleiter
Gartentorwart
Getränkesteuerberater
Aberglaubensbruder
Abführmittelstürmer
Kofferraumfahrer
Autofallensteller
Butterbergführer
Kirschkernphysiker
Belanglosverkäufer

Abbildung 43: Evolution von der Kaulquappe zum Belanglosverkäufer? «Vielleicht wird jetzt jemand von mir Notiz nehmen.» Cartoon von Mike Shapiro

Drei Prostituierte stehen wegen eines kleinen Delikts vor Gericht. Der Richter fragt die erste: «Was ist Ihr Beruf?»

Sie sagt: «Ich bin Lehrerin.»

Der Richter fragt die Zweite, und auch diese sagt: «Ich bin Lehrerin.»

Der Richter fragt die Dritte und bekommt die Antwort: «Ich bin Prostituierte.»

Interessehalber möchte der Richter noch wissen: «Wie geht denn das Geschäft heutzutage?

«Na ja, es geht so», erwidert die Prostituierte, «in letzter Zeit streunen abends in meinem Bezirk ziemlich viele Lehrerinnen herum.»

To be and what to be

Als ich noch jung war, wollte ich immer jemand sein. Jetzt wünsche ich mir, dass ich etwas konkreter gewesen wäre.

Lily Tomlin

Beim nächsten Witz geht es um den Versuch einer Kommunikation mit dem Jenseits. Warum auch nicht: Die Kommunikation mit dem Jenseits scheint nur unwesentlich schwieriger als die Kommunikation mit einigen Menschen im Diesseits. Und wenn man einen guten Helfer hat ...

Das Gewerbe eines Bauchredners geht schlecht. Kaum noch jemand will seine Darbietungen hören, und er hat keine Engagements mehr in Shows oder beim Zirkus. Schließlich vertraut er sich seinem Steuerberater an. Der meint: «Warum versuchen Sie nicht etwas ganz anderes? Einer meiner Kunden macht auf Hellseher, führt Séancen und Ähnliches durch. Da ist das Geld heutzutage.»

Das erscheint dem Bauchredner plausibel, und schon eine Woche später bietet er in seinem Wohnzimmer verschiedene Dienste als Hellseher an. Ein Schild draußen teilt mit, dass er Angebote für 30, 50 und 100 Euro habe.

Gleich am ersten Tag kommt eine Witwe, um mit ihrem verstorbenen Ehemann in Kontakt zu treten. «Nichts leichter als das», entgegnet der Mann. «Wollen Sie 30, 50 oder 100 Euro ausgeben?»

«Was bekomme ich für 30 Euro?», fragt die Frau.

«Für 30 Euro können Sie mit Ihrem verstorbenen Mann reden.»

«Und für 50 Euro?»

«Für 50 Euro können Sie mit ihm reden, und er antwortet Ihnen.»

«Und was bekomme ich für 100 Euro?», fragt die Frau.

Darauf der Mann: «Für 100 Euro können Sie mit ihm reden, und er antwortet Ihnen, während ich ein Glas Wasser trinke.»

41. Genetik

Das gemeinsame Thema der nächsten Witze ist die Weitergabe von Erbanlagen und die Ausbildung von Merkmalen in der nächsten Generation. Fürwahr ein weites Feld.

Ein Missionar war bei den Eingeborenen sehr angesehen. Er hatte ihre Kranken geheilt, ihnen die Bibel vermittelt und moralische Werte beigebracht. Eines Tages aber kommt der Häuptling mit sehr besorgtem Gesicht in die Hütte des Seelsorgers: «Du leben lange mit meine Stamm», beginnt der Chief. «Du sagen, was richtig sein und was falsch sein. Du sagen, nicht richtig sein, wenn Mann und Frau vor Hochzeit mache Liebe, und wir dir glauben. Heute weißes Kind geboren von Frau in Stamm. Du weißer einziger Mann in ganze Dorf. Was ich sagen meine Volk?»

Sinnend nahm der Missionar den Häuptling mit zum Fenster: «Mein Sohn, ich werde nicht versuchen, dir eine wissenschaftliche Erklärung für eine Albinogeburt zu geben. Doch schau dir einmal die Schafherde dort am Hang an. Jedes Schaf ist schneeweiß bis auf das kleine schwarze dort. Das weiße Baby, das die Frau im Dorf geboren hat, bedeutet nicht mehr als das schwarze Schafjunge dort in der Herde. Es ist nur einer der mysteriösen Zufälle im Reich Gottes.»

Verlegen schaute der Häuptling auf seine schwarzen Füße: «Okay, Father», druckst er ein wenig schamhaft herum, «ich nich sagen von weiße Baby, du nich sagen von schwarze Schaf.»

Ein schwarzfelliges Schafjunges erlaubt zwar keinen zwingenden, aber doch immerhin zwanglosen Übergang zu einem blaublütigen Königssohn. Es ist nur ein Katzensprung.

Ein junger, sehr hochnäsiger Königssohn besucht eine Fabrik in seines Vaters Königreich und bemerkt zu seiner Überraschung, dass einer der jüngeren Arbeiter große Ähnlichkeit mit ihm selbst hat. Nachdenklich geworden, winkt er den Arbeiter forsch heran und fragt ihn herablassend: «Stand deine Mutter einmal in Diensten des Hofes?»

«Nein, Herr», sagt der Arbeiter. «Meine Mutter hat nie im Palast gearbeitet, aber mein Vater war Gärtner dort.»

Den Schluss dieses Abschnitts bildet eine Geschichte über das Reich des Zufalls zwischen Un- und Ergründlichkeit. Zufall ist unser Leben.

Zwei Männer sitzen nebeneinander in einem Pub in London. Nachdem sie schon eine Weile stumm, aber kräftig gezecht haben, sagt der eine zum anderen: «Ich habe das Gefühl, dass Sie auch aus Irland stammen.»

«Ja, das tue ich», sagt der Angesprochene stolz.

«Ich auch», sagt der andere, «und woher sind Sie genau?»

«Ich bin aus Dublin, und Sie?»

«Ich bin auch aus Dublin. Wo haben Sie denn dort gewohnt?»

Sagt der andere: «In einer netten Gegend in Alt-Dublin, auf Stephen's Lane, nicht weit vom Merrion Square.»

«Donnerwetter, ist die Welt klein», meint der Erste, «in dieser Gegend habe ich auch gewohnt. In welche Schule sind Sie denn gegangen?»

Auch der andere ist ganz überrascht ob dieser Zufälle und sagt: «Das war MacDermott School in der Francis Street.»

«Wahnsinn, da war ich auch», meint der Erste zunehmend perplex. «Sagen Sie, wann haben Sie denn Ihren Abschluss dort gemacht?»

Der andere antwortet: «Das war 1967.»

«Gott im Himmel», meint der Erste: «Ich kann unser Glück kaum fassen, dass wir heute hier in derselben Bar in London zusammengetroffen sind. Ich habe auch 1967 an der MacDermott School meinen Abschluss gemacht.»

Ungefähr hier kommt ein anderer Mann in den Pub, setzt sich und bestellt ein Guinness. Der Barkeeper lehnt sich zu ihm herüber, schüttelt den Kopf und sagt: «Kann 'ne lange Nacht werden. Die Murphy-Twins sind wieder blau.»

In dieser Geschichte ist die sich aufbauende Serie der Zufälle nach der Punchline des Witzes nicht mehr weiter überraschend. Überraschend aber sind viele Zufälle, die das Leben für uns in petto hat. Auf Schritt und Tritt kann man einem unerwarteten Zufall oder schlicht dem Unerwarteten über den Weg laufen. Genau das ist die Botschaft, die das folgende Schild als Ratschlag formuliert.

Abbildung 44: Erwarten Sie das
Unerwartete.

42. Forschung anders

Soll man über Humor in der Wissenschaft sprechen, ist es fast
unvermeidlich, dass man auch über Nobelpreise spricht. Dabei
meine ich jetzt natürlich nicht die von der Schwedischen Akade-
mie vergebenen Edelauszeichnungen für Spitzenleistungen auf
den verschiedensten Gebieten, sondern den von der Harvard
Universität vergebenen satirischen Ig-Nobelpreis. Nennen wir
ihn einfach Anti-Nobelpreis.

Er wird verliehen für an sich ernst gemeinte Forschung oder
andere Aktionen, die auf amüsante Weise skurril sind und erst
zum Lachen, dann zum Denken anregen.

Die Preisvergabe des Jahres 2012 fand am 20. September statt.

Einer der Preise ging an Emmanuel Ben-Soussan und Michel
Antonietti aus Frankreich. Preisgekrönt wurde ihre für Mediziner,
die Darmspiegelungen durchführen, gedachte Broschüre, die darüber informiert, wie ein Arzt die Wahrscheinlichkeit minimieren
kann, dass seine Patienten während des Eingriffs explodieren.

Da das ein Eingriff ist, dem ich mich selbst schon einige Male unterzogen habe und der, ganzheitlich bewertet, alles andere als Spaß macht, bin ich jedenfalls jetzt froh, dass Maßnahmen ergriffen werden können, um meine Explosionsgefahr gering zu halten. Insofern spielt diese Leistung der beiden Wissenschaftler erheblich in meine eigene Erlebniswelt hinein und verbessert meine Lebensqualität.

Da: ein Rettungs-BH. Noch nützlicher dürfte die Erfindung von Dr. Elena Bodnar von der Universität von Chicago sein, die ihr den Ig-Nobelpreis für Gesundheitswesen eintrug: Es ist der Rettungs-BH. Dabei handelt es sich um einen normalen Büstenhalter, der im Ernstfall direktemang in eine doppelte Atemschutzmaske umgebaut werden kann und dann in der Lage ist, gesundheitsschädliche Partikel aus der Luft zu filtern, wie sie bei Bränden, Explosionen, biologischen Angriffen oder Naturkatastrophen entstehen können.

Die Schulterbänder lassen sich als Kopfbänder benutzen und die Einlagen sind so geformt, dass sie auch eine optimale Passform für die meisten Nasentypen gewährleisten. Es ist jedenfalls wunderbar, dass eine Frau nicht nur eine, sondern zwei Brüste hat. So kann sie im Ernstfall nicht nur sich selbst, sondern auch einem Mann ihrer Wahl das Leben retten.

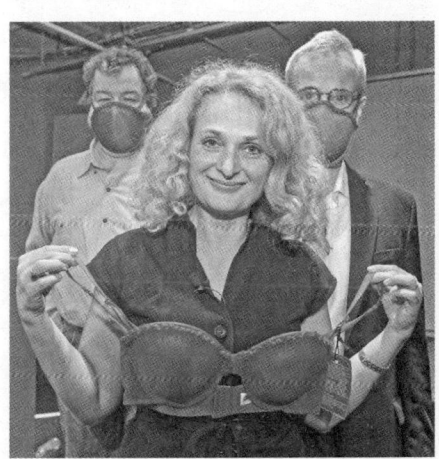

Abbildung 45: Elena Bodnar und ihre Erfindung. Vorne BH, hinten zwei Atemschutzmasken

Würden Sie sich nicht auch gerne von der abgebildeten – intelligenten, geistreichen, humorvollen, attraktiven – Preisträgerin retten lassen? Es wird aber davor gewarnt, in der Nähe dieser Frau allein zu diesem Zweck einen Notfall herbeizuführen. Sie sei auf derartige Fälle vorbereitet, sagte sie in einem Interview.

Übrigens, meine Recherchen haben ergeben, dass der Vielfältigkeits-BH für nur 29,99 Dollar im Internethandel erhältlich ist. Elena Bodnar hat ihn patentieren lassen und widmet sich gegenwärtig mit ihrem Patentanwalt der Vermarktung des formschönen und nützlichen Accessoires.

"After fire and the wheel, it was only logical to invent the patent attorney."

Abbildung 46: «Nachdem wir Feuer und Rad erfunden hatten, war es nur logisch, den Patentanwalt zu erfinden.» Cartoon von Chris Wildt

Was das Rad betrifft, so scheint der steinzeitliche Patentanwalt in obigem Cartoon seine Arbeit weniger als optimal gemacht zu haben. Wie sonst hätte es dem Australier John Keogh aus Hawthorn, Victoria, im Jahr 2001 gelingen können, in eine Lücke des Patentrechts vorzustoßen, und zwar mit der Anmeldung des Rades als Patent Nummer 2001100012 beim Australischen Patentamt. Der Kurztitel seines Patents lautet: Circular Transportation Facilitation Device (kreisförmige Transporterleichterungsvorrichtung). Auch für diese Leistung gab es einen Ig-Nobelpreis.

Bemerkenswert schien der Jury auch ein Projekt unter Leitung von Professor Richard Stephens von der britischen Keele Universität. Sie brachte dem Projektleiter zwar den Ig-Nobelpreis für Frieden des Jahres 2010 ein, doch wird sein Forschungsinteresse wohl nie zu irgendeinem Kanon der Bildungsgüter gehören. Es handelt sich nämlich ums Schimpfen und Fluchen. Sein Team hatte in einer kontrollierten psychologischen Studie ermittelt, dass die Tätigkeit des Fluchens schmerzlindernde Wirkung hat. Hätten Sie das gedacht?

Die Idee zu seiner Studie war Richard Stephens gekommen, als er sich mit einem Hammer auf den Daumen schlug und anschließend in hier nicht druckfähiger Form das Blaue vom Himmel herunterfluchte. Es habe ihm geholfen. Flugs nahm er das als Anlass für eine Studie.

Aber was sollen wir auch erwarten, wenn 90 % aller Wissenschaftler, die es je gab, derzeit leben. Irgendwie muss jeder seine eigene Forschungsnische finden.

Doch wir kommen vom Thema ab. Die erwähnte Studie förderte ausgesprochen kurzweilige Ergebnisse zutage: Versuchsteilnehmer konnten ihre Hände länger in einem Becken mit Eiswasser halten, wenn sie dabei nach Lust und Laune fluchen durften. Der Unterschied zu einer Kontrollgruppe, der dies untersagt war, erwies sich als statistisch signifikant.

Linguisten haben übrigens herausgefunden, dass Fluchen ein weltweites, kulturübergreifendes Sprachphänomen ist, was die Frage aufwirft, wieso sich diese Praxis ausgebildet hat und warum sie fortbestehen bleibt. Die Hypothese von Stephens lautet: Fluchen trimmt den ganzen Körper auf Abwehr und Flucht. Die dabei ausgeschütteten Stoffe – Endorphine und Adrenalin – haben eine schmerzlindernde Wirkung.

Maledictologie

Beim Fluchen geht es dem Flucher darum, ein Tabu seiner Kultur zu verletzen. Insofern sind manche Themen weltumspannend und finden sich in allen Kulturen rings um den Globus, andere sind auf eine oder wenige Kulturen beschränkt. Im Wesentlichen gebe es drei Hauptgruppen, sagen uns Fluchforscher: die Religionslästerer, die Familienbeschimpfer und die Prüden, bei denen es um Körperfunktionen wie Sex und Ausscheidungen geht, ➤➤

---

besonders des Darms, sei es in fester, flüssiger oder gasförmiger Form. Vor allem die feste Form hat es den Fluchern vieler Länder angetan: Shit, Skit, Sift, Dermo, Merde, Mierda ist nur eine kleine Kollektion von Fluchwörtern aus verschiedenen Ländern. Besonders einfallsreiche Flucher, wenn etwas schiefgeht, sind die Italiener und Spanier, verdanken wir ihnen doch Flüche wie diesen:

Bei den 24 Eiern der 12 Apostel Christi

Mir selbst gefällt das schlichte und noch relativ alltagsfähige *Bloody Hell* der Briten besser.

Ungeübt im Nichtverzicht.   Noch etwas anderes ist in diesem Zusammenhang erwähnenswert. Muss man sich wegen einer Operation einer Vollnarkose unterziehen, dann werden später beim Aufwachen unterschiedliche Hirnregionen unterschiedlich schnell wieder aktiv. Zuerst das limbische System. Das ist unser walnussgroßes animalisches Zentrum des Gehirns, in dem auch die Schimpfwörter und Fluche gespeichert sind. Bei Menschen, die in Bezug aufs Schimpfen und Fluchen im richtigen Leben besonders kontrolliert agieren, wie zum Beispiel Nonnen, passiert es dann gelegentlich, dass sie mit einer regelrechten Kanonade des Fluchens gegen alles und jeden aus der Narkose aufwachen. Es sei ein Erlebnis, sagte mir einst ein befreundeter Chirurg.

Kommutativät des Beschimpfens.   Ein Logiker, der gerade von einem übergenauen Polizisten einen Strafzettel bekommen hat und sich darüber ärgert, fragt den Ordnungshüter: «Herr Wachtmeister, darf man eigentlich zu einem Polizisten ‹Rindvieh› sagen?»

«Nein, das darf man nicht, und sollten Sie es wagen, gibt es eine ordentliche Geldstrafe», ruft der Beamte.

«Aber darf man zu einem Rindvieh ‹Herr Wachtmeister› sagen?», fragt der Logiker nach. «Na ja, das wohl schon», meint der Beamte.

Darauf der Logiker: «Dann auf Wiedersehen, Herr Wachtmeister!»

Geometrie des Beschimpfens.   Der Schweizer Astronom Fritz Zwicky, der viele Jahre seines Lebens auf dem Mount-Wilson-Observatorium arbeitete, bezeichnete einmal alle seine dortigen Kollegen als *sphärische Fieslinge:* «Weil sie Fieslinge sind, ganz egal, von wo aus man sie betrachtet.»

43. Produkt und Produktinformation

Abbildung 47: «Achtung, Zebrastreifen nicht in Gebrauch. Überqueren Sie mit Vorsicht.»

Ein Zebrastreifen der nicht in Gebrauch ist, ist ein bisschen wie ein Probealarm, der für eine bestimmte Uhrzeit erst angekündigt und später abgesagt wird, außer für den Fall, dass es zu der angegebenen Uhrzeit wirklich brennen sollte. Also paradox.

Was den Zebrastreifen betrifft, ist eventuell der von Fußgängern leicht tragbare und bei Bedarf schnell ausrollbare Zebrastreifen einer japanischen Herstellerfirma eine Überlegung wert.

Solche und ähnliche Produkte nennt man in Japan *Shindogu*. Es sind dies Objekte, die tatsächliche Probleme auf ausgefallene Weise so lösen, dass ihr Einsatz, genau besehen, noch größere Unannehmlichkeiten bewirkt, als das Problem verursacht, zu dessen Lösung das Objekt entwickelt wurde. Es sind, kurz gesagt, un-nutzlose Anti-Problemlöser.

Eine besonders produktintensive Zeit ist bekanntermaßen die Weihnachtszeit.

When the last Kalendersheets
flattern through the Winterstreets
and Dezemberwind is blowing,
dann ist everybody knowing,
that it is not allzuweit:
she does come – the Weihnachtszeit!

And the Christkind will be coming,
Candle-Wachs is abwärts running,
Bing of Crosby Liedlein sings
Während Towerglocke rings.
And the Kekse look so fine;
Immer when is Weihnachtstime.

Every Parkplace is besetzt,
Weil die people driven jetzt
All to Kaufhof, Mediamarkt,
kriegen almost Heart-Infarkt,
Shopping overflüssig things
When the Christmusglocke rings.

Und was könnte besser passen zur fröhlichen Weihnacht als eine gemütliche Weihnachtskerze? Zum Beispiel wiederum in Form eines Produkts aus Japan, das man abermals nur wärmstens empfehlen kann. So liest sich die Produktinformation der Herstellerfirma:

Herzlichst Gluckwuensch zu gemuetlicher Weihnachtskerze Kauf

Mit sensazionell Modell ZV 37 Sie bekome nicht teutonische Gemutlich-
keit fuer trautes Heim nur, auch Erfolg als moderne Mensch bei anderes
Geschleckt nach Weihnachtgans aufgegessen und mehr, weil Batterie viel
Zeit gut lange.

Zu erreichen Gluckseligkeit unter finstrem Tann, ganz einfach Hand-
bedienung von ZV 37:

1. Auspack und freu.
2. Stippel A kaum abbiegen und verklappen in Gegenstippel B fuer Illumi-
   nation von ZV 37.
3. Mit Klammer C in Jacke von Lebenspartner einfraesen und laecheln
   fuer Erfolg mit ZV 37.
4. Fuer eigens Weihnachtsfeierung ZV 37 setzen auf Tisch.
5. Fuer kaput oder Batterie mehr zu Gemutlichkeit beschweren an wir
   zurück.
6. Neue Batterie, alt Batterie versorgen properlich fuer Sauberheit in
   deutscher Land.

Viele Spass mit ZV 37,
Hakunaka Inc.

Was fällt mir dazu ein? Leise rieselt der Schnee. Lange funkelt
das Glück.

Wo es Produkte gibt, gibt es auch Produkte, die man unsach-
gemäß einsetzen kann. Dem sollen Produktwarnhinweise abhelfen. Manche Produkte können sogar gesundheitsgefährdend
sein. Das muss der Welt mitgeteilt werden.

Angefangen hat es mit Zigaretten. Auf der Packung der
Glimmstängel wurde vom Bundesirgendeinemminister richti-
gerweise vor dem Gebrauch dieses Produkts gewarnt. Dann folgten andere Produkte. Besonders in den USA wird heute vor so
manchem gewarnt, um sich bereits im Vorfeld gegen alle denk-
baren Strafanzeigen zu wappnen. Einige besonders gelungene
Produktwarnungen sind die folgenden:

Bügeleisenhersteller Rowenta:
Kleidung nicht am Körper bügeln

Anweisung auf dem US-Army Raketenwerfer Drusi:
Auf den Feind richten

Warnung auf einer Tischlerfräse:
Nicht zum Zähnebohren geeignet

Aufdruck auf einer Packung Fischhaken:
Herunterschlucken schädlich

Aus der Packungsbeilage eines Hustensafts für Kleinkinder:
Nach Genuss nicht ans Steuer setzen und Alkohol meiden

Aufschrift auf einer Geburtstagskarte zum 1. Geburtstag:
Nicht geeignet für Kinder unter 36 Monaten

Ratschlag auf einem zusammenklappbaren Kinderwagen:
Kind vor dem Zusammenklappen entfernen

Mitteilung auf einem Supermann-Halloween-Kostüm:
Das Tragen dieses Kleidungsstücks ermöglicht es Ihnen nicht, zu fliegen.

Wissenschaftliche Produktwarnhinweise. Die rasante Entwicklung der Wissenschaft hat den Menschen gewaltige technische Fortschritte gebracht. Und viele neue Produkte. Die neuen Produkte bereichern uns, aber nicht nur das. Sie können auch bisher nicht gekannte Risiken mit sich bringen. Aus diesem Grunde hat die EU-Kommission eine Gruppe von hochrangigen Experten beauftragt, neuartige Gefahren und Risiken zu identifizieren, die dank der Wissenschaft nunmehr erkennbar geworden sind.

Mit Hilfe des Abschlussberichtes der Wissenschaftler wurden Warnhinweise entwickelt, die in Zukunft auf jedem in der EU in Verkehr gebrachten Produkt vermerkt werden müssen. Hier finden Sie eine noch unvollständige Liste:

VORSICHT: In diesem Produkt bewegen sich kleinste, elektrisch geladene Teilchen mit einer Geschwindigkeit von mehr als 800 Millionen km/h!

ACHTUNG: Dieses Produkt krümmt Raum und Zeit in seiner Umgebung!

WARNUNG: Dieses Produkt zieht die gesamte Materie des Universums mit einer Kraft an, die den beteiligten Massen proportional ist und mit dem Quadrat der Entfernung abnimmt!

GEFAHR: Die Masse dieses Produkts enthält das Energie-Äquivalent von 30 Millionen Tonnen TNT pro Gramm!

HINWEIS: Es ist nicht möglich, gleichzeitig festzustellen, wo sich dieses Produkt im Raum befindet und wie schnell es sich bewegt.

HAFTUNGSAUSSCHLUSS: Es besteht die Möglichkeit, dass dieses Produkt durch einen als Tunneln bezeichneten Prozess seinen Platz verlässt und an einer anderen Stelle des Universums wieder auftaucht. Der Hersteller kann für daraus entstehende Schäden nicht haftbar gemacht werden.

GEWÄHRLEISTUNGSMITTEILUNG: Einer Version der großen vereinheitlichten Feldtheorie zufolge können die Elementarteilchen, die dieses Produkt bilden, und damit das Produkt selbst irgendwann in den nächsten 5 Millionen Jahren zu Strahlung zerfallen. Der Verkauf erfolgt deshalb ohne Gewähr.

EXPLOSIONSRISIKO: Dieses Produkt besteht zu 100 % aus Materie. Im Falle des Kontaktes mit Antimaterie kommt es zu unkontrollierbaren Explosionen.

WARNUNG DES INNENMINISTERS: Jeder Gebrauch dieses Produkts erhöht nach dem Entropiegesetz die Unordnung im Universum und beschleunigt damit die Entwicklung hin zum Wärmetod des Weltalls.

WARNUNG DES GESUNDHEITSMINISTERS: Vorsicht beim Heben und Tragen dieses Produktes. Seine Masse und somit sein Gewicht sind von der Geschwindigkeit relativ zum Anwender abhängig.

HERSTELLER-BEKANNTGABE: Als Ergänzung zu anderen Deklarationen der Inhaltsstoffe weisen wir darauf hin, dass dieses Produkt zu 99,99999999 % aus leerem Raum besteht.

WICHTIGE INFORMATION FÜR DEN KÄUFER: Dieses Produkt kann zusammen mit dem gesamten Universum zu einem unendlich kleinen Punkt kollabieren. Sollte anschließend daraus wiederum ein neues Universum entstehen, kann die Existenz dieses Produktes darin nicht garantiert werden.[7]

44. Definitorisches Zwischenspiel

In diesem Kurzbeitrag geht es um Definitionen. Definitionen sind insofern in der Wissenschaft wichtig, als sie oftmals den Ausgangspunkt einer wissenschaftlichen Untersuchung bilden. Samuel Butler hat eine hübsche Definition der Definition gegeben:

Eine Definition ist das Einfassen der Wildnis einer Idee mit einem Wall von Worten.

Es folgen nun einige weitere Wälle von Worten:

Wirtschaftswissenschaftler: *Jemand, der mehr über Geld weiß als die Menschen, die es haben.*

Abbildung 48: Ökonomie & Ökonomie leicht gemacht: Hartgesottene Mathematik versus «Gib nicht mehr aus, als du verdienst». Cartoon von Dave Carpenter

7   Modifiziert nach einer Liste von Susan Hewitt und Edward Subitzky in der Übersetzung von Fritz Jörn.

Und da wir gerade bei der Ökonomie und bei Definitionen sind:

Ein Student fragt seinen Ökonomie-Professor: «Wie würden Sie Kapitalismus definieren?»
    «Kapitalismus ist die Ausbeutung des Menschen durch den Menschen.»
    «Und wie würden Sie Kommunismus definieren?», hakt der Student nach.
    «Da ist es umgekehrt.»

> **Beitrag zur Psychologie des Verleihens**
> Wenn du jemandem 20 Euro leihst und dann diesen Menschen nie wieder siehst, war es die Sache wahrscheinlich wert.

Erwachsener: *Ein Mensch, der nicht mehr vertikal, sondern nur noch horizontal wachsen kann.*

Das Erwachsenenalter unterteilt sich in:

Frühes Erwachsenenalter: *der Lebensabschnitt, in dem man noch genauso viel machen kann wie davor, aber es lieber nicht macht.*

Spätes Erwachsenenalter: *der Lebensabschnitt, in dem es länger dauert, sich auszuruhen, als es gedauert hat, müde zu werden.*

Zwei Typen von Erwachsenen sind:

Der Optimist: *ein Mensch, der alles halb so schlimm oder doppelt so gut findet.*

Der Athlet: *ein Achtung gebietendes Bündel Muskeln, das nicht in der Lage ist, Holz zu spalten oder Staub zu saugen.*

Eine mögliche Einteilung der Menschen kann auf der Skala von arm bis reich vorgenommen werden. Dabei ist folgende Erkenntnis eines wahren Kompetenzriesen auf diesem Sektor zu bedenken:

Ein sehr reicher Mann ist nur ein armer Mann mit sehr viel Geld.
Aristoteles Onassis

Die nächsten Definitionen beziehen sich auf Formen des Zusammenlebens von Menschen und von Tieren:

Großstadt ist, wenn mindestens 1 Million Menschen gemeinsam einsam sind.

Kleinstadt ist, wenn alle von allen alles wissen und das Wochenblatt nur lesen, um zu sehen, wie viel davon der Herausgeber sich getraut hat zu drucken.

Ein Zoo ist ein Ort, an dem Tiere die Gewohnheiten von Menschen beim Beobachten von Tieren beobachten können.

Und nun die Serie unserer definitorischen Höhepunkte. Alles hat seine Art und Weise.

Eine Henne ist nur die Art und Weise, wie ein Ei ein weiteres Ei macht.
Samuel Butler

Ein Physiker ist nur die Art und Weise, wie ein Atom sich selbst anschaut.
Niels Bohr

Ein Wissenschaftler ist nur die Art und Weise, wie eine Bibliothek eine weitere Bibliothek macht.
Daniel Dennett

Und schließlich:

Ein Mensch ist nur die Art und Weise, wie es die DNA-Moleküle auf den Mond schaffen.

Eine konkrete und diesbezüglich sogar die erste Art und Weise ist bekanntlich der Mensch Neil Armstrong. Auf ihn werden wir in einem späteren Abschnitt noch zu sprechen kommen.

45. Messen, testen, zählen und irren

Abbildung 49: Lasst Bilder sprechen. Was sagt uns diese Beschilderung?

Mit der Höhe und der Weite ist es so eine Sache. Einem Busfahrer, der einst auf eine Unterführung zufuhr und dessen Gefährt nur ein paar Zentimeter zu hoch war, empfahl einer seiner Fahrgäste, er möge doch aus jedem Reifen ein wenig Luft ablassen, um ein paar Zentimeter zu gewinnen. Der Busfahrer sagte darauf: «Aber mir fehlen die Zentimeter doch oben, nicht unten.»

Richtig Messen hat es in sich, wie auch die nächste Episode zeigt.

Messtechnik. Ein Mathematiker und ein Physiker stehen gelangweilt an der Schranke zum Uni-Campus und warten auf den Bus. «Wie hoch mag wohl der Schlagbaum der geöffneten Schranke reichen?», fragen sie sich. Sie diskutieren die verschiedensten Lösungsansätze:

Der Mathematiker: «Hm, ... wir kennen die Tageszeit, können daraus den Winkel der Sonne über dem Horizont ermitteln. Man könnte die Länge des Schattens des Schlagbaums messen und mit Trigonometrie und Strahlensätzen etwas herumrechnen. So kann man den Wert theoretisch finden.»

Der Physiker: «Hm, ... wir könnten eine ausreichend schwere Kugel genau bis zur Höhe der Schlagbaumspitze werfen und die Flugdauer ermitteln. Aus dieser kann man unter Vernachlässigung der Reibung den Wert theoretisch errechnen.»

In dem Augenblick kommt ein Ingenieur des Weges. Als er die beiden Kollegen erblickt, die offensichtlich ein Problem haben, bietet er seine Hilfe an.

Als er erfährt, worum es geht, klappt er den Schlagbaum herunter, misst dessen Länge, teilt den Kollegen das Ergebnis mit, stellt ihn wieder auf und geht seines Weges.

Nachdem er weg ist, sagt der Physiker zum Mathematiker: «Diese Ingenieure. Wir wollten doch die Höhe messen und er gibt uns die Länge.»

Abbildung 50: Kein Kommentar

Wenn gemessen wird, hat man es immer mit Maßeinheiten zu tun und manchmal mit der Umwandlung von einer Maßeinheit in eine andere. Für beides will unser kleines Lexikon einen Beitrag liefern:

1 Milliwoche = 10 Minuten

1 Nanojahrhundert = Pi Sekunden

1 Bananosekunde = die Zeit zwischen dem Auftreten auf eine Bananenschale und dem Auftreffen des Gesäßes auf dem Asphalt

1 Gigaguttenberg = eine Doktorarbeit mit tausend Million Mal so viel kreativer Eigenleistung wie in derselbigen Arbeit des gleichnamigen Freiherrn

10 Monologe = 5 Dialoge
5 Essenzen = 1 Quintessenz
2 Eifel = 1 Zweifel
1 Million Mikrophone = 1 Megaphon
1 Tausendstel Vanilli = 1 Millivanilli
1 Semikolon = die Hälfte des Dickdarms

Apostolisch-dezimalisch

Wenn Gott gewollt hätte, dass wir das metrische System benutzen, hätte
Jesus zehn Apostel gehabt.

US-Senator Jesse Helms

Und zum Schluss möchte ich Ihnen auch dies nicht vorenthalten.
Messen bedeutet manchmal einfach nur zu zählen.

Auch dazu drei Erkenntnisse:

1. Es gibt drei Arten von Menschen. Solche, die bis drei zählen können,
und solche, die das nicht können.

könnte von mir sein

2. Wenn du dein Geld zählen kannst, dann hast du nicht drei Milliarden
Dollar.

John Paul Getty, Ölmilliardär

46. Statistik und Wahrscheinlichkeitstheorie

Beginnen wir zum Aufwärmen, bevor es tiefschürfender wird,
mit etwas Lyrik von den beiden Hauptgrößen der Statistik:

Mittelwert und Streuung

Ein Mensch, der von Statistik hört,
denkt dabei nur an Mittelwert.
Er glaubt nicht dran und ist dagegen,
ein Beispiel soll es gleich belegen:

Ein Jäger auf der Entenjagd
hat einen ersten Schuss gewagt.
Der Schuss, zu hastig aus dem Rohr,
lag eine gute Handbreit' vor.

Der zweite Schuss mit lautem Krach
lag eine gute Handbreit' nach.
Der Jäger spricht ganz unbeschwert
voll Glauben an den Mittelwert:

Statistisch ist die Ente tot!
Doch wär' er klug und nähme Schrot
– dies sei gesagt, ihn zu belehren –,
er würde seine Chancen mehren:

Der Schuss geht ab, die Ente stürzt,
weil Streuung ihr das Leben kürzt!

Paul Heinz List
Professor für Pharmazeutische Technologie
Marburg an der Lahn

Das ist die lyrische Aufbereitung eines wichtigen Aspekts unseres Universums: der Fluktuation und Schwankung fast aller Dinge. Bryan Robson, einst Trainer einer Mannschaft in der englischen ersten Fußball-Liga, hat dieses Prinzip wunderbar verstanden, denn wie sonst hätte er uns folgendermaßen aufklären können:

«Würden wir jede Woche so spielen, wären unsere Leistungen nicht so schwankend.»

Nicht unterschreiben kann ich dagegen, was ein anderer Ballkünstler zum selben Thema sprach:

Gleichheitsaxiom

Ich glaube nicht, dass irgendwer größer oder kleiner ist als Maradonna.

Kevin Keegan, ehemals Torjäger beim Hamburger SV

Die Statistik hat also ihre Tücken. Besonders auch dann, wenn es um das geht, was die Augen von Statistikern aufleuchten lässt: signifikante Ergebnisse.

Die höchstsignifikanteste Weisheit wo gibt

97,3987462 % aller Statistiken täuschen eine Genauigkeit vor, die sie nicht haben, sind frei erfunden und werden irreführend interpretiert. Alles zugleich.

Statistik beschäftigt sich mit der Analyse von Daten. Und viele Datensätze werden im Rahmen von Umfragen erhoben:

Unlogik der Umfragen. Eine kürzlich veröffentlichte Studie ergab, dass die größte Angst der meisten Menschen die ist, eine öffentliche Rede zu halten. Diese Angst war auf Platz 1, sogar noch vor der Angst zu sterben, die Platz 3 belegte. Das würde bedeuten, dass bei einer Beerdigung die meisten Leute lieber der Typ im Sarg sein möchten, als aufstehen zu müssen und eine Grabrede zu halten.

Jerry Seinfeld, amerikanischer Schauspieler

Zweimal pari-pari

50 Prozent aller Personen in heterosexuellen Ehen sind Frauen.

Dr. h. c. N. N.

Das ist doch wunderbar. Jedenfalls in heterosexuellen Ehen ist keine Frauenquote notwendig. Nun zeige ich Ihnen noch einen Salto seitwärts im Denken:

Vier von zehn Frauen fielen bei Führerscheinprüfungen durch. Sechs von zehn Männern bestanden.

Aus der *Berliner Zeitung*

Statistiken über die Welt, in der wir leben. Hätten Sie's geahnt?
- In Deutschland sterben jährlich etwa 20-mal so viele Menschen an verschluckten Kugelschreibern wie durch Blitzschlag.
- 16 % aller Amerikanerinnen werden blond geboren, 33 % sind gegenwärtig blond. Von den TV-Moderatorinnen sind 64 % und von den Miss Amerikas sind 65 % blond.

- Wenn man die Anzahl der Straftaten im Vergleich zur Einwohnerzahl betrachtet, hat der Vatikanstaat die höchste Kriminalitätsrate. Handtaschendiebstähle stehen dabei an erster Stelle. 90 % aller Straftaten bleiben allerdings unbestraft, da die Täter nach Italien flüchten.
- Im Durchschnitt sind verheiratete Männer 2,5 cm größer als unverheiratete Männer.
- Rechtshänder leben im Durchschnitt neun Jahre länger als Linkshänder.
- Bankräuber in England verdienen im statistischen Mittel mit ihren Raubzügen in einem halben Jahr genauso viel wie ein Durchschnitts-Brite mit einem Vollzeitjob.
- Verheiratete Männer schlafen statistisch hochsignifikant häufiger auf der, vom Kopfende betrachtet, rechten Seite des Bettes.
- Zu jedem beliebigen Zeitpunkt sind mindestens 0,8 % der Weltbevölkerung betrunken.
- Nur 0,1 % der Menschen können mit der Zunge ihren Ellenbogen berühren.
- Aber 90 % der Menschen, die die letzte Zeile gelesen haben, haben dies gerade versucht.

Multiple-Choice-Paradoxon. Nun kommen wir zur Wahrscheinlichkeitstheorie. Das ist die Mathematik des Zufalls. Sie hat sich zum Ziel gesetzt, die Gesetzmäßigkeiten des Zufallsgeschehens aufzudecken. Dass der Zufall seine Fallstricke hat, wissen wir schon aus dem Alltag. Auch die Zufallsmathematik stellt sehr vertrackte Probleme. Vertrackt und gleichzeitig amüsant ist das folgende:

Wenn Sie eine Antwort auf diese Frage rein zufällig auswählen, wie groß ist die Wahrscheinlichkeit, dass Sie richtigliegen?
a) 25 %
b) 50 %
c) 60 %
d) 25 %

Man kann sich eine ganze Reihe von Gedanken zu dieser selbstbezüglichen Problemstellung machen. Zum Beispiel diesen:

Für die Frage über die Frage sind vier Antwortmöglichkeiten angegeben. Rein zufällige Auswahl einer Antwort bedeutet, dass jede dieser vier Möglichkeiten mit der Wahrscheinlichkeit 1/4 gewählt wird. Eine Überlegung ist es dann, dass 25 % die korrekte Antwort auf das gestellte Problem ist. Doch die Antwortmöglichkeit «25 %» ist nicht nur einmal, sondern zweimal vorhanden. Sie würde also mit 50-prozentiger Wahrscheinlichkeit gewählt. Also könnte 50 % die Antwort sein. Doch 50 % ist nur einmal als Antwort vertreten, wird somit nur in 25 % der Fälle gewählt werden. Aber dann wäre ja plötzlich 25 % wieder die korrekte Antwort. Doch die kommt ja doppelt vor, also mit 50-prozentiger Wahrscheinlichkeit ... Hilfe!! Wir sehen uns von Paradoxie umzingelt.

Den folgenden Witz widme ich den Menschen jener Gegend, an deren Universität ich seit mehr als 20 Jahren beschäftigt bin.

Schwabenoffensive. Ein Schwabe meint, er müsse wohl nach längerer Zeit wieder einmal zum Arzt gehen, um sich untersuchen zu lassen. «Brauchst du nicht», sagt ihm ein Bekannter, «es gibt da dieses neue Messgerät in der Apotheke, das jede Krankheit schnell feststellen kann.» Der Schwabe geht also zur Apotheke und fragt, wie teuer eine Untersuchung durch die Maschine ist. «Sie müssen eine Urinprobe abliefern, und die Analyse kostet dann 50 Euro.»
   Dem Schwaben ist das zu teuer und er geht wieder. Am nächsten Tag kommt er aber mit einer Flasche Urin zurück und lässt eine Analyse durchführen. Nach einer halben Stunde erhält er das Ergebnis der Urin-Untersuchung und ruft sofort zu Hause an: «Du, Klärle, I bin gsund und Du bisch gsund, die Irmel und dr Horscht san gsund, de Oma isch gsund und die Katz isch au gsund. Mir hän nix.»

Sie fragen sich vielleicht, wie dieser Witz im Kapitel über Statistik und Wahrscheinlichkeitstheorie landen konnte. Der Witz bedient zwar, oberflächlich betrachtet, das Klischee der Sparsamkeit der Schwaben, doch hat unser Protagonist einiges über Stochastik verstanden, insbesondere über die statistische Theorie des Testens auf Krankheiten.
   Wenn eine große Zahl von Personen mittels Blut- oder Urin-Test auf eine Krankheit untersucht werden soll, die in der

Population nur mit einer kleinen Wahrscheinlichkeit auftritt, dann ist es äußerst ineffizient, jede einzelne Blut- oder Urin-Probe individuell zu untersuchen. Es spart Zeit, Analysen und Geld, eine gewisse Anzahl von Proben zu vermischen und dann die Mischung mit einem einzigen Test zu untersuchen. Ist dieser Test negativ, dann sind alle Personen, deren Proben gemischt wurden, gesund, und man braucht nur einen Test.

Ist der Test positiv, dann müssen alle Personen in der Gruppe nochmals einzeln getestet werden, und man braucht insgesamt einen Test mehr als bei Einzelprüfung von Anfang an. Tritt aber die Krankheit nur selten auf, dann ist dieser Fall immer noch relativ selten, wenn man die Gruppengröße nicht zu groß wählt. Natürlich kann man die optimale Gruppengröße in Abhängigkeit von der Auftretenswahrscheinlichkeit der Krankheit mathematisch ermitteln.

Diese Problemstellung trat übrigens im Zweiten Weltkrieg in der US-Armee tatsächlich auf. Damals mussten mehrere Millionen Soldaten sehr schnell ärztlich untersucht werden. Wenn die Krankheit im Durchschnitt nur bei einem von einhundert Soldaten auftritt, dann ist es zum Beispiel optimal, Elfergruppen zu bilden, und man spart bei dieser Vorgehensweise 80 % der durchzuführenden Analysen ein, die bei Einzelprüfung anfallen würden. Genau das war der Fall bei den US-Rekruten während des Zweiten Weltkriegs, die auf Syphilis untersucht wurden.

47. Gigantische Fehleinschätzungen

Fehler sind das Salz der Evolution. Stellen Sie sich nur einmal vor, die Einzeller in der Ursuppe hätten eine Möglichkeit entwickelt, Kopierfehler der DNS bei ihrer Vermehrung absolut zu vermeiden. Dann würde es Sie und mich heute überhaupt nicht geben. Fehler sind also wichtig für die Entwicklung.

Auch Wissenschaftler und andere Experten produzieren Fehlleistungen der verschiedensten Art. Ja, wir alle leben in Fehlerwelten und sind umgeben von eigenen und fremden Fehlleistungsschlacken.

Mit Maschinen durch die Luft zu fliegen ist absolut unmöglich.
Das sagte Simon Newcomb (1835–1909), Professor der Naturwissenschaften, nur ganze 18 Monate bevor die Brüder Wright
ihren ersten erfolgreichen Flug absolvierten.

*Es ist dem Menschen nicht möglich, die hohen Geschwindigkeiten der
Eisenbahn zu ertragen. Sein Atmungssystem wird zusammenbrechen;
Tod durch Lungenbluten wird die Regel sein.*
Dionysius Lardner (1793–1859), Professor der Physik am Univer-
sity College in London

Beethovens Siebente Symphonie wird bald der Vergessenheit anheimfallen.
Philip Hale, Musikkritiker der *Boston News* im Jahr 1937

*Die Relativitätstheorie ist genauso ein Hirngespinst wie die Vorstellung, es
gäbe Atome.*
Ernst Mach (1838–1916), Professor für Physik an der Universität
Wien

*Sie haben einen unmöglichen Sound. Mit Gitarren besetzte Gruppen
haben absolut keine Zukunft und niemand wird ihre Musik hören wollen.*
Aus dem Schreiben der Schallplatten-Gesellschaft DECCA, mit
dem sie es ablehnte, den *Beatles* einen Vertrag anzubieten.

*Die bei der Kernspaltung frei werdende Energie ist denkbar gering. Wer
an die wirtschaftliche Ausbeutung von Atomenergie glaubt, lebt in einem
Wolkenkuckucksheim.*
Ernest Rutherford (1871–1937), einer der bekanntesten Experimentalphysiker überhaupt, ausgezeichnet mit dem Nobelpreis,
machte obige Aussage, kurz nachdem ihm 1919 der erste Nach
weis einer Kernreaktion beim Stickstoff gelungen war.

Er war bekannt dafür, dass er seine Schüler an der Universität
Cambridge sehr stark unter Druck setzte. Oft hörten sie von ihm
die Worte: «Wann werden Sie Ergebnisse haben? Ich will endlich
Ergebnisse sehen.» Ein Universitäts-Bauarbeiter, der in dem von
Rutherford geleiteten Cavendish-Laboratorium wegen Ausbesse-
rungen der Bausubstanz zu tun hatte, reichte sogar seine Kündi-

gung ein, wegen «eines ungehobelten alten Mannes, der öfter auf ihn zukam und fragte, wann er endlich Ergebnisse sehen würde».

Aus dir wird nie was Richtiges werden.
Zu dem 13-jährigen Albert Einstein gesagt von Dr. Joseph Degenhart, dem Latein- und Griechischlehrer am Luitpold-Gymnasium in München. Zu allem Überfluss legte er dem Schüler Albert Einstein während eines erregten Wortgefechts auch noch nahe, das Gymnasium überhaupt zu verlassen. Durch beides ist der Lehrer Degenhart unsterblich geworden.

Treppauf, treppab

Abbildung 51:
Warum es gut war, dass
M. C. Escher nicht Architekt geworden ist. Fundstück aus dem Libanon

Man kann aus alledem den Schluss ziehen, dass die Welt so hinreichend komplex ist, dass selbst hochintelligente Menschen leicht irren können.

Umgekehrt ist es natürlich auch möglich, verkannt zu werden. Doch wiederum umgekehrt ist nicht jeder, der verkannt wird, ein Genie, ebenso wie man nicht dann schon ein Prophet ist, wenn man im eigenen Lande nichts gilt.

Und noch etwas ist festzuhalten. Man muss kein Genie sein, um mit einer Neuerung, die sich später weltweit durchsetzen wird, den Zorn der Zeitgenossen auf sich zu ziehen.

Sehen Sie nur, was dem Engländer Jonas Hanway im Jahre 1756 passierte. Er hatte sich erlaubt, einen Schirm zu tragen. Als er, mit Schirm vor dem Regen geschützt, in London unterwegs war, wurde er zum Gespött der Passanten, und es kam zu einem regelrechten Volksauflauf. Vor Mr Hanways mutiger Aktion hatten nämlich nur die Damen Schirme benutzt. Schirme galten als rein feminines Accessoire, so wie Büstenhalter.

Einige Mitglieder der Droschkenkutscher-Vereinigung verprügelten Hanway sogar und zerstörten seine Garderobe. Sie fürchteten, um ihre Verdienstmöglichkeiten gebracht zu werden, sollte die neue Modeerscheinung bei Männern Schule machen. Doch ließ sich diese Mode nicht mehr aufhalten. Es war eine Idee, deren Zeit gekommen war. Schon einige Jahre später nannten die britischen Gentlemen den zuvor als *portable roof* (tragbares Dach) bezeichneten Regenschirm schlicht ihren «Hanway».

48. Noch mal Medizin

Beginnen wir mit etwas Amüsantem zum Nachdenken, und zwar einem Kostendämpfungsrätsel:

Problem: Ein Urwalddoktor muss drei Patienten operieren, doch er hat nur noch zwei Paar chirurgische Latex-Handschuhe. Der Arzt will zum einen nicht mit dem Blut der Patienten in Berührung kommen, und ebenso soll keiner der Patienten mit dem Blut eines anderen in Berührung kommen. Kann das überhaupt gehen?

Lösung: Der Mediziner streift sich beide Paar Handschuhe über, das zweite über das erste. So operiert er den ersten Patienten. Nachdem diese Operation beendet ist, entfernt er an beiden Händen den äußeren Handschuh mit der Außenseite nach innen und deponiert das Paar auf einer keimfreien Schale. Dann operiert er den zweiten Patienten. Anschließend legt er das Paar aus der Schale wieder an, indem er es über das erste Paar zieht. So operiert er den dritten Patienten. Am Ende entfernt er alle vier Handschuhe und entsorgt sie.

Mit ähnlichem Raffinement können zwei Ärzte mit nur drei Paar Handschuhen an je zwei Patienten operieren. Diese Rangieraufgabe ist eine Gelegenheit für Gelegenheitsmathematiker. Sehen Sie, wie es geht?

Bleiben wir noch etwas bei der Operationskunst. In den frühen Jahren der Chirurgie bis ins 19. Jahrhundert waren chirurgische Eingriffe wegen der mangelnden Anästhesie traumatische Angelegenheiten für die Patienten, die so schnell wie möglich ablaufen mussten. Die Reputation eines Chirurgen basierte deshalb zu einem guten Teil auf dessen Geschwindigkeit.

Sir Robert Liston (1794–1847) war einer der berühmtesten Chirurgen des 19. Jahrhunderts. Er führte verschiedene Verbesserungen bei Amputationen und Wundverbänden ein. Auch in puncto Geschwindigkeit war er rekordverdächtig. Er konnte ein Bein in weniger als 30 Sekunden amputieren, vom ersten Hautschnitt bis zum Zeitpunkt, da das abgetrennte Stück in die Kiste mit dem Sägemehl gelegt wurde. Liston erreichte dies aufgrund seiner großen Körperkräfte und seines überschäumenden Temperaments. Was seine Persönlichkeit betrifft, sei er nach Zeitzeugen der «eitelste, gewalttätigste, gröbste Chirurg» überhaupt gewesen.

Die Chirurgie der Haare

Im Arbeitsvertrag des ersten Lehrstuhlinhabers für Chirurgie im Jahre 1902 an der Münchner Universität stand noch die Klausel, dass er einmal im Monat seinen Professorenkollegen die Haare zu schneiden habe.

Einmal war Liston so im Amputationsfieber, dass ein Patient, der wegen der Amputation eines Beines auf seinem Operationstisch lag, im Saldo diesen Tisch mit minus 2 Beinen und minus 2 Hoden wieder verließ.

Ebenso berüchtigt ist auch Listons bekannteste Operation, die zu einer noch höheren Verlustquote führte. Auch dabei ging es um eine Beinamputation: Während der Operation gelang es Liston zwar, das betroffene Bein in weniger als einer Minute vom Rest des Körpers zu trennen, doch der Patient starb kurz darauf an Wundbrand. Das war für damalige Zeiten wegen mangelnder Sterilisation nicht ungewöhnlich. Ungewöhnlich war allerdings die Tatsache, dass auch der Assistent des Chirurgen im operativen Handgemenge einen Finger einbüßte, daraufhin ebenfalls Wundbrand bekam und einige Tage später gleichfalls starb. Das Schicksal des Ablebens ereilte bei dieser Operation auch noch ein Familienmitglied des Patienten, das dem Eingriff beiwohnte, im Eifer des Skalpellwirbels einen Schnitt in die Lende abbekam und prompt aus Panik dahinschied.

Der Medizinhistoriker Richard Gordon bezeichnete diese chirurgische Unternehmung als einzige Operation in der Geschichte der Medizin mit einer 300-prozentigen Sterblichkeitsrate. Fürwahr.

So viel zur Chirurgie.

Neues und Altes aus Alzheim

Merke: Du kannst Alzheimer nicht heilen, du kannst es aber vergessen.

Sagt ein Arzt zu seinem Patienten nach der Untersuchung:
«Ich habe zwei schlechte Nachrichten für Sie. Erstens: Sie haben Krebs. Zweitens: Sie haben Alzheimer.»
    Darauf der Patient erleichtert zum Arzt: «Puh, Alzheimer, ich dachte schon, ich hätte Krebs.»
Nietzsche wusste es auch schon: Der Vorteil eines schlechten Gedächtnisses ist, dass du dich immer wieder an derselben guten Sache erfreuen kannst, als wäre es das erste Mal. Das muss man als Vorteil werten.

Weitere Vorteile bei Alzheimer:
Du siehst keine Wiederholungen mehr im Fernsehen.
Du bist nicht nachtragend.
Du kannst eine Überraschungsparty für dich selbst planen.
Du trägst jeden Tag neue Kleidung.
Du triffst immerzu neue Menschen.
Du kannst deine eigenen Ostereier verstecken.

Alzheimer auf sich selbst angewendet: Eine Parabel
Er wurde alt.
Er wurde alt und vergaß, was ist.
Er wurde alt und wusste nur noch, was früher war.
Er wurde alt und vergaß, was früher war.
Er wurde plötzlich wieder jung, da er auch das Vergessen vergaß.

Was nun folgt, stammt wieder aus dem richtigen Leben und ist ernst gemeint.

Vor rund zehn Jahren untersuchte ein Wissenschaftlerteam aus den USA den Grund für die epileptischen Anfälle einer jungen Frau. Die Ärzte reizten im Rahmen einer Studie verschiedene Bezirke im linken frontalen Lobus ihres Gehirns. An einer bestimmten Stelle, die in Fachkreisen *Supplementär-motorische Rinde* heißt, machten sie eine bemerkenswerte Entdeckung: Die Frau lachte. Und zwar über alles. Unabhängig davon, ob man es als lustig bezeichnen konnte. «Ihr Ärzte seid so lustig», sagte sie zum Beispiel den Wissenschaftlern.

Lachen kann also einerseits durch Humor und andererseits durch Reizung eines bestimmten, eng begrenzten Hirnareals ausgelöst werden. Nach dem schon länger bekannten G-Punkt haben die Wissenschaftler nun also den L-Punkt aufgestöbert.

Das eigentliche Geheimnis des Humors liegt jedoch, so die Humorforscher, in einem Belohnungssystem im Gehirn, das mit einer Vielzahl von Dopaminrezeptoren ausgestattet ist und dessen Stimulation Glücksgefühle auslöst. Dieser Bereich kann neben Humor auch durch Kokain, Geld, Sex und Musik angeregt werden und spielt eine wichtige Rolle bei der Entstehung von Sucht.

Je mehr Dopamin ausgeschüttet wird, desto größer die Heiterkeit und desto besser somit der Witz. Dopaminausschüttung führt also zu spontanem, Glücksgefühle auslösendem, gesundem Lachen. Künstliches, dopaminfreies Dauerlächeln, wie es in manchen Berufen zum guten Ton gehört, wie etwa bei Stewardessen, ist aber nicht gesundheitsförderlich, ja sogar psychologisch ausgesprochen riskant.

Der zentrale Lachmuskel ist übrigens nicht der Musculus risorius, dessen Namensgebung das Lateinische «risus» (zu Deutsch: Lachen) explizit enthält. Der wirklich entscheidende Muskel ist der Musculus zygomaticus major, der am Jochbein ansetzt und dessen Aufgabe darin besteht, die Mundwinkel nach oben zu ziehen, um den für das Lachen charakteristischen Gesichtsausdruck hervorzurufen.

Nun kommen wir zu einer medizinischen Standardsituation. Man geht zum Arzt, man unterzieht sich einem Test. Und man hofft auf gute Nachrichten, aber sie können auch schlecht sein. Manchmal hat der Arzt auch gute und schlechte Nachrichten mitzuteilen:

Gute Zeiten, Schlechte Zeiten. Ein Patient sitzt im Sprechzimmer eines Arztes, um das Ergebnis seiner Untersuchungen zu erfahren. Sagt der Arzt: «Herr Müller, ich fürchte, ich habe gute und schlechte Nachrichten. Die schlechte Nachricht ist, dass Sie einen aggressiven Gehirntumor haben und höchstens noch einen Monat leben werden.»

Sagt der Patient: «Schlechte Nachrichten nennen Sie das? Das ist nicht nur eine schlechte Nachricht. Das ist fürchterlich und grauenhaft. Was ist denn die gute Nachricht?»

Sagt der Arzt: «Nun, haben Sie meine neue Arzthelferin bemerkt, als Sie hereinkamen? Die attraktive Blondine mit den blauen Augen und langen Beinen?»

«Ja?»

«Und ihre Figur und ihren Teint und ihr Lächeln? Wunderbar, nicht wahr? Haben Sie das bemerkt?»

«Ja, Herr Doktor, das habe ich bemerkt. Aber was ist die gute Nachricht?»

Der Arzt beugt sich zum Patienten vor und seine Augen glänzen, als er flüstert: «Heute Abend gehe ich mit ihr aus.»

Auch in der nächsten Episode gibt es eine gute und eine schlechte Nachricht. Auch wiederum die gute Nachricht für den einen, die schlechte für den anderen. Der Witz wurde mir von einem meiner jüdischen Wissenschaftlerkollegen aus Israel erzählt.

Moshe Rindsbraten und sein Freund Mendele Wiesengrün sind bei der Musterung. Beide wollen sich vorm Militärdienst drücken. Jeder will untauglich sein. Moshe wird vom Militärarzt als Erster untersucht. Nach einer Weile kommt er aus dem Untersuchungszimmer heraus und sagt freudestrahlend:

«Bin untauglich.»

«Mensch, klasse, aber wie hast du das gemacht?», fragt Mendele.

«Ich habe mir vorher 1000 Schekel in den Hintern gesteckt und dem Arzt gesagt, ich hätte Hämorrhoiden.»

Später ist Mendele dran. Er denkt, 1000 Schekel sind viel Geld, 100 reichen auch.

Der Musterungsarzt untersucht ihn und sagt: «Tauglich.»

«Aber ich habe doch Hämorrhoiden!», erwidert Mendele.

«Ja», sagt der Arzt, «aber nicht genug!»

Nachricht eines stets bevorstehenden Todes

Auch Militärärzte können natürlich irren.

Als Arthur Wood sich im Jahre 1915 als junger Mann freiwillig zum Militär meldete, um am Ersten Weltkrieg teilzunehmen, stellte der Militärarzt bei der Musterung einen gravierenden Herzfehler fest und gab ihm nur noch ganz wenig Zeit zu leben. Arthur Wood wurde ausgemustert und konnte nicht ins Kampfgeschehen eingreifen.

Das nächste Mal wurde Arthur Wood im Jahr 1939 von einem Militärarzt gemustert. Auch dieser diagnostizierte ein schwerwiegendes kardiologisches Problem. Auch er gab ihm nur noch wenige Monate zu leben.

Vor nicht allzu langer Zeit starb Arthur Wood tatsächlich: im Alter von 105 Jahren.

"I'm still waiting for the test results - but I'm fairly certain that what fell on you was either a stalactite or a stalagmite."

Abbildung 52: «Ich warte immer noch auf die Testergebnisse – aber ich bin mir ziemlich sicher, dass das, was auf Sie gefallen ist, entweder eine Stalagmite oder eine Stalagtite ist.» Cartoon von Paul Kinsella

49. Luft- und Raumfahrt

Während meines Forschungsjahres in Kalifornien hörte ich auch die Geschichte vom ehemaligen LKW-Fahrer Larry Walters aus Los Angeles. Er ist hier immer noch recht bekannt als Lawn Chair Larry, als Gartenstuhl-Pilot, und das, obwohl seine große Tat schon 20 Jahre zurückliegt.[8]

Eines Tages kaufte Larry sich knapp vier Dutzend Wetterballons, füllte sie mit Helium und band sie anschließend an seinen Gartenstuhl, den er vorsichtshalber mit einem Strick und mehreren Pflöcken am Boden befestigt hatte. Bewaffnet mit einem Sixpack Bier, ein paar Broten und einem Gewehr, setzte er sich anschließend in das aeronautisch aufgerüstete Gartenmöbel.

Larry wollte ein gemütliches Stündchen so etwa auf fünf Meter Höhe über seinem Grundstück genießen, dann einige der Ballons mit seinem Gewehr abschießen, gerade so viele, um wieder sanft in seinem Schrebergarten zu landen. So weit die Planung.

Als Larry das Tau mit einer Axt kappte, stieg er aber keineswegs langsam bis zu seiner Wunschhöhe auf, sondern schoss, von 45 prall gefüllten Helium-Ballons mit Schub versehen, wie eine Kanonenkugel in den Himmel über Los Angeles. Erst auf etwa 5000 Meter Höhe über dem Erdboden kam sein rasanter Aufstieg zum Stillstand. Vom Donner gerührt und von Panik ergriffen, klammerte er sich an die Lehnen seines Gartenstuhls und wagte es nicht, sein Gewehr zu benutzen, um auch nur einen der Helium-Ballons zu durchlöchern, aus Furcht, dass seine Situation in dieser Höhe instabil werden könnte.

So saß Larry also in seinem Gartenlaubenstuhl mit Broten und Bieren und driftete als Spielball der Luftströmungen.

Und zwar 14 Stunden lang. In dieser Zeit näherte er sich langsam dem Haupteinflugkorridor des Flughafens von Los Angeles, einem der größten und meistfrequentierten Flughäfen der Welt. Der Flugkapitän eines Jumbo-Jets von Trans World Airlines traute seinen Augen nicht und glaubte an eine Halluzination, als er kurz vor Einleitung des Landeanfluges Larry Walters als UFO im Luftraum erblickte.

---

8   Die Geschichte ist wahr, doch die Details variieren von Darstellung zu Darstellung etwas.

Dadurch wurde die Bodenstation auf ihn aufmerksam. Die Experten der Flugsicherheit rieten dem Gartenlauben-Luftikus, einige der Ballons abzuschießen, um ein kontrolliertes Absinken einzuleiten. Und das tat er dann auch, nicht ohne sich allerdings bei diesem Rücksturz zur Erde mit seinem Zeug für den Flug in einer Hochspannungsleitung zu verfangen und einem Teil der Millionenstadt Los Angeles einen Black-out zu bescheren.

Auch dies unverletzt überstehend, wurde er kurz nach seinem erfolgreichen Touch-down von Polizisten in Handschellen abgeführt. Einem Reporter, der wissen wollte, was ihn zu seiner tolldreisten Luftnummer veranlasst habe, sagte er im Abgang: «Ein Mann kann nicht immer nur rumsitzen.»

Larrys Strafe war erträglich und bestand aus einem Bußgeld von nicht mehr als 1500 Dollar. Letztlich konnten die Behörden kein ernsthaftes Vergehen finden, das sie ihm anlasten konnten. Seine Prominenz war mittlerweile groß genug, dass er seinen Job als LKW-Fahrer aufgeben konnte. Er ging auf Vortragsreise, verschenkte seinen Gartenstuhl an Nachbarskinder, wurde später erst Motivationstrainer, dann Alkoholiker, war nach zwischenzeitlichem Millionärsdasein irgendwann wieder mittellos und nahm sich 1993 das Leben.

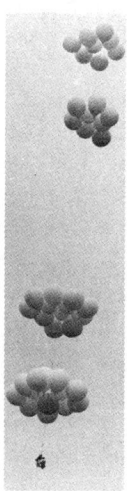

Abbildung 53: Der furchtlose Gartenstuhl-Pilot in der Obhut seiner Wetterballons auf dem Weg in den Haupteinflugkorridor des Flughafens LAX

Larry Walters hat mich dazu motiviert, ein paar Grundregeln zu-
sammenzustellen für den Fall, dass auch Sie den Erdboden verlassen wollen:

Rund zehn ziemlich zentrale Sätze vom Fliegen

1. Hauptsatz des Fliegens
Jeder Start ist freiwillig, jede Landung ist obligatorisch.

2. Hauptsatz des Fliegens
Fliegen ist nicht gefährlich, Abstürzen dagegen schon.

Zusatz: *Der Übergang vom einen zum anderen kann fließend sein und
nicht immer eindeutig fixiert werden.*

Korollar zum 2. Hauptsatz
*Wenn du im Zweifel bist, dann halte die Höhe. Es ist noch kein Flugzeug
mit dem Himmel zusammengestoßen.*

Korollar 2 zum 2. Hauptsatz
*In der andauernden Auseinandersetzung zwischen den von Menschen
geflogenen Objekten und der Erde hat die Erde noch nie verloren.*

3. Hauptsatz des Fliegens
Es ist besser, du stehst unten und wärst gerne oben, als umgekehrt.

4. Hauptsatz des Fliegens
Du hast nie zu viel Sprit, außer dann, wenn du brennst.

5. Hauptsatz des Fliegens
*Lass dich von einem Flugzeug nie dorthin bringen, wo deine Gedanken
nicht schon fünf Minuten eher waren.*

6. Hauptsatz des Fliegens
*Sicheres Fliegen ist eine Sache des guten Urteilsvermögens. Gutes Urteils-
vermögen erhält man durch Erfahrung. Erfahrungen macht man durch
eigene Fehler. Eigene Fehler resultieren aus schlechtem Urteilsvermögen.
Ergo: Gutes Urteilsvermögen resultiert aus schlechtem Urteilsvermögen.*

7. Hauptsatz des Fliegens
Gravitation ist nicht nur ein Hirngespinst, sondern Gesetz. Versuche nicht, sie wegzudiskutieren.

8. Hauptsatz des Fliegens
Die Wahrscheinlichkeit des Überlebens einer Landung ist umgekehrt proportional zum Winkel, mit dem du aufkommst.

9. Hauptsatz des Fliegens
Gut ist eine Landung, bei der du anschließend weggehen kannst. Grandios ist eine Landung, bei der das Flugzeug wieder verwendet werden kann.

Korollar zum 9. Hauptsatz
Sorge dafür, dass die Anzahl deiner mindestens guten Landungen sich so wenig wie möglich von der Anzahl deiner Starts unterscheidet.

Ansonsten: Clear Skies, Glück auf und Glück ab!
PS: Bedenken Sie ferner die Ski-itische Grundwahrheit vom Fliegen: Skifliegen ist deshalb gefährlicher, als man denkt, weil immer auch ein Mensch mitfliegen muss.

Luft- und Raumfahrt, russisch

Ein Kommentator des armenischen Rundfunks sagte in einem Bericht über die Flüge russischer Kosmonauten im Erdorbit in den 1960er Jahren: «Die Kosmonauten sind offensichtlich geistesgestört, denn kein normaler Mensch würde so oft um die Welt herumfliegen und dann ausgerechnet in der Sowjetunion landen.»

Dazu passt hier ein altes russisches Sprichwort, das über den gleitenden Durchschnitt der Sowjetunion spricht:

Heute ist ein durchschnittlicher Tag — schlimmer als gestern, aber besser als morgen.

Und wo Witze über die Sowjetunion gemacht werden, kann natürlich auch Radio Eriwan nicht fehlen.

Frage an Radio Eriwan:
Stimmt es, dass die Weltgeschichte genauso verlaufen wäre, wenn statt Kennedy Chruschtschow ermordet worden wäre?

Antwort von Radio Eriwan:
Im Prinzip ja, nur ist es fraglich, ob Onassis die Witwe genommen hätte.

Frage an Radio Eriwan:
Stimmt es, dass amerikanische Wissenschaftler vollkommen danebenliegen, wenn sie behaupten, die Zukunft sei unvorhersehbar?

Antwort von Radio Eriwan:
Im Prinzip liegen Genossen amerikanische Wissenschaftler vollkommen daneben, denn die Zukunft entspricht exakt dem 5-Jahres-Plan. Nur die Vergangenheit ist unvorhersehbar.

Das ist ein Witz aus den Tagen des Kalten Krieges. Manche Witze sind zeitlos. Viele der alten und sinnlos gewordenen Witze über die Sowjetunion sind nicht etwa tot und vergessen. Sie kommen an anderen Orten wieder zum Einsatz:

Geht ein Mann in Kabul auf den Markt, um etwas zu essen zu kaufen. «Entschuldigung», sagt er zum Verkäufer, «gibt es hier kein Brot?»
Der Standbesitzer schüttelt den Kopf. «Nein, kein Brot kriegen Sie nebenan. Hier bekommen Sie nur keine Wurst.»

Für Alt-Adorniten und Unkonsolidierte. Witze können aber natürlich doch untergehen. Dieser Gefahr ausgesetzt sind die Flüsterwitze des Kommunismus. Witze, die nur unter der Hand erzählt wurden und noch nicht systematisch festgehalten worden sind. Der nächste Beitrag rettet immerhin einen dieser Witze vor dem Aussterben.

Leserbrief an Pravda:
Ist es wahr, dass Genosse Ivan Ivanowitsch in seinem Labor im Landau-Institut erstmals die kalte Fusion durchführen konnte?

Antwort von Pravda:
Im Prinzip ja. Nur war es nicht im Landau-Institut, sondern in der Psychiatrie in Dubna. Und es war nicht Ivan Ivanowitsch, sondern Jakov Jakovitsch. Und er hat nicht die kalte Fusion erreicht, sondern wurde nach Israel abgeschoben.

Über die Kosmonauten der Sowjetunion und die Sowjetunion als solcher sind wir ein wenig vom Thema abgekommen. Ich habe aber noch etwas zur Raumfahrt zu erzählen.

Der Mensch, der als Erster seinen Fuß auf den Mond setzte, ist kürzlich gestorben. Als ich dies in den Nachrichten hörte, habe ich mich daran erinnert, dass er bei seinem Moon-Walk nicht nur den berühmt gewordenen Satz vom kleinen Schritt für einen Menschen und großen Schritt für die Menschheit sprach, sondern, kurz bevor die Mondlandefähre den Erdtrabanten wieder verließ, ganz nebenbei die Bemerkung machte: «Good luck, Mr Gorsky.»

Jene, die es überhaupt bemerkten, hielten es für eine unbedeutende Floskel oder einen Glückwunsch für einen russischen Astronautenkollegen. Auch die NASA konnte Journalisten mit Informationen nicht weiterhelfen. Und auf Nachfragen bei Pressekonferenzen schmunzelte Armstrong jeweils nur, sagte aber nichts.

Und zwar bis in die 1990er Jahre. Dann hat er selbst das Rätsel aufgeklärt. Am 5. Juli 1995 nach einer Rede in Tampa Bay, Florida, fragte ein Reporter ihn nach dieser 26 Jahre zurückliegenden Bemerkung. Mr Gorsky war inzwischen verstorben, so dass Armstrong der Meinung war, er könne nunmehr die Frage beantworten:

Als er ein kleiner Junge war, wohnten Mr und Mrs Gorsky direkt in der Nachbarschaft seines Elternhauses. Einmal habe er mit Freunden Ball gespielt und der Ball rollte dabei unter eines der Fenster im Hause der Gorskys. Als er den Ball holte, habe er durch das angelehnte Fenster gehört, wie Frau Gorsky aufgebracht zu ihrem Mann sagte: «Was willst du? Sex? Du kriegst Sex, wenn der Junge von nebenan auf dem Mond spazieren geht!»

50. Literaturwissenschaft

Für all jene, die das Literarische bisher vermisst haben, mag dieser Abschnitt ein kleiner Trost sein. Ein zugegebenermaßen sehr kleiner Trost.

Vor einem Theater bittet ein Bettler einen aus dem Gebäude herauskommenden Mann um eine milde Gabe. Dieser weigert sich, etwas zu geben, mit den Worten:

«‹Kein Borger sei und auch ein Verleiher nicht.› – William Shakespeare.»
Darauf der Bettler: «‹Fuck you!› – Charles Bukowski.»

51. Studium Generale

An jeder Universität gibt es ein Studium Generale. Warum nicht auch in diesem doch so lehrreichen Buch?

Eine Reihe von Personen wird gefragt, was *zwei mal zwei* ist.
Wir informieren über einige typische Antworten ausgewählter Sachkundiger:

Mathematiker: «In weniger als drei Stunden kann ich Ihnen beweisen, dass es vier ist.»[9]

Ingenieur: Er zückt seinen Taschenrechner, schlägt forsch auf die Tasten und sagt: «Das Ergebnis liegt zwischen 3,98 und 4,02.»

Informatiker: «Wenn Sie mit 2 die Zahl 00000010 meinen, dann ist die Antwort 00000100.»

Betriebswirt: «Dieses Problem lässt sich nicht mit einem Dreisatz lösen.»

Archäologe: «Das konnten die alten Ägypter schon rechnen. In der Nähe der Sphinx habe ich Steintafeln mit der Antwort @ gefunden.»

Jurist: «Das Bundesverfassungsgericht hat in der Sache Sesamstraße gegen Sandmännchen festgestellt, dass es vier ist.»

Philosoph: «Wenn ich wüsste, wie viel zwei mal zwei ist, würde ich sagen: vier!»

Börsenmakler: «Wollen Sie kaufen oder verkaufen?»

Kellner: «Das ist eine gute Wahl. Möchten Sie etwas dazu trinken?»

Berufsschullehrer: «Leute, das ist 4, aber das könnt ihr ruhig wieder vergessen, das braucht ihr nie wieder.»

Sponti bei einer Demo: «Die Regierung sagt 4, aber ich bin dagegen.»

Der Quiz-Show-Kandidat: «Ich möchte einen Telefonjoker einsetzen.»

Verona Pooth, geb. Feldbusch: «11833.»

---

9 Eigentlich nicht schlecht, wenn man bedenkt, dass Bertrand Russell einmal mehr als 200 Buchseiten darauf verwendete zu beweisen, dass 1 + 1 = 2 ist.

Und hier die zweite Lieferung im Studium Generale:

Telefon-Nummerologie

Frag einen theoretischen Physiker, wie seine Telefonnummer lautet, und er sagt dir, es ist die singuläre Lösung der Maxwell-Gleichungen.

Frag einen Mathematiker nach der Telefonnummer, und er sagt dir, es ist die kleinste Kubikzahl, die als Summe zweier Primzahlen darstellbar ist.

Frag einen Experimentalphysiker, und er sagt dir, bisher kenne er nur die vier führenden Ziffern.

Frag einen Astrophysiker, und er sagt dir, dass sie von der Größenordnung 10 hoch 7 ist.

Frag einen Betriebswirt, und er will wissen, was dir die Antwort wert ist.

Frag einen Buchhalter, und er nennt dir die Nummer bis auf zwei Nachkommastellen genau.

Wenn man erst einmal über Telefonnummern gesprochen hat, ist auch der Schritt bis zum tatsächlichen Telefonieren nicht mehr weit. Der folgende Witz hat mit dem Telefonieren zu tun. Aber es ist eigentlich kein Telefon-Witz, sondern ein Maria-Witz. Maria-Witze sind in Kalifornien populär, wo viele der wohlhabenden Kalifornier ein mexikanisches Hausmädchen haben. Es gehört zum Klischee dieser Hausmädchen, dass sie erstens schlecht Englisch sprechen, zweitens äußerst devot sind und drittens Maria heißen.

Telefonokinese

Ruf ich kürzlich bei den Weight Watchers an, nahm keiner ab.

Ruf ich kürzlich einen Mathe-Kollegen an, hatte der nicht mit mir gerechnet.

Ruf ich kürzlich beim Bodybuilder an, hat der mich weggedrückt.

Ruf ich kürzlich in Tibet an, war aber besetzt.

Ruf ich kürzlich eine Radarfalle an, bin ich abgeblitzt.

Ruf ich kürzlich bei der Piratenpartei an, hatte ich mich verwählt.

Ruf ich kürzlich eine Mumie an, falsch verbunden.

Ein Mann ruft aus dem Büro zu Hause an, und die mexikanische Haushälterin geht ans Telefon.

«Maria», sagt der Mann, «kann ich bitte meine Frau sprechen?»

«Sorry, Senior», antwortet die Haushälterin. «Sie Telefon nich komme könne. Sie Liebe mache mit Mann in Schlafzimmer.»

«Großer Gott, Maria. Ist das denn wahr?»

«Si, Senior.»

Sagt der Mann: «Maria, dann muss ich dich um einen Gefallen bitten. Du bist schon viele Jahre bei mir. Und jetzt brauche ich deine Hilfe. Geh in mein Arbeitszimmer, hol meinen Revolver und erschieß die beiden.»

Das Telefon bleibt ein paar Minuten still. Dann fallen zwei Schüsse. Kurz danach hört der Mann wieder die Stimme der Haushälterin:

«Ich getan, Senior.»

«Gut gemacht, Maria. Ich bin in deiner Schuld. Jetzt nimm den Revolver, wische alle Spuren ab und wirf ihn in den Swimmingpool.»

«Senior? Wir keine Pool haben.»

«Was? Das kann nicht sein. Spreche ich mit 361–7124?»

52. Abspann & Abgang

Ich finde alle Bücher zu lang, meinte einst Voltaire. In dieser Allgemeinheit ist ihm wohl zu widersprechen, doch vielleicht nicht in Bezug auf das vorliegende Buch.

Es wird jedenfalls höchste Zeit, nun aufzuhören.

Besser, gültiger und endgültiger als das Schild im Bild kann ich es auch nicht ausdrücken.

Sei also nun statt Schluss-Offensive einfach nur Schluss.

Abbildung 54: Das Buch nahm seinen Anfang in Kalifornien und jetzt sind wir am und in ...

Ich danke allen, die dieses forciert unwichtige Buch zwingend notwendig gemacht haben.

53. Anhang

a. Verwendete und weiterführende Literatur

Witze erfindet man nicht, sondern Witze existieren einfach. Sie sind Volksgut. Und es gibt keinen Urheber, den man benennen könnte. Die in diesem Buch versammelten Witze sind Teil meiner größeren Sammlung, die über viele Jahre entstanden ist. Viele Witze habe ich auf meinen Reisen gehört oder aus den unendlichen Weiten des Internet aufgefangen.

Ferner waren auch die folgenden Bücher sehr hilfreich bei der Zusammenstellung des Materials:

Brednich, R. W. (2007): Die Spinne in der Yucca-Palme. Sagenhafte Geschichten von heute. C. H. Beck, München

Cathcart, Th., & Klein, D. (2008): Platon und Schnabeltier gehen in eine Bar. Philosophie verstehen durch Witze. Riemann Verlag, München

Cathcart, Th., & Klein, D. (2009): Heidegger and a hippo walk through those pearly gates. Viking, New York

Cohen, T. (1999): Jokes – philosophical thoughts on joking matters. The University of Chicago Press, Chicago

Conrad, M., & Aeon, S. (Hrsg.) (2004): Woody Allen and Philosophy: You mean my whole fallacy is wrong? Open Court, Chicago

Der Spiegel (Hrsg.) (2010): Hohlspiegel. Die besten Fundstücke. Wilhelm Heyn Verlag, München

Devine, B., & Cohen, J. E. (1992): Absolute zero gravity – A collection of jokes, anecdotes, limericks, and riddles. Simon & Schuster, New York

Firshing, Th. (2008): Smile: Wirklich gute Witze. Books on Demand, Norderstedt

Freud, S. (2009): Der Witz und seine Beziehung zum Unbewussten. Fischer, Frankfurt a. M.

Le Poidevin, R. (2005): Travels in Four Dimensions. The Enigmas of Space and Time. Oxford University Press, New York

Oring, E. (2007): The Jokes of Sigmund Freud: A Study in Humor and Jewish Identity. Lanham, Aronson

Oring, E. (2010): Jokes and Their Relations. Transactions Publishers, New Jersey

Rubi, S. (2005): Intelligent jokes. Manic D Press, San Francisco

Tropf, A. (2013): http://www.alexander-tropf.de/aristo.htm

Vennebusch, P. (2011): Haha: Witze fürs Leben. arsEdition, München

Uhlmann, R. F. (2012): Witze – mehr oder weniger fromm. Books on Demand, Norderstedt

Wille, F. (2005): Humor in der Mathematik. Vandenhoeck & Ruprecht, Göttingen

b. Bildnachweis

c. Der Autor

Abbildung 55: Mathe-Guru Hesse

Christian Hesse lebt seit 1960. Er wurde 1966 im sauerländischen 1500-Seelen-Ort Neu-Listernohl eingeschult und promovierte 21 Jahre später in Mathematik an der Harvard Universität in Cambridge, Massachusetts, USA. Von 1987 bis 1991 lehrte er als Assistenz-Professor an der Universität von Kalifornien in Berkeley. Im Jahr 1991 berief der damalige Ministerpräsident Erwin Teufel den damals 30-Jährigen als jüngsten Professor der Bundesrepublik nach Baden-Württemberg, wo er eine Professur für Mathematik an der Universität Stuttgart antrat.

Es folgten wissenschaftliche Gastaufenthalte unter anderem an der Australian National University (Canberra), der Queens University (Kingston, Kanada), der University of the Philippines (Manila), der Universidad de Concepción (Chile), der Xinghua Universität (Peking) und der George Washington University (Washington, USA). Hesses berufliche Vortrags- und Reisetätigkeit erstreckt sich über viele Teile der Welt, von St. Petersburg über die Yucatan-Halbinsel bis zur Osterinsel, von Tahiti über Dublin bis Kapstadt. Von Juli 2012 bis März 2013 hielt er sich zu Forschungszwecken auf Einladung der Universität von Kalifornien mit seiner Familie in Santa Barbara auf.

Hesses Forschungsschwerpunkte liegen im Bereich der Stochastik. Neben zahlreichen wissenschaftlichen Veröffentlichungen ist er der Autor des Lehrbuches *Wahrscheinlichkeitstheorie*. Im Juni 2012 berief ihn das Bundesverfassungsgericht als mathematischen Sachverständigen für Fragen des Bundestags-Wahlsystems. Das Spektrum seiner Beratertätigkeit reicht vom Deutschen Bundestag über das Stuttgarter Staatstheater bis zum US-Verteidigungsministerium.

Seine freizeitlichen Lieblingsbeschäftigungen sind Lesen, Schreiben, Schlafen und Schach. 2006 hat er darüber den mittlerweile in mehrere Sprachen übersetzten Bestseller *Expeditionen in die Schachwelt* veröffentlicht, vom

Wiener Standard als «eines der geistreichsten und lesenswertesten Bücher, das je über das Schachspiel verfasst wurde», gerühmt.

Er wurde zusammen mit den Klitschko-Brüdern, mit Fußballtrainer Felix Magath, dem Filmproduzenten Artur Brauner, der Schauspielerin und Sängerin Vaile sowie dem Ex-Weltmeister Anatoli Karpov zum Internationalen Botschafter der Schacholympiade 2008 ernannt. Im November 2010 endete eine Schachpartie zwischen ihm und dem amtierenden Schachweltmeister, dem indischen Großmeister Viswanathan Anand, in Zürich Remis.

Christian Hesse ist verheiratet und hat eine zwölfjährige Tochter und einen achtjährigen Sohn. Mit seiner Familie lebt er in Mannheim. Er ist immer noch Brillen-, aber nicht mehr Seitenscheitelträger, bekennender Billig-Bier-Trinker und war nie Mitglied von irgendeiner Boy Group. Sein Lieblingsmaler ist der Herbst. Er glaubt, dass ein wichtiger Teil des Lebens die Wahrheitssuche ist, wir es aber oft nur zu Halbwahrheiten bringen und dann auch noch die falsche Hälfte für wahr halten.

Aus dem Verlagsprogramm

Christian Hesse bei C. H. Beck

Christian Hesses Mathematisches Sammelsurium

$1 : 0 = \infty$

2012. 237 Seiten mit zahlreichen Abbildungen im Text
Pappband
(Beck'sche Reihe Band 6064)

Achtung Denkfalle!

Die erstaunlichsten Alltagsirrtümer und
wie man sie durchschaut

2011. 224 Seiten mit 61 Abbildungen und 35 Tabellen
Gebunden

Warum Mathematik glücklich macht

151 verblüffende Geschichten

4. Auflage. 2012. 346 Seiten mit 93 Abbildungen
Pappband
(Beck'sche Reihe Band 1908)

Das kleine Einmaleins des klaren Denkens

22 Denkwerkzeuge für ein besseres Leben

3., durchgesehene Auflage. 2010. 352 Seiten mit 117 Abbildungen
Paperback
(Beck'sche Reihe Band 1888)

Verlag C. H. Beck

Mathematik bei C. H. Beck

Albrecht Beutelspachers Kleines Mathematikum
Die 101 wichtigsten Fragen und Antworten zur Mathematik
3., durchgesehene Auflage. 2010. 189 Seiten mit 10 Abbildungen. Halbleinen

Keith Devlin
Pascal, Fermat und die Berechnung des Glücks
Eine Reise in die Geschichte der Mathematik
Aus dem Englischen von Enrico Heinemann
2009. 205 Seiten mit 13 Abbildungen. Gebunden

Ulrich Frey/Johannes Frey
Fallstricke
Die häufigsten Denkfehler in Alltag und Wissenschaft
3. Auflage. 2011. 240 Seiten mit 20 Abbildungen. Paperback
(Beck'sche Reihe Band 1923)

Heinrich Hemme
Kopfnuss
101 mathematische Rätsel aus vier Jahrtausenden und fünf Kontinenten
2. Auflage. 2013. 143 Seiten mit zahlreichen Abbildungen. Paperback
(Beck'sche Reihe Band 6063)

Werner Kinnebrock
Was macht die Zeit, wenn sie vergeht?
Wie die Wissenschaft die Zeit erklärt
2., durchgesehene Auflage. 2012. 160 Seiten mit 4 Abbildungen
und 2 Tabellen. Flexcover
(Beck'sche Reihe Band 6025)

Verlag C. H. Beck